영성생활의 향기

영성생활의 향기

초판 1쇄	1993년 7월 20일
초판 2쇄	1996년 3월 25일
재2판 1쇄	2009년 1월 30일
저자	엄두섭
발행처	은성출판사
등록	1974년 12월 9일 제9-66호

ⓒ 2009년 은성출판사

주소	서울시 강동구 성내동 538-9
전화	070) 8274-4404
팩스	02) 477-4405
홈페이지	http://www.eunsungpub.co.kr
전자우편	esp4404@hotmail.com

출판 및 판매에 관한 모든 권한은 본 출판사가 소유하고 있습니다. 출판사의 사전 서면 허락없이 상업적인 목적으로 번역, 재제작, 인용, 촬영, 녹음 등을 할 수 없음을 알려드립니다.

Printed in Korea
ISBN: 89-7236-365-1

영성생활의 향기

엄두섭 저

| 책 머리에 |

　동양 최대의 시인 도연명陶淵明은 본래 말단 관직에 있으면서 순찰 오는 감독관에게 머리를 숙이지 않고 『귀거래사』歸去來辭를 쓰고 고향에 돌아가 청경우독晴耕雨讀하며 매일 한산蘆山에 올라가 자연과 벗 삼고 전원 시인으로 고상불굴高尙不屈의 지조를 지키며 자연을 즐겼다. 그는 특히 국화꽃을 사랑했다.

　동쪽 울타리 아래서 국화를 꺾다보니
　한가롭게 남산이 들어온다

　당나라 때 한산자寒山子는 깊은 산 암굴 속에서 살며 시 짓기를 즐겨 나뭇가지나 바위벽에, 마을의 집 마루나 벽에 되는 대로 시를 적어 두었는데, 그것을 모아 한산시寒山詩라고 부른다.

　한산을 올라가니
　한산 길 끝이 없다.
　골짜기 길어 바윗돌 모여 있고
　시내는 넓어 풀이 더욱 파랗다.
　이끼 미끄러움 비 온 탓 아니거니

바람 없어도 소나무 절로 운다.
누가 이 세상 번뇌를 멀리 떠나
이 흰구름 속에 함께 앉을꼬.

　이런 이야기를 들으면 나도 그런 생활을 하고 싶어진다. 스스로 도인 道人 냄새 나는 수도자가 되기를 갈망하여 운악산에 들어온 지 벌써 15년이 흘렀다. 넥타이와 양복을 벗어던지고 삭발하고 노동복 차림으로 나선 지는 30년 세월이 흘렀다. 여름 겨울 없이 발 벗고 맨발이 된 지도 어언 5년이 지났다. 나이 30세에 목사가 되어 45년간 목회생활을 하는 동안, 내가 원해서 된 목회자 생활이긴 했지만 수단이 능치 못한 목회는 내게 무척 괴로웠다. 그러다가 산이 그립고 수도자 되기를 갈망하던 나머지 모든 것을 떨쳐 버리고 입산하고 말았는데, 지금 생각해 보면 잘한 일이었다.
　어느 유명한 산승의 글에 "산을 떠나 6-7년 市井에 사는 동안 내 안에 지녔던 청청한 빛이 바래져 갔다. 수행자에게 있어서 자기 내면에 지닌 빛이 바래져 간다는 일은 결코 작은 일이 아니다. 그래서 지난 해 가을에 숲 속에 山居를 마련하고 훌쩍 산에 되돌아오니 마치 한 마리 산짐승이 옛 보금자리를 찾아 돌아온 느낌이었다"고 했는데, 지금 나의 심정이 그렇다.

운악산에 들어와 15년 동안 나는 내 나름대로의 도연명이나 한산자寒山子가 된 듯한 기분으로 살아왔다. 나에게 학위를 주겠다는 학장이 있었다. 그런 것은 개를 주어도 먹지 않는 것이다. 우리 수도원 건물을 지어 주겠다는 사람이 있었다. 그렇지만 "이대로 좋다"면서 거절했다. 지금 내 주위에는 한산寒山과 바위굴과 계곡의 맑은 물, 솔바람, 밤에 우는 소쩍새, 자작나무 숲이 있다.

성 베르나르드는 말하기를, "너희는 책에서보다 산천초목에서 더 위대한 것을 배울 것이다. 울창한 숲과 기암괴석들이 너희 스승에게서 배울 수 없는 것들을 가르쳐 줄 것이다. 너희들은 바위에서 꿀을 빨아먹으며 돌멩이에서 기름을 짜 내 먹을 수 있다고 생각하지 못하느냐"고 했다.

이세종 선생은 제자들을 보고 "너희가 진리를 어디서 배웠느냐고 묻거든 천태산天台山 바윗돌 밑에서 배웠다고 대답하여라"고 했다. 나는 아직 그렇게 되지는 못하지만 그런 심정으로 산거山居를 즐기고 있다.

물을 보거든 그 맑은 것을 배우기 생각하고
　달을 보거든 그 밝은 것을 배우기 생각하고
　돌 위에 앉거든 그 든든한 것 배우기 생각하라.

　밤마다 자정에 하늘의 별들을 쳐다보면서 어느 신학자에게서도 못 배운 신관神觀을 느낀다. 석양의 노을 지는 황혼 속에 은은히 퍼져가는 수도원 만과晚課의 종소리, 그리고 제단 좌우에 타오르는 두 개의 촛불의 아련한 빛 속에 꿇어앉아 나는 영감에 사무친다.

　나는 고요히 합장하고 "예수 성심聖心이 되게 하소서"를 염한다. 삶이 곧 죽음이요 죽음이 곧 삶이라 하여 내가 생사를 초월했다는 것은 아니지만, 나는 지금 복받은 것 같고 모든 것이 감사요 모든 것이 기쁨이다.

1994년 6월 19일
운악산에서
엄두섭 拜

차례

책머리에 • 4

제1부 종교의 흥망 • 11
  1. 종교의 몰락 • 13
  2. 종교개혁 • 23
  3. 경건주의 • 45

제2부 수도원과 영성 • 59
  4. 수도원 운동 • 61
  5. 성인론 • 71
  6. 영성이 무르익던 지대 • 93

제3부 영성신학 • 155
  7. 영성신학 • 157
  8. 영성 발전 • 179
  9. 영과 진리로 • 189
  10. 개신교의 영성 • 201

제4부 실천하는 영성 · 251

11. 영성생활 · 253
12. 영성생활의 대책 · 271
13. 영성훈련 · 343

제5부 지도자의 영성 · 369

14. 설교자의 영성 · 371
15. 목회자의 성윤리 · 383

제1부 종교의 흥망

1. 종교의 몰락

종교의 흥망

세계적으로 유명한 영국의 사학자 아놀드 토인비는 말하기를 "기독교라는 종교는 역사의 지평선에서 사라졌다가 회생해 떠오르는 종교"라고 하면서, "17세기 이후 기독교는 두 번이나 몰락의 과정을 겪었다. 합리적 과학 사조 때문이었다. 그러나 2차 세계대전 말부터 역사적 고등종교인 기독교가 새로운 지평선으로 솟아오른 것은 놀라운 사실이다. 이 같은 기독교의 부활은 양심과 선택의 힘이라는 두 가지 요소에 힘입어서이다"라고 했다. 또한 토인비는 기독교에 대해서 충고하기를 "기독교가 지닌 서구적인 장식을 제거해야 하고, 종교적 독선과 배타적인 사상을 버려야 한다"고 했다.

한 사람의 일생에 출생하는 때, 성장기와 전성기, 그리고 노쇠하고 죽는 때가 있듯이 인간의 문명과 역사에도, 기독교의 역사에도 발생기와 성장기, 그리고 중흥기 및 노쇠기와 죽음의 때가 있다. 기독교라고 해서 영원히 청춘을 유지해 가는 불사 不死의 종교는 아니다.

이집트 문명은 도도메스 3세, 라메스 2세 시대에 전성을 이루고 사라졌다. 히브리 민족은 다윗과 솔로몬 왕 시대에 전성을 이루고 사라졌다. 페르시아는 고레스 시대와 다리우스 1세 시대에 그 전성을 이루고 사라졌다. 프랑스의 전성기는 루이 14세 때였고, 영국은 엘리자베스 여왕 시대였다.

기독교는 그동안 여러 민족의 역사 속에서 수없이 흥망성쇠를 거듭해 오다가, 오늘날 유럽 백인들의 사회 속에서 유럽의 교회는 죽었다는 평을 듣는 말로 末路가 되어 버렸다.

두 줄기의 흐름

사도 바울은 로마서 2장 28-29절에 "무릇 표면적 유대인이 유대인이 아니요 표면적 육신의 할례가 할례가 아니니라 오직 이면적 유대인이 유대인이며 할례는 마음에 할지니 영에 있고 율법 조문에 있지 아니한 것이라"고 했다.

"표면적"이라는 말은 겉모양, 껍데기, 피상적이고 위선적이고 형식적인 것을 말한다. 그리고 "이면적"이라는 말은 속마음, 심층적인 것, 영성적인 것을 말한다.

기독교와 교회의 역사에는 두 줄기의 흐름이 있다. 표면적인 기독교, 겉껍데기 기독교 역사의 흐름이 있고, 동시에 보이지 아니하는 이면적인 심층, 생명의 맥, 영성의 맥을 계승해 오는 흐름이 있다.

표면적인 교회사는 부패하고 타락하고 세속화되기 마련이다. 위선적인 종교 집단이며, 변질되고 그리스도의 정신이 간 데 없고 진리가 왜곡된 기독교의 흐름이다. 이런 기독교는 권력에 아첨하고 사치 열락하다가 결국 사회와 민중의 반감을 사고 외면당하여 전멸하고 말았다.

카타콤과 콘스탄틴 황제

기독교가 처음 로마에 들어간 후 주후 3세기까지 초대 신자들은 42명의 로마 황제들에게서 계속 박해를 받아 가며 지하 무덤 카타콤에 숨어서 예수를 믿었다. 그 당시의 로마는 기독교에 대해서 미친 듯했다. 3백 년 동안 계속된 박해 속에서도 로마 전체 인구인 6천만 명의 8분의 1인 750만 명이 기독교를 믿었다. 그 때의 기독교가 가장 순수했고 생명이 넘쳤다.

콘스탄틴 황제가 기독교로 개종하고 주후 313년에 밀란 칙령을 내려 신교의 자유를 허락한 뒤로부터는 지하 카타콤 속에 숨어 살던 기독교인들이 지상에 나와 교회당을 왕궁같이 짓고 초라한 교회 사제들에게 로마 귀족들의 옷을 입히고 머리에는 관을 씌웠다. 이렇게 하여 유럽 백인들이 기독교를 받아들여 국교로 삼고 전성기를 누렸으나, 그들의 기독교는 나사렛 예수의 청빈淸貧과 순결純潔과 순명順命의 얼이 살아 있는 기독교는 아니었다.

박해가 없어지고 특혜를 받으니 교회는 사치하고 연락하는 황제와 귀족들의 어용御用 종교가 되어 버렸고, 그들의 액세서리와 같은 종교로 전락해 버렸다. 그리고 오늘에 와서 유럽의 기독교는 죽었다.

프랑스 혁명

6세기경 프랑스에는 교회의 교구 제도가 시작되어 대지주들이 교회를 설립하고 교회의 목사를 임명하는 권한을 가졌다. 찰스 대제는 교회 감독들에게 자기의 구내를 순시할 권한을 주었다. 성직자들은 귀족 출신이 많았고 그들은 귀족들의 토지를 사들였다. 그들은 궁정의 고급 관직과 요직을 차지하고 국비의 반에 달하는 연금을 받았다. 카로링 왕조 때에는 프랑스 국토 전체의 3분의 1이 교회의 소유였다.

프랑스의 제1계급은 주교 등 성직자들이었고, 제2계급은 귀족이었다. 성직자와 귀족이 특권 계급이 되어 제3계급인 시민과 농민을 압제했다. 그들은 매일 도박에다가 무도회를 열어 춤을 추며 음란을 행하고, 도의道義가 땅에 떨어져 쇠퇴하고, 태만하고 사치하여 국가의 재정을 파탄 내고 경제적 곤궁을 당하다가 혁명이 일어났다.

1789년 프랑스 혁명이 일어나자 기독교 성직자와 귀족들을 원수로 여기는 과격한 폭도들은 제일 먼저 교회당에 침입하여 성상들과 제단과 십자가를 마구 부수고 불질렀다. 집채같이 큰 성당의 종은 불에 넣어 녹여 버리고 교회의 보물들을 약탈해 갔다. 십자가가 서 있던 자리에 "이성의 여신상"을 세우고 숭배하기를 강요하면서 기독교를 폐지해 버렸다.

그것은 과격한 무신론자들이 한 짓이라기보다는 기독교를 나사렛 예수의 얼대로 믿지 않고 변질되고 미신적인 우상 숭배를 하며 유한 계급의 사치와 열락悅樂의 노리개로 잘못 믿던 프랑스 기독교인들에 대한 하나님의 진노라 할 수 있다. 하나님은 세상만 심판하시는 것이 아니라 잘못된 기독교도 심판하신다.

10월 혁명

러시아에서는 1917년 3월에 페트로그라드의 노동자 대폭동이 일어나 소비에트가 조직되어 제정 러시아를 전복시켰다. 세 개의 정당 중에서 가장 과격한 볼셰비키Bolsheviki 공산당이 외국에 망명했다가 돌아온 레닌, 트로츠키를 맞아 11월 7일 볼셰비키 무장 봉기를 일으켜 임시정부를 무너뜨리고 소비에트 정권을 장악했다. 이것이 소위 10월 혁명이다. 혁명 정부는 즉시 대지주들의 토지를 몰수하여 농민들에게 나누어 주고, 노동자들에게 공장들을 관리하게 했다.

제정 러시아 말기에는 러시아 정교회가 국교였다. 성직자들은 언제나 정권에 아첨하였고, 황제와 귀족과 장교들과 교회의 성직자들과 대지주들은 결탁하여 농민들과 노동자들의 피땀을 착취하였다.

그중 요망한 수도승 라스푸친은 초능력이 있어 니콜라이 2세가 집무하는 궁중에 들어가 황태자의 병을 고쳐 주고 실권을 잡았다. 그는 황후나 황녀, 그리고 귀족 부인들과 음란한 생활을 하여 귀족 부인이 자살하는 등 스캔들을 낳았다. 귀족들은 사두마차에 부인과 딸들을 태워 놀러 다니고, 크리스마스 이브에는 지나치게 화려한 크리스마스 트리 밑에서 쌍쌍이 춤추고 음란했다.

그러다가 10월 혁명이 일어나면서 폭도들은 "하늘에서 하나님을 끌어내리라. 그리고 지상에서는 자본가를 타도하자"고 외쳤다. 교회는 문을 달고 창고와 마구간이 되었고, 종교는 아편이라 해서 무신론 무종교가 펼쳐지고, 마지막 황제 니콜라이 2세는 식구와 함께 공산주의자들에게 끌려가 지하실에서 총살을 당했다. 황후와 황녀들은 목에 금십자가를 건 채 참혹하게 쓰러져 피바다를 이루었다.

기독교인들은 공산주의 볼셰비키가 무서워 코르차크 제독의 인솔하에 시베리아 쪽으로 피난길에 올랐다. 그것은 어마어마한 행렬이었다. 피난하는 군인이 50만 명, 망명자가 75만 명, 고급 성직자 사제 등이 1만 2천 명, 수도사 4천 명, 경관이 4만 5천 명, 귀족 부인들이 20만 명, 기타 어린아이들이 다수 있었다. 5백 톤의 금괴를 무려 28대의 트럭에다 싣고 긴긴 피난 행렬을 지어 떠났다.

그해 겨울 하나님도 바로 믿지 않는 러시아 기독교인들을 돌보지 않으셨다. 영하 60도의 추위 속에 1백 30만여 명의 피난 행렬은 찬송을 부르며 하나님에게 도와 달라고 애원하면서 눈보라 속을 걸어갔다. 가다가는 얼어 죽어 백설 무덤 아래 시체의 행렬만 남기며 갔다. 어떤 장교 부인은 도중에 아기를 낳게 되었는데, 남편이 다른 사람이 보지 않게 앞을 가로막아 주고 섰다가 산모도 아기도 남편도 얼어 죽었다. 마지막까지 살아남은 자들도 바이칼 호 얼음 위에서 모두가 얼어 죽었다. 맨 마지막으로 얼어 죽은 신부는 기도하기를 "하나님이시여, 원컨대 인간들의 마음을 달리 지어 주소서"하고 쓰러졌다.

그 후 75년간 러시아에서는 기독교의 자취가 사라졌다. 프랑스에도 러시아에도 그 후 기독교의 전성기는 다시 오지 않았다. 아마 앞으로도 영원히 오지 않을 것이다. 하나님은 유럽 백인 기독교 시대의 문을 닫아 버리셨다. 노아 방주의 문을 하나님이 손수 닫으신 것처럼 "여호와께서 그를 달아 넣으시니라"창 7:16. 하나님은 예수 그리스도의 얼대로 믿지 않은 변질되고 타락한 기독교를 심판하신다.

기독교의 몰락

지금 전 세계적으로 기독교는 몰락의 추세에 있다. 서구 세계와 비서구 세계의 근본적인 구조를 볼 때 비기독교적이라는 사실을 알아야 한다. 미국과 유럽의 기독교는 세속화되고 허무주의 세력에 굴복하고 있다. 약간 남은 교회가 전하는 메시지는 영성이나 경건적 면에서 매우 세속화되어 있다. 오늘날 유럽 전체에 옛날 같은 기독교의 시대는 다시 오지 않고 있다. 사람들은 유럽의 교회는 이미 죽었다고 한다. 유럽 백인들은 일생에 두 번, 결혼할 때와 자신이 죽어서 장례식하는 때에만 교회에 간다고 한다. 독일의 가톨릭 신도수가 20만 명이나 감소되었다고 한다. 프랑스에서는 가톨릭 교도의 31퍼센트가 하나님의 존재를 부인한다는 통계가 있다.

유럽을 여행하는 사람은 유럽에서 예수가 떠난 지 오래라는 느낌을 갖는다고 한다. 타락한 교회는 하나님의 무덤에 불과하다. 그래서 알타이저는 "신의 죽음의 철학"을 부르짖었다. 청교도의 나라, 세계 선교의 나라로 유명하던 영국은 지금 전체 인구의 13퍼센트밖에 교회에 출석하지 않는다고 한다. 그것도 대부분이 노인들이다. 구 런던의 97개의 교회 중에 주일에 문을 여는 교회는 세 곳밖에 없다. 나머지 교회들은 공장이 되기도 하였고 "팔 것"for sale이라고 붉은 페인트로 교회 건물

벽에 써 붙여 놓았다. 기독교 국가인 영국은 중국을 침략하여 아편을 팔면서 성경도 나누어 주었다. 그런 교회는 죽은 교회이다.

서유럽에는 이슬람 교도가 8백만 명이 넘는다. 프랑스에서는 기독교가 몰락한 대신 인구의 5퍼센트가 이슬람 교도들이요, 유럽 모슬렘 선교의 거점이 되었다. 동유럽 여러 나라에서도 영적 진공 상태를 틈타 여러 이단 사교들이 밀려들고 있다. 1945년 우리나라가 해방되던 해에 세계에 회교국이 7개 국가밖에 없었는데, 지금은 세계의 6분의 1이 회교 국가가 되었다.

문예부흥

서로마 제국의 멸망 후 서구 문화는 만족蠻族들이 유린하는 바가 되었고, 그동안 종교의 속박을 받아 문예는 땅에 떨어졌다. 그러다가 십자군 운동 이후부터 유럽 기독교의 세력이 무너지기 시작했다. 사라센 문화의 수입의 영향으로 13, 14세기경부터 그동안의 기독교의 속박을 벗어나 자유로이 그리스나 로마의 고전을 연구하려는 인도주의파가 일어났다.

그 후 동로마 제국의 멸망을 전후로 하여 그곳 학자들의 다수가 이탈리아로 피난왔기 때문에 이탈리아는 문예부흥의 중심지가 되었고 단테, 페트라르카, 보카치오 등의 학자를 배출하게 되었다. 이 인문주의의 바람이 프랑스, 독일, 영국 등 여러 나라에 퍼졌다. 미술 분야에서는 미켈란젤로, 레오나르도 다 빈치, 라파엘 등의 거장이 일어났다. 이러한 복고 및 미술의 부활을 문예부흥이라고 한다. 인문주의를 사상적 지주로 삼아 종교적, 초월적인 중세 기독교 문화를 배척하고, 그리스 로마의 고대 문학 및 예술에 강한 관심을 가진 복고주의적 경향을 말한다.

이탈리아의 르네상스가 대체로 탐미적인 경향을 띠고 있었던 것에 비하여, 알프스 산 이북의 르네상스는 사회 개혁적인 성격을 띠고 움직여서 "이탈리아의 르네상스가 새로운 예술을 낳았다면, 북방의 르네상스는 새로운 종교를 낳았다"고 할 수 있다. 결국 후일 종교개혁이 이들 알프스 북방(독일)을 중심으로 일어 났다.

문예부흥과 종교개혁은 유럽의 역사가 중세에서 근세로 옮기는 사이에 생긴 활동이다. 문예부흥의 특징은 권위에 대한 반항, 개인주의 세력이의 대두, 그리고 자연을 탐미하며 현세 생활의 행복을 누리는 것이다. 중세 기독교의 사상이었던 단체적이고, 종교적이요, 내세적이고 금욕적인 것에 대한 휴머니티의 반동이었다.

14세기 이탈리아에서 시작되어 15-16세기 영국, 프랑스, 스페인에 번진 르네상스의 인문주의 운동이 알프스 이북의 북유럽에서는 기독교 인문주의 또는 성경적 인문주의로 발전하면서, 종교개혁의 기운을 촉구시켰다.

종교개혁은 갑자기 우연히 생긴 것이 아니라 중세기부터 이미 로마교회 안에 싹트고 있었고, 중세 로마교회 안에서 개혁을 수행하여 자유를 얻으려는 분자를 포함하고 있으면서 오랫동안 암투하고 있었다.

독일 황제와 로마 교황이 오랫동안 서로 다투고 있었던 일, 프랑스와 북이탈리아에 일어났던 왈도파, 알비파 등의 교황 지배에 대항하는 운동, 보헤미아의 후스와 그의 무리들, 이탈리아 브레스키아의 아놀드와 사보나롤라가 나타난 것, 14-15세기 신비주의자들의 신비주의 등등이 모두 종교개혁이 일어날 기미를 마련해 주었다.

중세 로마교회의 세속화와 부패를 개혁하여 초대 그리스도의 정신에 복귀할 것을 목표로 한 복고적 혁신 운동인 종교개혁은 인문주의자와 신학자가 중심이 되어 일어났다는 평이 있다. 인문주의자가 고전 연구로 신약 성경의 원전 연구를 수반하게 되어 그 결과로 사람들은 당시의 로마교회 제도, 교의, 의식 등이 모두 성경에 근거를 둔 것이 아니며, 원시 기독교 시대의 정신과 일치하지 않는다는 것을 알게 되었다.

문예부흥의 특징은 그 성질이 기독교적이 아니고 이교적이었고, 그리스나 로마의 고전에 대한 연구는 옛 신들의 에로스적 신화나 문예를 복고시켜 보려는 운동이었다. 그 결과 국민 생활이 부패하고 음란하고 타락하게 되었다. 경건한 생각이 결핍되고 덕스러운 품행을 수행하지 않았다. 이런 경향은 뒷날 종교개혁을 유치하는 길을 닦아 놓았고, 14-15세기에 일어났던 문예부흥의 바람을 타고 뒤이어 종교개혁이 일어났다.

종교개혁은 문예부흥의 이와 같은 영향 속에서 그 뒤를 이어 일어난 운동이기 때문에 휴머니티의 체질을 가지고 있고, 자칫하면 세속을 받아들이기 쉬운 경향을 가지고 있다. 사실 중세에서 근세로 옮기는 두 사건 모두가 근본적으로 비기독교적이었다.

2. 종교개혁

종교개혁

15세기 말 로마교회 내부의 부정부패와 몰락은 절정에 달했다. 교황 자리를 놓고 서로 다투고, 유럽은 두 개 세 개로 분열하고, 교황청은 십자가의 복음보다 르네상스 영향에 더욱 심취하는 사람들의 수중에 넘어갔다. 성직자들은 자기에게 맡겨진 영혼들의 목자라기보다 오히려 지옥의 자식을 만드는 자들이었다. 성직자들의 대부분은 공공연하게 첩을 두고 사생아를 낳고 살았다. 그러나 그것을 말릴 사람이 없었다.

16세기에 일어난 종교개혁은 그동안 내려오던 로마교회의 전승과 신앙, 그리고 비기독교적인 허구를 근본적으로 흔들어 놓았다. 종교개혁은 두 가지 방법으로 전개되었다. 하나는 로마 가톨릭 테두리 밖에서 일으킨 개혁이요, 다른 하나는 로마교회 자체 안에서 루터의 종교개혁에 큰 타격을 입어 자성自省으로 일어난 반동 종교개혁이었다.

마틴 루터의 개혁이 있기 전에도 로마교회의 지배에 반대하며 그 테두리 밖에서 일어난 개혁적 운동들이 있었다. 로마교 성직자들과 교회가 누리는 사치 부유에 대항해서 가난한 사람들과 함께 일어난 기독교 운동이 왈도파Waldenses, 카타리파Cathari, 알비파Albigenses 등이었다.

그들은 마태복음 10장의 제자 파송 교훈이나 예수님의 산상수훈대로 실천했다. 그들은 기성 로마교회의 모함과 중상과 핍박을 받으면서도 불길같이 프랑스와 이탈리아로 퍼져 갔다. 교황은 처음에 이를 막으려고 했으나 실패하자 그들이 함께 모여 음란을 행한다고 중상모략을 하여 십자군을 만들어 그들을 섬멸하였다. 한 도시에서는 알비파가 무려 2만 명이 학살당했다.

로마 교황 레오 10세는 베드로 대성당 재건을 위하여 1507년에 면죄부 발행을 선포하고, 그 모금을 효과적으로 달성하기 위하여 구체적으로 대사代赦위원회를 설립, 각처를 다니며 선전할 설교자들을 임명했다.

그 때까지 수도원에 있던 루터는 면죄부를 돈을 주고 사오는 신도들의 광적인 소동을 보고 충격을 받아 95개 항의문을 작성하여 1517년 10월 31일 그의 주교와 동료 교수들에게 발송했다. 루터의 개혁 정신은 뜻밖에 많은 사람들의 호응을 일으켰다. 로마교 당국자는 루터를 소환해 놓고 그의 개혁 정신과 저서를 취소하라고 협박했지만, 루터는 끝까지 불응하여 결국 파문당하게 되었다.

종교개혁의 원인

정치적으로 중세 말기의 프랑스, 스페인, 영국 등 서유럽의 여러 나라들이 중앙 집권 체제의 군주제로 발전하여 각 국가는 그리스도교 제국의 전체 이익보다는 자국의 이익을 추구하기에 이르렀다. 반대로 독일의 신성 로마제국에서는 지방 분권하의 정치 상황에 놓여 있어, 황제는 자신의 직책을 수행하는 데 있어서 지방 제후들에 의해 제한을 받았다. 여기서 중앙 집권 체제는 교회를 국가에 예속시키고자 하는 국교회 사상을 초래하여 교권이 약화되는 원인이 되었고, 지방 분권은 기독교의 단일성을 유지하는 데 장애가 되었다.

경제 및 사회적으로 볼 때 도시와 지방의 빈부 차이가 심했다. 도시인의 배금사상은 인간의 구원도 돈으로 해결될 수 있다는 생각을 갖게 했고, 이는 면죄부 판매의 길을 쉽게 열어 주었다. 한편, 지방에서는 일부 귀족과 몰락한 기사와 농민들이 가난과 불만 속에서 혁명을 기대하고 있었다.

지성적인 배경으로는 14세기 이탈리아에서 시작되어 15-16세기에 영국, 스페인, 프랑스에 번진 르네상스, 인문주의가 북부 유럽에서 기독교 인문주의 또는 성경적 인문주의로 발전하면서 성속聖俗의 구별을 타파하고, 교회의 개혁을 촉구하였다. 기독교 인문주의자들은 교회생활에 있어서 초대교회의 제도와 규율을 부활시킬 것을 주장하였다.

신학적인 면에서 볼 때 대인속죄, 구원, 미사, 성체, 성사聖事, 교회, 교황의 수위권 등 핵심적 신학 문제들이 교회 당국에 의해서 확실하게 정의되지 못하여 신학의 불확실성 시대를 초래하였다. 이것은 마틴 루터의 신학적 공격과 논쟁의 대상이 되었다.

더욱이 14세기 유럽의 정세는 정치적 동요, 전염병, 농민 반란 등 사회적 불안이 거듭되어 이런 불행으로 허덕이는 인간의 마음속에 세속적 관심을 제거하고 영혼이 신과 직접 대면하고자 하는 열망을 일으켰다. 개인의 종교적 체험과 신심을 강조하는 신비주의는 교회의 성사 신학을 비판함으로 반성직자의 분위기를 조성하였다.

그러나 네덜란드에서 일어난 실천적 신비주의는 "공동생활의 형제회"라는 신심 단체를 탄생하게 하였다. 이 단체의 회원들은 당시의 속화된 교회를 비난하지는 않았지만, 그 개선을 위해 노력했고 이를 위해 교육에 전념하였다. 뒤에 "공동 형제회"에서 운영한 학교에서 교육받고 배출된 이들 형제 중에 루터, 칼빈, 츠빙글리 등의 종교개혁가들이 있다.

14-15세기에 일어난 일련의 불행한 대사건, 즉 "교황청의 아비뇽 천도"와 "서구의 대 이교"는 교회의 영향력을 상실케 하였고, 교황권을 약화시키기에 이르렀다. 아울러 "공의회 지상주의" 운동과 영국의 위클리프와 보헤미아의 후스 같은 사람들이 일으킨 로마교 신앙에 대한 반발 운동으로 말미암아 교황의 권위는 더욱 땅에 떨어졌다.

르네상스 시대의 교황들은 그들의 시대적 사명인 교회 쇄신과 이슬람교도를 대적하는 서구의 단합을 완수하지 못했다. 일부 교황은 족벌주의 정책을 감행하였고 배타심에 물들어 있었다. 주교직은 귀족들의 독점물이 되었는데, 정신적 직책이라기보다는 세속적 직업이라는 인상을 주었다. 따라서 일부 고위 성직자들은 영적 사명감을 망각하고 물질적으로 부유한 생활을 하였다. 반면에 하급 성직자들은 제대로 신학 교육과 영적 지도를 받지 못하여, 어떤 신부들은 목자로서의 직무를 성실히 수행하지 못하였다.

수도원 역시 이런 폐해에서 벗어나지 못하였다. 참다운 수도에 대한 성소聖召를 느껴 입회하는 수도자는 적었고, 수도회들 사이에도 분열이 있었다.

마지막으로 평신도들의 신심은 너무나 외적인 면에 치중하였고, 미신과 결부되었으며, 이기적이고 물질적인 효과에 밀착되어 있었다. 이런 경향이 면죄부 판매를 가능케 했다.

중세 로마교회

종교개혁 이전에는 그리스도의 공로, 고난, 이신득의以信得義, 칭의稱義 등의 사상이 무용無用한 이야기로 간주되었고, 죽은 자를 위한 성도의 대도代禱, 교황청의 면죄부에 찬동하지 않는 자는 심판을 받는다고 생각했다. 죽은 성자들과 성모 마리아를 우리의 중보자라고 믿었다. 교황은 실수하지 않는 사람이라는 교황무오설을 믿었다. 명목상으로 성직자들은 독신으로 살았으나 공공연하게 축첩을 하고 자식을 낳아 거느리고 살았다. 그들은 자녀를 낳았기 때문에 소속된 감독에게 속죄세를 정기적으로 지불했다. 어떤 감독에게는 1년에 1만 1천 명이 속죄세를 납부했다고 한다. 대감독 로드리고 뽈기아는 로마의 어떤 모녀를 함께 데리고 살면서 다섯 자녀를 낳았는데, 그가 인노센트의 뒤를 이어 교황이 되었다.

시골 교회는 무지와 어둠과 부패로 꽉 차 있었다. 시골 교회의 설교자라는 이는 목동, 광대인 악인樂人, 사냥꾼 등이었다.

수도사들은 헬라어와 히브리어에서 이단이 나왔다는 어리석은 주장을 했다. 그들 중 어떤 자는 신약성경이 뱀들과 가시들이 가득 찬 책이라고 주장했다. 토마스 리나셀이라는 당시의 이름난 성직자는 신약성경을 읽어 본 일이 없었다. 한번은 그가 신약성경을 몇 권 가져와 보라고 하여 펴 보더니 "내가 너희에게 이르노니 도무지 맹세하지 말라"는 구절을 보고는 곧 그 책을 내던져 버렸다고 한다.

뺌보 주교는 "성령"을 서풍西風의 기운이라 했고, 사죄赦罪라는 말을 "말의 털과 신들의 꾸부림"이라 썼으며, "하나님의 아들"이라는 말을 "주피터 신의 머리에서 나온 지혜의 여신"이라고 했다.

트렌트 회의에서 결정한 로마교의 교리적 주장은 다음과 같다.

(1) 가경假經도 정경正經과 같은 권위를 가진 책으로 간주한다.
(2) 성령의 선행적先行的 은혜의 도우심이 없이 인간은 믿을 수도 없고, 소망할 수도 없고, 사랑할 수도 없고, 회개할 수도 없다고 주장하는 자는 저주를 받을지어다(제3조).
(3) 교황의 교훈에는 오류誤謬가 있을 수 없다(제4조).
(4) 교황은 베드로의 직계 후계자인데, 그리스도의 대리이다(제3조).
(5) 미사에 있어서 상床은 제단시祭壇視되었고, 성찬은 하나님에 대한 제물로 보았다.

마틴 루터

마틴 루터는 1483년 11월 10일 독일 삭소니의 비텐베르그 근처 아이슬레벤에서 탄생했다. 부친은 농부와 광부의 경력을 가진 이요, 모친 마가레타는 하나님을 경외하고 늘 기도생활을 하는 겸양한 여성이었다. 루터가 어렸을 때에는 가난에 시달려 모친과 함께 산에 나무하러 다니기도 하였다.

1497년에 마그데브르그로 이사했고, 1498년에는 친척이 사는 아이제나흐로 다시 옮겨 거기서 3년을 지내면서 가난한 소년들과 함께 남의 집 문전에 서서 노래를 부르며 빵을 구걸하기도 했다.

1501년에 루터는 에르푸르트Erfurt 대학에 입학했다. 그는 두뇌가 뛰어나고 음악과 능변의 구재口才가 있었다. 부모는 그를 법률가로 만들려고 했고 그 역시 그렇게 되려고 마음먹고 있었지만, 어느 날 친구의 죽음을 보고 뜻을 돌이켜 부모의 허락도 없이 21세 때인 1505년 7월 에르푸르트의 어거스틴 수도원에 들어가 수도자가 되었다. 그는 친구와 함께 길을 가다가 소낙비를 만나 큰 나무 밑에 비를 피해 있었는데, 갑자기 벼락이 쳐서 곁에 있던 친구가 죽고 루터는 기절했다가 소생했다. 이때 루터는 자기를 하나님에게 바치기로 결심하고 수도원에 들어간 것이다.

수도원에서는 열심으로 규칙을 지키고, 신학을 연구하고, 도서실에서 유명한 이들이 쓴 책을 거의 암송하다시피 했으나 자기의 구원을 의심하는 생각이 사라지지 않았다. 그의 심중에는 계속되는 싸움이 있어 수도원의 경건한 고행으로도 그것을 누를 수 없었다. 어떤 때는 번민이 심해 졸도까지 한 일이 있었다.

수도원 생활에서 루터에게 가장 큰 감명을 준 사람은 어거스틴회 수도원의 총원장이었던 스타우피츠의 요한이었다. 그는 루터에게 성경 읽기를 권하고, 믿음으로 의롭다 함을 얻는 진리를 가르쳐 주었다. 루터에게 결정적 감화를 끼친 것은 신약성경이었다. 그는 로마서 4장 이하에 기록된 사도 바울의 글에서 신앙의 신비스러운 이치를 깨닫고 비로소 내심의 평화를 얻었다.

1508년에는 비텐베르그 대학의 철학 교수로 임명되고, 1511년에는 수도원의 용무로 로마에 파견되었는데 거기서 로마의 부패상을 보고 개탄하며 돌아왔다. 그는 로마 시내에 있는 빌라도의 계단을 무릎으로 오르다가 중도에 "오직 의인은 믿음으로 산다"는 성경 구절이 생각나서 벌떡 일어나 걸어 올라갔다.

수도원 안에서 그는 스타우피츠의 지도 밑에 버나드의 서적을 애독했고, 특히 독일 신비주의자인 타울러의 신비주의에서 감화를 받았다. 1512년 비텐베르그에서 신학박사 학위를 받고 정식으로 신학 교수가 되었다.

그는 이 생활에서도 영혼의 평화를 얻지 못했고 죄의식으로 괴로워했다. 이때부터 그는 아리스토텔레스 계통의 신학을 반대하기 시작하고, 어거스틴의 신비주의에 마음이 끌렸다.

루터의 사상은 수도원 안에서 길러낸 것이며, 그 때까지 로마 가톨릭에 반항하지 않았다. 그러나 그는 이미 신자가 그리스도와 믿음으로 말미암은 개인적 관계를 맺는 것이 구원의 기초라고 확신하고 있었다.

루터의 마음에 의분을 일으킨 것은 로마 가톨릭이 로마 성 베드로 성당의 건축비가 부족하여 면죄부를 팔기 시작한때부터 이다. 면죄부 판매 특사인 테첼이 비텐베르그 근처까지 와서 선전을 하기 때문에 루터는 그 비성경적이고 잘못된 점을 지적했다. 루터는 마인츠 대감독 등 여러 지도자들에게 면죄부 판매의 부당성을 성토하는 서한을 보내면서 동시에 테첼에 반대하는 95개 조문을 그에게 보내고, 비텐베르그의 슈롯스킬 교회 대문에도 95개 조문을 써 붙임으로써 공식적으로 로마교에 저항했다. 그는 "예수께서 참회하라고 말씀하신 것은 신자의 일생을 참회생활에 하라는 뜻이다. 교황의 면죄부는 소죄小罪조차 속죄할 효력이 없다"고 논박했다.

95개조 항의문은 전체가 3천 마디도 못 되는 것이었지만 사방에서 환영하여 불과 2주일 동안에 독일 전역에 보급되었다.

루터가 종교개혁의 기치를 들면서 『독일 기독교 귀족에게 보내는 서한』(귀족들이 평민으로 교회 개혁에 협조할 것을 권면하는 글), 『바벨론 포로』(교회 의식은 성만찬, 세례, 참회뿐이라고 주장하고 화체설을 부정했다), 『기독교인의 자유』(구원의 이치와 그리스도와의 인격적 합일을 고조) 등 3대 논문으로 사회 모든 사람들에게 끼친 영향은 신속하고도 심각했다. 이것은 교황에 대한 도전장이었다.

1518년 6월에 교황 레오 10세는 루터를 로마로 호출했으나 루터를 보호한 프레드릭은 심문지를 독일의 아우그스부르그로 옮기게 했다.

교황은 루터를 처벌하려고 황제의 힘을 빌려 보름스 제국 의회에 루터를 호출하여 세워놓고, 20여 권의 루터의 저서를 취소하라고 명했다. 루터는 하루의 여유를 달라고 요청했다. 다음 날 그는 다시 회의장에 나가서 일장 연설을 하고 나서 "내 주장이 성경적으로 잘못된 것이 증명되기 전에는 취소할 수 없다"면서, "하나님이여, 나를 도우소서. 아멘" 했다.

1518년 11월에 파문당했고, 1520년 6월 15일에 교황의 정죄장이 날아왔다. 그해 12월 10일 루터는 그 정죄장을 학생들과 시민들이 보는 앞에서 불살라 버렸다. 1521년 1월 2일 제2차 파문 선고가 내려지고, 그해 4월 16일 보름스 회의에 출두 명령을 받고는 "보름스 성의 모든 기왓장이 마귀라 해도 나는 간다"면서 만류하는 이들을 뿌리치고 4월

16일에 보름스에 도착했고, 18일에 "내 생각을 바꿀 수 없다"하고 퇴장했다.

  루터는 5월 25일에 저주 선언을 받고 다음 날인 26일 보름스를 떠났는데, 도중에서 한 무리의 기병대가 나타나 그를 바르트브르그 성에 데려다 주었다. 이것은 삭소니의 선거 후 프레드릭의 호의로 루터를 구원해 보호하려는 계획에서 되어진 것이었다. 그 성에 머무르면서 루터는 그 성을 밧모섬이라 부르며, 조용히 내성內省하면서 신약 전서를 독일어로 번역했다. 12월에 시작하여 다음 해 7월에 완성한 이 번역 성경은 그 후 독일 성경 번역 문체의 모형이 되었다.

  1546년 1월 루터는 고향 아이슬레벤에 초청을 받아 가서 일을 마치고 친구들이 둘러 있는 가운데 시편 31편 5절 "내가 나의 영을 주의 손에 부탁하나이다"를 부르면서 평화 속에 임종하였다.

마틴 루터의 종교개혁

  교황 레오 10세는 전임 교황 줄리우스 2세가 베드로 대성당을 재건하기 위해 1507년에 반포한 면죄부를 다시 선포하였다. 그 모금을 효과적으로 달성하기 위해 대사代赦 설교가 필요했다. 독일의 신성 로마제국에서도 대사 위원회가 설립되어 설교 지침서가 발간되고, 설교가들이 임명되었다. 이 지침서는 대사에 대한 교리를 약술하였고, 모금 목적을 위해 대사를 과찬하여 상품화함으로써 일반 대중들이 그 본래의 의미를 망각하고 남용하도록 오도하였다.

  루터가 거주하던 비텐베르그에서는 대사 설교가 허용되지 않았으나 그의 교우들이 이웃 지방에서 활동하던 요한 테첼의 설교를 듣고 면죄부를 사오는 광적인 소란에 충격을 받은 루터는 대사 남용에 대해 항의하기 위해 일련의 신학 명제(95개 조항의 문)를 작성하여 1517년 10월 31일에 그의 주교와 동료 교수들에게 발송하였다. 이는 후에 출판업자들에 의해 간행되어 세상에 나옴으로써 문제가 되었다.

1518년 루터의 95개 항의문은 신학자들의 항의를 받았다. 루터는 수도원 참사회에 소환되어 로마에서 파견된 카제탄 추기경의 심문을 받았지만 자기의 주장을 굽히지 않았다. 결국 루터는 1518년 11월 9일에 반포된 대사에 대한 교회의 입장과 1520년 6월 15일에 공포된 "교황 교서"에 불복하여 파문당했다.

마틴 루터의 문제는 이제 정치 문제로 번졌다. 그는 1521년의 보름스 국회에서 이단자로 단죄되어 추방령이 내려졌으나 전쟁의 발발로 실현되지 못했고, 오히려 반교회적 개혁 저술 활동을 통해서 그의 사상을 널리 전파하였다. 1526년에 이르러 황제는 독일의 종교 문제를 정치적으로 타결하기 위하여 제국 의회를 열었지만 루터를 지지하는 제후들이 반기를 들고 일어남으로 1529년 기독교계는 양분되기 시작하였다. 결국 수많은 회담과 충돌을 거쳐 루터가 사망한 뒤 1555년에 아우그스부르그 의회에서 일차적으로 타결을 보았으나, 다시 충돌이 일어나 30년 전쟁 끝에 웨스트팔리아 평화회담에서 종교 분쟁은 최종적으로 일단락되었다.

1570년에 이르러 독일 북부 지방과 스칸디나비아 국가는 루터교로 개종하였으나, 그 외의 유럽 지방에서는 큰 영향을 미치지 못하였다.

유럽 대륙의 종교개혁

스위스에서는 츠빙글리가 루터의 영향을 받아 취리히에서 교회 설교가로 활동하면서 1523년 시의회의 지지를 받아 그의 교회 개혁안을 제시하였다. 성당 안의 성화 제거, 수도원의 폐쇄, 국가의 교회, 성직록 관리, 국가 혼인 제도의 신설, 교회 전례와 장복의 폐지 등을 주장했다.

이에 대해 1524년 12명의 성주들이 가톨릭 동맹을 맺고 항의하여 취리히의 시의회는 일단 개혁 운동을 정지하였으나, 1525년부터 츠빙글리는 개혁을 실천에 옮기기 시작하였다. 이로써 신·구교의 종교전쟁(카펠 전쟁)이 일어나 1531년에 츠빙글리는 전사하였고, 취리히와 남부 독일에 미치던 영향력도 점차 약회되었으며, 칼빈파로 흡수되었다.

한편 1524년에 츠빙글리가 가톨릭 동맹에 굴복하자 일부 과격한 추종자들은 반발하였다. 그들은 "신앙으로 말미암은 의화義化"라는 개혁 교리를 실현하기 위하여 자유롭게 신앙을 받을 수 있는 성인이 되어야 세례를 받을 수 있다고 강조하면서, 유아 세례를 금지하고 성인의 재세례를 주장하였다. 1525년 취리히 시의회는 제세례파의 집회를 금지하고 이들을 박해하고 추방했다. 추방된 제세례파는 서북부 독일과 네덜란드로 자리를 옮겨 세력을 확장하였으나 교회와 정부로부터 핍박을 받다가 1535년에 뮌스터에서 지도자들이 처형됨으로써 그들이 건설하려는 그리스도 왕국은 종지부를 찍었다.

제네바에서는 1534년 초에 프로테스탄트로 전향하고 『기독교 강요』 1536를 저술한 칼빈이 시의회의 지지를 받아 교회 개혁에 착수하였다. 그의 과격한 생활의 혁신은 시민들의 반발을 샀다. 그래서 그는 추방을 당했으나 다시 돌아왔다. 칼빈은 가혹한 처벌로 대응함으로써 1555년에 이르러 모든 저항은 제거되었고, 제네바는 개혁의 중심지가 되었다. 칼빈의 사상은 프랑스에 들어가 『갈리아 신앙고백서』가 작성되었고, 여기서 정치적 개입으로 위그노 전쟁1562-1598이 발발했다. "낭트 칙령"으로 칼빈파는 신앙의 자유를 획득하였다.

네덜란드에서도 정치적 혼란 속에서 칼빈교가 성장하여 북부 지방에서는 국교가 되어 개혁교회로 오늘날까지 남아 있다. 영국과 스코틀랜드에도 칼빈주의가 들어갔다. 당시에 해상권을 장악하고 있던 네덜란드와 영국은 식민지 건설과 함께 칼빈주의 사상을 해외에 쉽게 확대할 수 있었다.

영국의 종교개혁

헨리 8세1509-1547는 본래 루터의 종교개혁에 반대하면서 7성사를 옹호하는 입장을 밝혀 교황 레오 10세로부터 "신앙의 수호자"라는 명예로운 칭호까지 받았었다. 헨리 8세는 결혼 문제에 대해서 교황 줄리우스 2세에게 관면을 받고 과부가 된 형수인 아라곤의 캐더린과 결혼했지만, 후일 앤볼린과 사랑에 빠져 캐더린과 이혼하기 위해 교황의 관면의 무효성을 주장하였다. 결국 교황 클레멘스 7세와의 이혼 문제에 대한 절충이 결렬되자, 헨리 8세는 단독으로 이혼을 추진하여 의회로 하여금 국왕의 영국교회에 수위권을 인정하도록 강요했다. 이로써 영국교회는 가톨릭교회와 분리되었다.

1533년부터 로마교회에 충실한 성직자와 수도자에게 박해를 가했고, 수도원을 폐쇄하였다. 그러나 이러한 박해에도 불구하고 루터나 칼빈의 종교개혁에 동조하지 않고 "6개 신앙 조항"을 공포하여 가톨릭교회의 교리와 실천을 준수하였다.

헨리 8세를 계승한 에드워드1547-1553는 열 살의 어린 왕이었기 때문에 외삼촌 에드워드 세이모어가 섭정을 하면서, 칼빈주의를 영국교회에 도입하여 교회 개혁에 착수하였다. 1547년에 가톨릭교회의 7성사가 거부되고 "6개 신앙 조항"이 파기되었다. 1548년에 성직자의 독신제가 폐지되었고, 1553년에는 영국교회의 "42개 신앙 조항"이 반포되었다.

이제 영국의 성공회가 탄생하기에 이르렀다. 1553년에 에드워드 6세가 사망한 뒤에 캐더린의 소생인 메리가 왕위에 올랐다. 메리는 매우 환상적인 가톨릭 신자였다. 그가 등극하게 된 것은 에드워드 6세 치하에서 자행된 섭정 독재 정치를 종식하고 전통적 튜돌 왕가의 계승을 의회와 국민이 갈망하였기 때문이다. 그러나 메리는 이를 오해하여 국민이 여왕의 가톨릭 신앙을 좋아 하였기 때문이라고 생각하였다. 더욱이 그는 1554년에 스페인 국왕 필립 2세와 결혼함으로써 영국의 민족적 자존심과 국가의 명예를 손상시켜 의회와 국민의 신망을 잃었다. 그래서 메리에 대한 반대 운동이 일어나기 시작하자 잔인한 보복 행위를 자행했고 아울러 프로테스탄트의 지도자들을 화형에 처하면서 개신교도들을 박해하였다.

1558년에 메리 여왕이 사망함으로써 영국에서의 가톨릭 부활의 희망은 사라지게 되었으며, 프로테스탄트들은 자리를 굳건히 잡게 되었다.

메리를 계승한 엘리자베스 1세1558-1603는 앤볼린의 딸이다. 그는 어머니와 헨리 8세의 결혼을 단죄했다는 이유로 로마 교황청에 대해 반감을 갖고 있었지만, 가톨릭 신앙을 가진 사람을 박해하지 않았다. 그러나 엘리자베스 치하에서 영국교회는 가톨릭교회와 결별하고 새로운 영국 성공회 교회제도를 설정하였다.

가톨릭교회에 대한 박해는 교황 피우스 5세가 1570년에 엘리자베스 여왕을 파문하였을 때에 심각하게 일어나기 시작하였다. 이제 영국 성공회는 대륙의 어느 개신교보다 강력한 영향력을 미치면서, 대륙의 개신교도가 박해로 피난할 때에 피난처를 제공하기도 하였다.

30년 전쟁

루터가 일으킨 종교개혁의 영향으로 유럽에서는 신·구교 국가 사이에 30년 전쟁이 일어났다. 이 전쟁은 정치와 개인의 야심이 한데 어우러져 기독교인들끼리 대적한 실로 비참의 극치를 이룬 장기간의 내란이었다.

전쟁이 계속되는 동안 도시는 황폐되고, 아우그스부르그의 인구는 8만 명에서 1만 8천 명으로 감소되고, 비텐베르그의 인구 40만 명이 4만 8천 명으로 감소되었다. 이곳에서 목사가 3백 명이나 죽고, 파르츠에서는 칼빈파 교회 목사가 3백 50명이던 것이 전쟁 후에는 30명에 불과했다. 학교는 폐쇄되고 교육은 황폐화되었으며, 독일은 3백 주로 분열했고, 백성들은 생기를 잃고 태만해지고 쇠잔했다.

반동 종교개혁

마틴 루터의 종교개혁에 큰 타격을 받은 로마교회는 자기네 생존과 통일을 위해 대책을 연구하던 중 개혁에는 개혁으로 대응하자는 반동 종교개혁counter reformation을 일으켰다.

만렛사의 동굴에서 기도하다가 영시靈示를 받은 이냐시오 로욜라가 일으킨 제수잇 운동이 있었고, 거기에 호응해서 프란시스 수도회의 위대한 수도사 히메네스가 일어나서 유럽 교회 정화와 영성 운동을 일으켰다.

스페인에서는 신비적인 경건파가 일어나 십자가 요한과 알칸타라의 페드로와 성녀 아빌라의 테레사 등이 위기의 로마교회 영성을 다시 살리고자 했다.

존 칼빈

종교개혁의 2대 인물을 꼽는다면 독일의 마틴 루터와 존 칼빈이다. 칼빈은 종교개혁가로서는 제2기에 속한 인물이다. 1517년 마틴 루터가 95개 항의문을 공표했을 무렵 칼빈의 나이는 불과 여덟 살이었다. 그가 성년이 되었을 때, 신·구교간의 전투는 절정에 달했다. 그는 제네바 개혁가들의 운동에 힘이 되어 주었다. 그의 신학은 기독교 사상에 절대적 영향을 끼쳐, 그 이후의 개혁 교회는 거의 그의 사상의 지배를 받았다 해도 과언이 아니다.

칼빈은 프랑스 비카르데의 노욘에서 탄생하였다. 부친은 노욘 감독구의 서기였고, 모친은 종교적 열심이 뛰어난 여성이었다. 칼빈은 어려서 건강치 못했지만 재질이 뛰어났다. 14세 때 파리 대학에 입학하여 라틴어와 윤리학을 배우고, 18세 때에 삭발했다(로마교회에는 성직자가 머리 위 중앙의 머리카락을 둥글게 체발하는 풍속이 있었다).

그는 때때로 설교했으나, 정식으로 성직을 받지는 않았다. 그의 부친은 그를 법학자로 만들려고 했었고, 칼빈 역시 법학 공부를 했다. 그는 언제나 파고드는 성격이어서 잠도 제대로 자지 않았기 때문에 건강을 해쳤다. 머리가 영민해서 교수가 자리에 없을 때는 대신 강의할 정도였다. 문학과 희랍어 공부도 하다가 어느 프로테스탄트 교도의 권면으로 성경 연구를 하게 되었다.

1532년경 그는 스스로 "돌연한 개심改心"이라고 말하는 체험을 얻었다. 그는 "나는 오랫동안 자기를 반성하여 왔는데, 진리의 빛이 돌연히 비추어서 내가 지난날 품고 있었던 오류와 죄악 및 더러움을 깨닫게 했다. 나는 나의 가련한 상태와 나의 앞날에 있을 재화를 자각하고서 떨었다. 그때 나는 어쩔 수 없이 오 주여! 하고 부르며, 눈물과 부르짖음 속에 옛생활을 버리고 주님의 길로 돌아가는 수밖에 다른 방법이 없었다"고 했다.

칼빈은 영혼의 평화와 안심을 얻기 위해 교회에서 가르치는 방법으로는 만족을 얻을 수 없었다. 내면으로 반성해 보고는 눈을 들어 하나님을 우러러보면 더욱 양심의 가책을 금할 수 없었다. "내가 돌아갈 항구는 오직 하나뿐이다. 즉 그리스도로 말미암아 내게 주어진 하나님의 자비뿐이다. 나는 은혜로 말미암아서만 구원을 얻는다. 나의 공덕이나 행위에 의해 구원을 얻는 것이 아니다. 나는 믿음으로 말미암아 그리스도를 받아들이고 주님과 사귐에 들어간다. 이것을 성경의 용어로는 '믿음으로 의롭다 함을 얻는다'"고 했다.

칼빈은 처음에 로마교회를 존경하는 생각으로 프로테스탄트 교도가 되는 일을 주저했으나, 후에 교회를 바꾸는 일改宗이 교회를 버리는 일은 아니라고 믿게 되었다.

그는 성경과 종교상의 진리 연구에 전심을 기울이면서도, 세상에서 격리되어 조용한 세월을 보내기를 소원했다. 그러나 그의 명성이 높아짐에 따라 파리에 있는 프로테스탄트 교도들은 은근히 칼빈을 자기네 지도자로 삼고 그의 종교적 교훈을 들었다. 그러나 칼빈의 개혁 사상과 프로테스탄트들의 불근신한 거동이 로마 가톨릭 국가인 프랑스인의 인심을 격앙시키고, 조정의 분노를 야기시켰기 때문에 칼빈은 프랑스를 떠나 스트라스부르그를 거쳐 스위스의 바젤로 갔다.

여기서 그는 히브리어 연구를 시작했고, 유명한 『기독교 강요』를 썼다. 그때 칼빈의 나이는 겨우 26세였다. 그는 23년 동안 꾸준히 이 저술을 정정 증보했지만, 책 속에 교의의 줄거리는 조금도 변함이 없었다. 칼빈의 『기독교 강요』는 기독교 신학의 도표가 되는 것이요, 프로테스탄트 주의 최초의 조직적인 저술이요, 개혁 교회 신앙의 교리적 근거가 된다.

이 책을 쓰게 된 것은 당시 프로테스탄트 교도들에 대한 박해 때문에 이 책을 써서 국왕 프란시스 1세에게 바쳐 박해자의 의혹을 해명하려는 동기에서였다고 한다.

칼빈은 프랑스인이요 법률 공부를 했기 때문에 루터보다 더 치밀하고 단련된 학자로서, 그의 논술은 평민보다는 학자들이나 유식층에게 적당하다. 루터는 성격이 독일인다운 거칠고 의지적인 면이 있지만, 칼빈은 프랑스인이고 법률가였기 때문에 질서와 논리를 사랑하고 조직적

재능을 가졌다.

  칼빈의 생애의 방향을 회전시키는 일이 있었다. 프랑스 귀족으로서 프로테스탄트로 개종했기 때문에 추방되어 스위스 제네바로 가서 그곳의 프랑스인들에게 전도하던 윌리암 파렐William Farel이란 사람이 있었다. 칼빈이 여행 중 제네바에 잠시 들렀을 때, 그가 칼빈의 숙소에 찾아와서 "그대가 만일 하나님의 일을 하지 않고 고요히 살며 독서를 즐긴다면 하나님이 반드시 그대를 저주하실 것이다"라고 권하며 제네바에 머물러 개혁 사업에 협조하기를 간청하였다. 그 권에 못이겨 칼빈은 그렇게 하기로 결심했다.

  제네바 시민들이 처음에는 칼빈과 파렐의 개혁안을 받아들였다. 그러나 그가 지나치게 엄격하고 규율에 치우치는 것에 반대하여 1538년 시민대회의 결의로 칼빈을 제네바에서 추방했다. 이리하여 개혁에 실패한 그는 스트라스브르그에 가서 3년을 지내면서 그 사이에 아내를 얻어 자녀 세 명을 낳았으나 모두 일찍 죽었으며 아내도 9년 뒤에 세상을 떠났다.

  제네바 시민들은 칼빈을 추방한 후 악한 풍속이 점점 증강하는 것을 보고 다시 칼빈을 초청했다. 1541년 9월에 그는 다시 제네바에 가서 살았다. 이리하여 제네바는 그의 고향이 되고 그의 교구 활동의 중심이 되었고, 칼빈의 준엄한 규율에 의해 모든 악습이 금지되고 일신되었다.

  제네바는 그 당시 유럽 여러 나라에서 개혁 신앙 때문에 박해받는 자들의 피난처로서 영국, 이탈리아, 프랑스인들이 박해를 피해 여기에 와서 칼빈의 사업을 도왔다.

  칼빈의 명성은 유럽에 진동했으나 지나친 과로로 건강을 해쳐 그는

55세에 세상을 떠나고 말았다. 그는 검약하게 살며 자선 사업에 힘썼고, 세상을 떠난 뒤 남긴 유산이라고는 한 푼도 없었다고 한다.

칼빈의 근본 사상은 성경을 유일한 표준으로 삼은 점이다. 성경의 권위는 이성에 의해 증명되어야 하고, 복음의 진실됨은 성령에 의해 주어져야 한다고 했다. 그는 루터처럼 고대 교회를 존중치 않았고, 교부들 중에서 어거스틴을 존경했지만 성경의 가르침에 위반될 경우에는 그가 누구이든지 주저하지 않고 논박했다.

칼빈 신학의 현저한 특색은 예정설이다. 개혁자들은 펠라기우스의 이단설에 반대하여 예정설로서 어거스틴 신학을 부흥시키는 데 힘썼다. 하나님은 전능하시고 지극히 크신 분이며 인간은 전혀 무력하기 때문에 하나님의 은혜로 말미암아서만 구원을 얻는다. 예정이란 인간의 구원이 자기의 행위와 활동에 있지 않고 전적으로 하나님의 은총에 달려 있음을 강조하는 데서 생긴다. 예정이 있기 때문에 신자는 모든 유혹과 박해 속에서도 안전할 수 있다.

청교도

청교도라 하는 이름은 본래 "청정자"淸淨者라는 뜻이다. 이는 그들이 일반적인 기독교인의 생활로 만족하지 않고 엄격하게 신앙을 힘쓰는 사람들이었기 때문에 남들이 조롱해서 부른 이름이다. 그들은 로마교회로부터 전해진 교회 안의 폐풍을 일소하려고 애쓴 열심 있는 프로테스탄트들이다.

청교도의 기원을 종교개혁 이전으로 소급하지 않으면 안 된다. 영국의 윌리암 틴데일, 존 위클리프 등의 성경 번역을 비롯하여, 로마교회에 반항하여 일어난 종교개혁자들이 청교도의 선구자였다. 종교개혁의 기운이 유럽 대륙을 진동시키고 그 여파가 영국에까지 미쳐 헨리 8세 때에는 로마 교황의 권력 밑에서 이탈하기에 이르렀다. 그러나 실제의 개혁 상황은 유럽 대륙의 개혁과는 모습이 크게 달라서 단지 정치상으로 로마 교황과의 관계를 끊었다는 것에 불과하고, 교황을 대신하여 영국 국왕이 교회의 모든 교권을 장악했다.

이 시대 영국 상류 사회의 부패는 극에 달하고 국민들은 허영에 들뜨고 사치를 자행하여, 뜻 있는 이들은 세상의 타락에 눈살을 찌푸렸다. 이런 속에서 순수하게 예수를 바로 믿으려는 사람들이 일어나 소신대로 용감하게 살고 하늘과 땅에 부끄럽지 않게 행동하려고 했다. 그들을 청교도라 했다.

국립교회가 세속권에 아부하고 옹호하는 꼴, 교회의 교의와 예전 등 모든 것이 로마교회를 방불하게 하는 것 등을 묵인할 수가 없어서 은밀히 가정에서 모임을 갖고 예배드리는 이들이 많았다. 그들 중에는 유럽 대륙의 종교개혁의 여파를 참작해서 칼빈주의를 따르려는 이도 있었다. 또는 개개의 독립된 회중 정치를 주장하는 이도 있었으나, 그렇다고 해서 국교회에서 반드시 이탈하려는 것은 아니었다. 처음에 그들 중 다수는 국교회 안에 그냥 머물러 있으면서 개선하고 교정하려고 했으나 도저히 그 목적을 달성할 수 없어서 분리하기에 이르렀다. 그들 중에 회중주의를 채택한 것이 오늘날의 회중 교회가 되고 혹은 장로주의 교회가 되었다.

가장 위대한 신앙 고백이요 장로교의 기원인 웨스트민스터 신앙고백은 청교도들이 만들었다. 청교도들은 지나치게 엄격한 점도 있으나 양심을 존중하고, 청렴하고, 세상에서 초연하고, 자기들이 믿는 바를 수행하는 정신은 경모敬慕할 만하다.

청교도는 하나님을 알고 하나님을 즐기는 일을 그들 인간 존재의 큰 목적으로 삼았다. 그들은 외식적 예배자들을 멸시했고 순결한 예배를 드렸다. 그들이 앙망하는 하나님과 인류의 가장 큰 자와 천한 자의 구별이 없었다.

3. 경건주의

　마틴 루터의 종교개혁은 로마 가톨릭에 반대하여 성경을 신앙의 유일한 표준으로 삼고, 외부적 행위나 행사보다 내심의 신앙을 존중하고, 교권적 권위보다는 개인적 판단이 옳다고 보고, 모든 신자 누구나 제사장이라고 주장했다.

　루터의 종교개혁이 있은 후 개혁의 열기가 있는 동안은 괜찮았으나 세월이 흘러 그 열기가 사라져 가면서 개혁 교회는 도덕적으로 타락해 가고, 강단의 설교는 영적 충만함이 없이 굳어지고, 신학자들은 크지 않은 문제로 서로 분열을 계속했다. 교회는 루터의 정신을 배반하고, 냉담한 교리 조문이나 독단적 교의에 지나치게 치중하고, 성경 연구에 태만하고, 깊은 종교적 정서나 고결한 도덕 생활을 멀리했다. 목사들은 신자들의 경건한 생활은 돌보지 않고 교권만 주장하려 했다. 그 결과 신자들은 무지하여 미신에 빠지고 기독교인들의 도의는 퇴폐해 갔다.

　이 같은 프로테스탄트의 경향을 염려하여 그 풍조에 반항해 일어난 것이 경건운동이었다. 이 운동은 18세기 초반까지 계속된 유력한 종교운동이었고, 종교적 정염과 내적 생명을 존중하는 신비 계통이었다. 경건파Pietism라는 이름은 그들을 냉소하는 자들이 조롱하는 뜻으로 부른 이름이다.

경건주의는 신학자들의 교리 우선주의와 철학자들의 이성주의 모두가 기독교의 진수인 살아 있는 신앙에 대조되는 것이기 때문에 그에 대한 대응이라고 말한다. 경건주의는 실제적인 운동이어서 그 자체의 신학 체계를 건설한 것이 아니요, 루터 교회 최초의 단순한 신앙을 회복하려는 생각뿐이었다.

경건주의가 첫째로 힘쓴 것은 교리나 신학과 같은 종교의 지적 방면보다 생명적 방면을 더 소중히 여기고 기독교는 지적 승인이나 교리적 승인이 아니라 심정의 변화, 즉 "마음의 종교"라고 했다. 그래서 그들 경건주의자들에게서 심정과 정의情意가 매우 고조된 사실은 기독교 이성주의와는 큰 대조가 된다. 이와 같이 신학에 대하여 실제적인 태도를 취한 결과 교리 중에서도 실제적으로 필요한 것은 본질적인 것이라고 보았지만 그렇지 못한 것은 본질적인 것이 아니라고 했다. 이것은 정통주의에 대한 비판이다.

둘째로 경건주의가 힘쓴 것은 제도적 종교를 배격하고 그 대신 개인적 경험을 고조한 점이다. 경건파는 따로 교회를 세우지 않았고 신학 이론보다는 성경 연구를 자극하여 성경으로 돌아가기를 주장했다. 그 중 어떤 파는 심령에 빛을 가진 자만이 성경의 진리를 바로 해석해 낸다며 개인적 중생을 강조했다. 외적 제도나 권위에의 복종, 형식의 준수에 머물지 않고 중생, 속죄, 성화와 같은 개인적 경험을 존중하여 개개인이 직접 그리스도에게 이르지 않으면 안 된다고 하였다.

이 점에 있어서 주목할 사실은 스페너가 "경건집단"collegia Pietatis이란 것을 조직한 일이다. 이것은 경건의 수련을 위해 시작된 것이라고 하나 교회 제도 밖에서 교회와 관계없이 맺은 단체인고로 반교회적 목적을 가진 것이 아니었음에도 불구하고 기성 정통 교회의 조직에 대하여는 붕괴 작용을 가져오는 결과가 되었다. 특히 그들의 강한 개인주의는 이 같은 작용을 격화시키는 원인이 되었다.

셋째로 경건주의는 속인의 권리와 사명을 고조하여 모든 사람은 직접 하나님에게 이를 수 있는 동시에 신자는 누구나 타인에 대하여 제사장으로서 남을 가르치고 권면하고 경계해야 할 책임을 수행해야 한다고 주장했다. 이런 주장들을 실행으로 옮기는 것은 경건주의 전파에 크게 도움이 되었으나 정통 교회 신학자의 권위를 덜게 하는 결과가 되었다.

넷째로 스페너는 실천적 기독교를 고조했으나 프로테스탄트적 신앙의 의의에 대한 깊은 통찰이 결여되었기 때문에 중생이나 성화를 설명하는 데 있어서 윤리적 흥미가 주가 되었다. 그들이 말하는 실천적 기독교는 세속적 사건에서 멀어져 향락을 물리치고 끊임없이 자기를 반성하고 자기 완성을 이루려는 데 주목적을 둔다. 그렇기 때문에 경건주의자의 세계관은 타계적他界的이라 할 수 있어서 루터와 같이 이 세상에 대한 승리가 그 이상理想이 아니었다.

다섯째로 신교자유信敎自由를 승인한 일이다. 그들은 교리와 신조의 사소한 차이에 구애되지 않고 종교 경험의 대동일치를 존중하는 기풍을 가졌다. 그렇기 때문에 경건주의는 저절로 신교 자유 편에 기울어지고 말았다.

이상에서 비판해 본 것과 같이 경건주의는 정통주의에 대해서는 붕괴적 영향을 주었으나 또한 새 시대를 지향하는 것이었다.

경건운동의 선구자들은 당시 교회의 퇴폐를 슬퍼하고 실제의 경건한 기독교 부흥을 부르짖었다. 이 운동의 주동적 인물은 야곱 뵈메, 요한 아르트, 하인리히 뮐러, 요한 바렌틴 등이며, 특히 필립 야곱 스페너를 이 운동의 직접적인 지도자로 본다.

요한 아른트

아른트는 1555년 12월 17일 발렌스테드라는 작은 마을에서 목사의 아들로 태어났다. 아른트는 독일 루터파 신비주의자였으며, 멜란히톤의 추종자였다. 알버트 슈바이처는 아른트를 "프로테스탄트의 내적 선지자"라고 했다. 그는 인간의 심령 속에 그리스도의 영성이 있다고 주장함으로써 칼빈주의의 적대감을 야기시켰다. 그는 칼빈파 백작의 명령을 따르기를 거절했다. 토마스 아 켐피스의 영향을 많이 받았고, 후일에는 경건주의자들의 존경을 받았다.

요한 아른트의 주요 저서인 『진정한 기독교』 True Christianity는 신비주의적 저서인데, 개신교 전통 중에서도 중요한 위치를 차지하고 있다. 그의 저서 『진정한 기독교』는 전 독일에 감화를 끼쳤는데, 주요 내용은 다음과 같다.

① 학생들로 하여금 신학적 논쟁을 일삼지 못하게 할 것
② 그리스도인들을 죽이는 죽은 신앙에서 산 신앙으로 들어가도록 인도할 것
③ 지식이나 학설보다 신앙과 경건의 실행에 들어갈 것
④ 참신앙과 일치하는 기독교적 생활을 보여줄 것

⑤ 바울이 "내가 산 것이 아니요 내 안에 그리스도께서 사신다"고 말한 뜻이 무엇인지 보여 줄 것

아른트는 기독교인들의 두 종류의 위험한 분리를 비난했다. 하나는 믿음과 생활의 분리이고, 또 하나는 학문적 지식과 실질적 지혜의 분리이다. 아른트는 믿음과 회심으로부터 중생과 성화까지의 길을 여는 "독일 경건주의의 아버지"가 되었다.

경건주의의 지도자였던 스페너, 프란케, 진젠돌프 등은 아른트의 영향을 받아 그의 주장을 발전시켰으며, 전통적 기성 교회의 "사랑으로써 역사하는 믿음"갈 5:6에 대한 창조적 상상력을 방해해 온 썩은 부분을 과감히 제거함으로써 사회 개혁을 조장하였다.

필립 야곱 스페너

필립 야곱 스페너Philip Jacob Spener, 1636-1705는 알사스에서 태어나 경건한 모친 밑에 성장했다. 그는 어머니가 추천한 서적 중에 특히 요한 아른트의 『진정한 기독교』를 읽고 독일교회의 개혁의 필요성을 깊이 느꼈으며, 그는 경건주의의 아버지, 제2의 루터, 제3의 엘리야라는 평을 받았다.

스페너는 스트라스부르그 대학에서 신학을 공부하고 후에 제네바에서 1년을 보내면서 그곳의 엄숙한 도덕생활과 종교적 규율에 크게 감동했다. 1666년 그는 프랑크푸르트 교회의 목사가 되었는데, 이때 독일

교회의 영적 생명이 냉담하고 준엄한 정통주의 교리 때문에 희생되어 가는 위험을 느꼈다.

독일에서 일어난 경건운동은 스페너가 처음 자기 집에서 시작한 종교적이고 경건한 회집에서부터 출발했다.

그의 설교는 온화한 감화력이 있고, 교리적이면서도 경험에서 말하고, 성경을 잘 안다는 인상을 주었다. 이 무렵에 그가 기계적 기독교에 대해 논쟁하고 바리새파의 거짓된 의義를 논박하는 설교를 하다가 교회 내의 열심 있는 일파와 냉담한 일파 사이에 분열이 생겼는데, 열심파는 결합해서 스페너의 사택에 모여 실제적 종교를 길렀다.

그는 모든 신자들은 성경으로 돌아가야 한다고 주장하고, 루터와는 달리 신자의 성화와 경건생활의 필요성을 강조했다. 스페너는 당시 기성교회의 교리에 대해서는 직접적 비판을 가하지 않았으나, 교리는 개인적 신앙의 대용물이 될 수 없다는 점을 분명히 주장했다. 도그마에만 매달려 도그마 이상의 문제를 이해하지 못하는 신자들은 기독교의 풍요함을 이해했다고 볼 수 없다.

스페너는 16세기에 시작되었다가 교리적 논쟁 때문에 중단된 개혁운동의 완성을 위하여 새로운 종교개혁을 제안했다. 그는 새로운 루터라고 할 수 있다. 기성 루터 교회의 정통주의자들은 스페너를 달갑게 여기지 않았다. 스페너는 루터처럼 신자들은 계속 성경으로 돌아가야 하고 경건한 마음으로 성경을 읽어야 한다고 주장했다.

루터와 그 파는 지나치게 이신득의 교리에 집착하고 그 교리에 압도당해 신자의 성화 문제에 관심을 깊이 기울이지 못했다. 즉 하나님의 은혜만 강조하고 신앙인의 생활 태도를 말하지 않았다. 칼빈과 개혁주의 전통은 우리를 의롭다 하시는 하나님은 또한 우리를 거룩하게 만드시는 하나님으로 신자들에게 성결생활 능력을 주신다고 했는데, 이 점에서 스페너는 루터보다 칼빈에 가깝다.

스페너는 그런 설교를 반복하며 신약 성경을 강해하고 종교상 의심이 있는 자들이 와서 함께 연구하기를 촉구했다. 다수의 사람들이 몰려와 크게 감동하고 이 모임을 본받아 사방에 그런 회집이 일어났다.

1675년 스페너는 『경건한 소원』이라는 책을 출판하여 교회생활 부흥의 방법 6개조를 제안했다.

① "경건의 모임들"과 같은 소그룹 운동이 효과적이니 사사로운 모임을 가지면 완전한 성경적 지식 보급에 힘쓸 것
② 성직자와 평신도의 차이점을 강조하지 말고 신도들이 교회 정치에 관여케 하며, 가정 예배를 장려하여 신자는 누구나 제사장이라는 주의를 실행할 것
③ 기독교적 지식에는 반드시 실천이 동반되지 않으면 안 된다는 점을 명백히 할 것
④ 이단자나 불신자 공격을 그만두고 그들을 친절과 애정으로 대우해 줄 것
⑤ 젊은 신학도들로 하여금 단지 신학 연구에만 열중케 하지 말고 무엇보다도 경건한 생활을 존중하도록 대학의 신학 교육 제도를 개선할 것
⑥ 설교자는 지나치게 학문적이고 논쟁적인 성격을 억제하고 지식 과시나 웅변을 휘두르는 것보다 기독교를 사람들의 내심에 심어 주고, 따라서 신자들의 신덕信德을 세워 주도록 설교자의 태도를 시

정하며, 신자들이 하나님 말씀에 충성하도록 설교할 것

스페너의 『경건한 소원』은 경건주의의 교과서처럼 되었다. 그는 1705년 2월 15일 『그리스도의 영원한 신성』을 쓰고 세상을 떠났다.

스페너의 운동은 그 전성기가 1690-1730년 사이였지만, 그 감화는 독일의 종교생활과 신학계에 길이 남아 각 지방에 영향을 끼치고 독일 대학을 점령, 19세기에 있어서의 신학 운동에도 현저한 공헌을 했다.

헤르만 프란케

스페너가 일으킨 경건주의 운동의 성경 연구회 회원 중 한 사람이었던 아우구스트 헤르만 프란케August Herman Francke, 1663-1727는 1689년 라이프치히 대학에서 바울서신 강의를 시작하여 많은 청강생을 얻었지만, 학교에서는 90년에 그의 강의를 금지시켰다. 같은 해에 에르푸르트 대학에서 설교자로 초청되어 여기서도 교회는 설교를 듣는 청중들로 넘쳤으나 또다시 24시간 내에 시를 떠나라는 명을 받았다. 그러나 91년에는 새로 세운 할레대학의 교수로 임명되어 처음에는 동방어를 가르치다가 후에 신학을 가르쳤다. 할레는 경건주의의 본거지였기 때문에 그는 자유로이 자기의 소신을 강의할 수 있었다.

정통파에서는 기독교를 주로 교리적 정통성에 중점을 두는 것으로 그쳤지만, 그는 주로 마음의 변화와 거기에 따라오는 생활의 순결에 중점을 두었다. 정통 교리보다 종교적 경건생활에 중점을 두었고, 신앙 조문보다 성경 자체를 존중했다.

그는 또한 실제적 박애 사업가로서 감화가 컸다. 그가 세상을 떠날 때에는 고아원 원아가 2천 명을 헤아렸다.

모라비아 교회

15세기 모라비아에서 일어난 기독교의 일파로서 그들 스스로는 "형제교회"Church of the Brethren라 불렀다.

순교자 후스의 영향을 받은 후스파는 바젤 회의에서1433 두 파로 갈라졌다. 그 한 파는 로마교로 돌아갔고, 남은 한 파가 독립하여 보헤미아 형제파와 모라비아 형제파라는 것을 만들었다. 1467년 프라하의 루카스가 최초의 감독이 되면서 크게 발전하여, 1500년에는 4백 교회에 20만 명의 교도를 거느리게 되었다. 법률상의 공인도 얻었으나 페르디난드 2세의 개혁 반대 운동 때문에 큰 타격을 입었고 폴란드, 헝가리 등에는 얼마 정도 남았으나 보헤미아와 모라비아의 교회는 거의 섬멸되어 버렸다.

그 후 약 100년이 지나 나이셀이라는 두 가족이 모라비아에서 도망쳐와서 진젠돌프 백작의 환영을 받아, 색소니의 베델스돌프에 이주해 살기 시작했고, 뒤이어 3백 명의 동포가 모라비아와 보헤미아에서 그곳으로 이주해왔다. 그들은 그곳에 헤른훗Herrnhut이라 부르는 고을을 건설하고, 1727년에는 교회를 조직했는데 이곳이 근대 모라비아 교회의 중심이 되었다.

1735년 데이비드 니체만David Nitschmann이 최초의 감독이 되고, 1737년에는 진젠돌프 백작이 감독이 되었다.

이 운동은 널리 덴마크, 스위스, 영국, 미국에까지 퍼졌다. 1857년에는 모라비아 헌법이 개정되어 전체 교회가 독일, 영국, 미국의 3대 관구로 나뉘었다. 각 관구는 지방적으로는 독립하나 교리, 조례條例 의식과 외국 전도 사업은 유기체를 이루어 움직이고 있다. 10년에 한 번씩 헤른훗에 대의원들이 모여 총회를 개최한다.

그들은 교육을 중히 여기고, 규율이 엄격하여 거의 수도원 같고, 특히 외국 선교에 열심이다. 모라비아 선교사는 남들이 못 가는 지방에 침투해 들어간다. 과거 1백 70년 사이에 외국 선교지에 2천 명의 선교사를 파송했다고 한다.

매 주일 아침 예배식이 있고, 때때로 축제가 개최되고, 찬송가를 잘 부르고, 교회 음악이 크게 발달되었다. 애찬식을 행하고, 한 동안은 세족식도 행했다.

그들은 특별한 신앙 조문이라 할 것은 없지만 인류의 전적 타락, 성부 하나님의 사랑, 예수 그리스도는 참신이요 참사람이신 사실, 예수의 대속 죽음을 믿는 것, 그로 인해 하나님과 화목한다는 것, 성령과 그 역사, 선행은 성령의 열매라는 것, 성도의 사귐, 주님의 재림, 죽은 자의 부활과 상벌을 중요한 교의로 삼는다.

헤른훗은 모라비아 교도들의 고향이다. 그들은 세계 방방곡곡 남들이 가지 못하는 어려운 지방에 선교사로 가서 활동하다가는 벌떼들이 사방에 나가 꿀을 빨아 둥지로 돌아오듯 헤른훗으로 돌아왔다.

진젠돌프

진젠돌프 백작 Nicolas Ludwig Zinzendorf, 1700-1760은 독일 모라비아 교회의 지도자이다. 그는 드레스덴에서 탄생했다. 부친은 색손 정부 내각의 한 사람이었는데, 진젠돌프를 낳고 6주 후에 세상을 떠났다. 진젠돌프가 4세 때 모친은 부르시아 육군감에게 재가하여 베를린으로 가버렸고, 진젠돌프는 조모집에 머물렀다. 조모는 스페너와 친했고, 미혼인 그의 딸도 경건파의 열심있는 성도였다. 진젠돌프는 그들 밑에서 10세 때까지 교육을 받았는데, 마침 가정교사도 감화력이 있는 분이었기 때문에 진젠돌프의 성격이 그들 속에서 형성되었다.

그는 비범하게 경건성을 발하는 아이로 자랐다. 어린 그의 일상생활의 목적은 예수 그리스도였다. 그는 전심을 다하여 그리스도를 사랑했고, 그의 종교적 감정을 모조리 기울여 그리스도에게 보내는 편지를 써서 창문을 열고 허공에 날리고는 그리스도께서 그것을 받아 읽으신 줄 믿었다. 그는 성장한 후에도 말하기를, "내게는 단 한 가닥의 정情이 있다. 즉 그(예수)이다. 다만 그분이다"라고 했다. 그의 신학은 온전히 마음의 신학이어서 다른 잡된 것을 섞지 못하게 했다.

10세 때에 할레에 있는 프랑케 어학교에 입학하여 경건한 학생들과 사귀면서 "겨자씨회"를 만들어 지도자가 되었다. 그 회의 목적은 하나님을 닮은 인격 건설과 복음 전파였다.

16세 때 비텐베르그 대학에 입학했는데, 숙부인 백작의 소원이 법률 공부였고 경건한 조모와 친척들이 모두 그 길을 권했기 때문에 할 수 없이 법률을 공부하면서도 몰래 신학 연구를 했다.

학교를 졸업하고 당시 청년 귀족들의 풍속에 따라 1719년 여행을 떠나 독일 각 지방을 순례하던 중 뒷셀돌프의 회화관繪畫館을 구경하다가 그리스도께서 가시관을 쓰고 피 흘리시는 성화와 거기 쓴 화제 "나는 너를 위해 이같이 하였다. 너는 나를 위해 무엇하느냐?"라는 글을 읽고 그 성화 앞에서 발을 옮기지 못하고 서서 울며 회개하고 은혜를 받아 새로 하나님에게 헌신할 결심을 했다.

그는 29세에 결혼하여 신부와 함께 조모에게서 산 베델스돌프 영지領地로 가는 도중 모라비아에서 탈주해 온 사람을 만났다. 그는 별 생각 없이 그 사람을 환영하고 그에게 피난원을 주어 거하게 했다.

그 후 경건한 목사 세 명과 함께 "4형제 계약"을 만들어 십자가에 못 박히신 주님의 종교를 전 세계에 전파할 것을 목적으로 하고, 그 수단으로 하나님 말씀의 설교와 순회 전도자와 학교와 출판과 편지 보내기 등의 방법을 쓰려고 했다. 그러나 이것을 수행하려는 과정에서 진젠돌프는 자기의 소명이 여기에 있지 않은 것을 자각했다.

후에 관직을 사임하고 베델스돌프에 거주하면서 모라비아파 감독 아모스 코메니우스가 쓴 『타티오 디스키프리네』를 읽고 감동되어 뜻을 정하고 모라비아 교회의 부흥에 진력하기로 했다. 마침 그해 8월 헤른훗에 성령의 대강림 은혜가 있었다. 그 후 죽기까지의 진젠돌프의 전기는 실로 모라비아 교회의 역사 자체였다.

진젠돌프는 모라비아 교회의 지도자가 되어 "국교회 안에 하나의 작은 교회를 설립하려"는 초지를 일관하여 특수한 관습을 만들고 외국 전도 사업을 할 수 있는 데까지 실행하고 교회 승인을 얻게 했다. 1737년에는 두 감독에게서 성별식을 받아 감독이 되었다. 그는 재산 모두를

교회를 위해 사용하고 만사에 자기를 희생하며 교회의 발전을 위해 노력했다. 자기 교파만이 아니라 그리스도의 왕국을 위해서는 모든 일에 진력했다. 이렇게 활동하는 동안 반대에 부딪히기도 했고, 때때로 극단적으로 표현하는 습관 때문에 오해도 받았다.

그에게도 성격의 결점은 있어서 그 활발한 상상적 신앙을 언어나 문서로 표현할 때는 감정적이었고, 때때로 성경에 없는 일도 말하고 무슨 일을 결정하는 데 감정에 치우치는 경우가 많았다. 다른 사람에 대한 태도에도 고집이 센 경우가 있었다. 그러나 그의 품성의 고결함은 이런 모든 결점을 해소시키고도 남았다. 그는 그리스도를 믿고 사랑하고, 주와 쉬지 않고 사귀었으며, 그리스도께서도 실로 죽기까지 그와 함께하셨다.

그리스도에게 비해 본다면 이 세상 모든 것은 그에게는 무無나 다름없었다. 그는 그리스도를 위하여 모든 사람과 사귀고 선을 행했다. 그의 얼굴은 위엄이 있었고, 눈은 날카로웠지만 자애가 있었고, 얼굴에는 평화가 넘쳤다. 사람들과 사귈 때는 온화하고 친절했으나 아무도 그와 친해질 수는 없었다.

1736년에는 반대하는 이들 때문에 삭소니에서 추방되었다. 그는 가족과 후원자들과 함께 "순례자의 교회"라 부르는 것을 만들어 홀란드, 영국 등 가는 곳마다 모라비아 교회를 세우고 두세 명씩 짝을 지어 전도 여행을 했다. 미국에 가서 1년간 체류하면서 독일인들에게 전도했고, 인도인에게도 전도했다. 1749년 삭소니 정부는 진젠돌프 추방령을 취소하고 헤른훗 같은 단체를 영내의 다른 곳에도 세워 달라고 했다.

진젠돌프는 1760년 5월 9일 헤른훗에서 평안하게 세상을 떠났다. 진젠돌프가 쓴 설교, 찬미, 신앙문답, 역사, 문집, 신앙 논쟁적 문집 등이 1백 50편 이상 된다.

제2부

수도원과 영성

4. 수도원 운동

수도원이란

　개신교회 전통의 대다수 교인들은 수도원이 무엇인지 모르고 있다. 수도원과 기도원을 분간할 줄도 모른다. 어느 교역자들 모임에 초청받아 수도원 강의를 했더니 목사들이 눈이 동그래져서 나를 용문산에서 내려온 사람으로 짐작하고 몇 마디 질문하더니 가라! 해서 쫓겨 온 일이 있었다.

　하르낙 교수는 수도원을 깊이 연구해 보고 "수도원은 교회가 핍박받을 때 지켜 주고, 세속에 빠질 때 건져 주었고, 이단 사교가 일어날 때 바른 신앙을 지켜 주었다"고 말했다.

　중세 교회가 쇠약해지고 암흑해졌을 때마다 위대한 베네딕도, 버나드, 프란시스, 어거스틴 등의 수도원 운동이 일어나 바른 신앙을 지키고 도덕적 타락을 막아 주고 깨워 주고 정화시키며 영적 수원지가 되어서 세속 교회에 신령한 물줄기를 대어 주었다.

가톨릭 정책

가톨릭교회의 2대 정책은 교황을 통한 정치 활동과 수도원을 중심으로 한 영성 활동이다. 수도원은 세속에 있는 교회의 영적 수원지 역할을 해오고 있다. 신도들은 세속에 있는 본당 신부의 지도를 받고 예배를 드리지만, 그들의 영성적 영향과 지도는 수도원을 통해 받고 있다. 모든 성자 성녀는 수도원에서 나온 사람들이기 때문이다. 본당 신부들의 말에 "우리들에게는 영성이 없다. 영성은 수도원에 있는 수도 신부들에게 있다"는 말이 있다.

어느 신문사에서 설문 조사한 결과에 의하면 가장 종교가다운 종교가는 수녀, 신부, 스님 순이었고, 개신교 목사에 대해서는 일반 세속인이나 다름없다고 했다.

일본 유선 주식회사 사장이요 국내에 취항하는 수천 척의 여객선과 화물선을 가진 전국 굴지의 대재벌 외동딸이 사방으로 신랑감을 물색하고 있었다. 그녀는 눈부신 미녀요 부모의 사랑을 독차지하면서 최고 학부를 나왔다. 그러나 워낙 어머어마한 가문이어서 격이 맞는 신랑감이 나타나지 않았다. 그러던 어느 날 갑자기 그녀는 자취를 감추고 행방불명이 되었다. 사방으로 찾아보았는데 오랜 후에야 알고 보니 그녀는 북해도에 있는 트라피스트 수녀원에 수녀로 들어가 있었다.

트라피스트 수녀원에서는 완전한 침묵과 고독 속에 관상기도와 노동을 하며 하나님에게 기도할 때만 입을 열고 그밖에는 침묵 속에 벙어리처럼 손가락으로 자기 의사를 전달한다. 매주 화요일과 금요일에는 금식하며, 피가 나도록 자기 편태(채찍으로 때리는 것)를 한다. 음식은 빵과

냉수로만 살고, 겨울에도 양말을 신지 않고, 마대 같은 껄끄럽고 뻣뻣한 고행복을 입고 나막신을 스스로 깎아 만들어 신는다. 그리고 작업 시간에는 목장에 나가 소를 기른다.

　최고 학부를 나온 미녀 딸이 그런 수녀원에 들어갔다는 소식을 들은 그 아버지가 놀라지 않고 말하기를 "내 딸을 정성껏 길러 좋은 사윗감을 구해도 마땅한 신랑감이 없어 걱정했더니 기왕 결혼할 바에 나사렛 예수에게 시집 갔으니 잘됐다"면서 껄껄 웃었다.

개신교와 수도원

　수도원은 종교개혁보다 역사가 오래된 더 큰 운동이요, 기독교 2천 년 역사 속에서 오랜 세월 널리 영향을 끼치는 운동이다.

　종교개혁자 마틴 루터는 본래 독일 에르푸르트에 있는 어거스틴 수도 원에서 10년 세월 엄격한 수도사로 살던 분이었다. 그가 받은 사상과 인격적 감화는 그 수도원 원장과 독일 신비주의자들(수도자들)의 영향을 받은 것이다.

　루터는 종교개혁을 일으키면서 수도원에서 나왔고 또 그의 영향을 받은 수녀들이 수녀원에서 나와 루터의 집에 와서 지냈는데, 루터는 그중 한 수녀와 결혼했다. 루터는 수도사로서 이같이 파계했기 때문에 종교개혁을 하면서도 수도원은 세울 수 없었다.

　세상에 종교치고 수도원이 없는 종교는 없다. 그러나 개신교는 수도 원이 없이 교회와 예배만 가지고 종교생활을 해나가려고 하니 신도들의 영성이 고갈되고, 교회와 신도들이 세속에 빠져 경건을 잃고 교양이 없이 야비해진다.

밭에 감추인 보화

많은 사람들은 교회생활과 예배 반복으로만 종교생활을 유지해 가면서 심령의 고갈을 해결하지 못하고 지내다가 수도생활이 있는 것을 발견하고는 예수님 비유에 등장하는 "밭에 감춘 보화"라고 감격했다.

> "천국은 마치 밭에 감추인 보화와 같으니 사람이 이를 발견한 후 숨겨 두고 기뻐하며 돌아가서 자기의 소유를 다 팔아 그 밭을 사느니라." 마 13:44

개신교인들은 교회 출석과 예배를 반복하는 것이 예수 믿는 전부인 줄 알고 있지만 예배보다 더 깊은 것, 보다 철저하게 믿는 길은 수도원과 수도생활이다. 물론 성경에 "수도"라는 두 글자는 없다. 그러나 수도생활은 있다. 바울이 로마 시민권, 가말리엘 문하에서 배운 학벌, 바리새파, 기성종파도 다 버리고 일생 결혼도 않고 삭발하고 고기도 먹지 않고 그리스도와 십자가 외에 다른 것은 알지 아니하기로 작정했노라 고백한 생활이 곧 위대한 수도생활이다. 바울도 예수도 위대한 수도자이다. 그들을 본받는 것이 수도생활이다.

우리는 세속에 살면서 하나님의 일을 하노라 자부하고 있다. 기독교 2천년 역사에서 베네딕트가 스피아코 산 동굴에서 3년 동안 엎드려 기도하고 나서 카시노 산에 수도원을 세웠는데, 그 한 사람의 영향은 전체 유럽 교회를 새롭게 해주었고 그의 영성적 감화는 1천 3백년 동안 세계 방방곡곡에 영향을 끼치고 있다. 또 프란시스가 이탈리아 아씨시의 스바시오 산 동굴에서 기도하며 일으킨 탁발교단의 수도원 운동이 사치하고 타락한 유럽 교회와 성직자들에게 절대적 감화를 끼쳤고, 그 후 8백 년 동안 전 세계 구석구석에 영향을 끼치고 있다. 한 사람 성인의 감화는 10만 명 직업적 성직자의 노력보다 크고 절대적인 영향을 끼친다.

오늘날 유럽의 교회는 죽었지만 아직도 순수한 기독교가 남아 있는 곳은 수도원이다. 유럽에 수도원은 거미줄같이 구석구석에 분포되어 있고 그 규모도 크다. 유럽인들은 교회에는 안 나가도 수도원은 경건하게 찾아다닌다.

수도원은 과거에도 큰 공이 있었고, 현재에도 필요하고, 앞으로도 꼭 필요한 운동이다.

수도원의 기원은 확실히 알 수 없으나 어느 시대든지 세상에 죄악이 넘치거나 기성종교가 부패 타락하거나 아니면 교회를 박해하는 시대에는 바른 신앙을 지키려는 성도들이 입산 은둔하여 수도생활을 하는 것이다. 수도자는 적막하고 거친 땅에 운둔하여 고독 속에 신神에 침몰해 사는 사람들이다.

수도원의 기원

수도원의 기원은 예수님 이전으로 소급해 올라간다. 유대교의 은둔 금욕 고행 단체인 엣세네파는 수도 단체다. 그들은 세상과 가정을 버리고 독신으로 사해 근처 쿰란에 은둔해 성경 사본을 쓰며 흰옷을 입고 수도생활을 했다.

큰 느티나무 그늘에 사람들이 모여들듯이 백 년에 한 번 몇 백 년에 한 사람 큰 성인이 일어나면 그의 인격의 거룩한 감화를 사모하여 모여드는 사람들로 수도원이 이루어진다.

수도자는 고독한 은자, 그 무엇에도 나뉘지 않는 한 줄기 생활하는 자, 육적 세계의 모든 번뇌에서 자기 정신을 해방시켜 전심전영全心全靈으로 순일純一한 신성 영성과 거룩한 하나님 사랑의 절정을 바라보고 정진하는 자이다.

동·서 수도원

기독교 수도원의 역사는 동방 수도원과 서방 수도원으로 구분된다. 동방 수도원은 이집트에서 시작하여 시나이 반도로부터 팔레스타인과 시리아 갑바도키아 지방까지 펴져 간 수도원 운동이다. 동방 수도원의 특징은 현세를 잊어버리고 은둔, 단순, 신비적 명상, 황홀 속에 잠기려는 데 있다.

서방 수도원은 동방 수도원보다는 늦게 시작하여 동방 수도원을 모방해 펴져 갔다. 교리 논쟁의 주역을 하던 아타나시우스가 추방을 당해

로마에 동반한 이집트 수도사 두 명과 그가 쓴 성안토니의 전기를 통해 수도원이 퍼지기 시작한 것으로 본다. 주후 381년 제롬이 수도원을 전파했다. 아타나시우스 이전에도 로마에는 귀부인들이 일종의 수도적 생활을 했던 흔적이 있다. 서방 수도원의 특징은 침묵, 근면, 노력하는 활동적 수도이다.

수도원 운동의 발전

최초의 수도는 독수도였다. 이집트의 성 안토니는 독수도하다가 그를 따라다니는 많은 수도자 무리를 위하여 피스피르Pispir에서 수도자들을 지도했다. 그는 홍해에서 3일 길을 걸어 들어간 깊은 사막 콜짐산에서 105세로 세상을 떠날 때까지 세상에는 단 두 번밖에 나가지 않고 수도했다.

그 다음 단계로 공주수도 公住修道가 시작되었는데, 3세기경 이집트의 파코미우스 때부터인 것으로 본다.

동방 수도자로는 안토니와 마카리우스 등이 유명하고, 서방 수도자로는 베네딕트, 버나드 등이 유명하다.

이들은 서로 다른 수도회보다 더 고행 금욕을 심하게 하려고 여러 가지 방법으로 경쟁했다. 생식만 하는 사람, 사흘에 한 번씩 식사하는 이, 쑥만 먹고 사는 이, 성찬 떡만 먹고 사는 이, 여섯 달 동안 습지에서 알몸으로 독충에게 뜯기는 수도, 환자의 고름을 빨고 모래 섞인 밥을 먹는 사람, 음식에 재를 쳐서 먹는 사람(프란시스), 40-50년 동안 누워 잠자지 않는 이, 여러 해 동안 말 한마디 하지 않고 완전 침묵으로 일관하는 이, 무거운 짐을 메고 다니는 이(분도 라브르 등), 쇠사슬 팔찌나 고행 허리띠를 묶고 다니는 이 등 여러 가지로 금욕 고행을 실천했다.

성 핀추아는 철족쇠를 겨드랑에 차고 7년을 지냈다. 성 아이테Ite는 벌레들이 자신의 육체를 갉아먹게 놔두었다. 성 시아란Ciaran은 음식에 모래를 섞어서 먹었다. 성 케빈Kevin은 7년 동안 눕지 않고 선 채 지냈다. 베네딕트는 종종 한 다발의 회초리를 옆에 두고 수도원 규칙을 위반할 때 피 흘리기까지 회초리에 맞았다.

12세기경에는 자기 편태가 개인의 고행 수단으로 등장했다. 주상柱上 고행자 시므온Simeon Stylites, A.D. 309-459은 6피트 높이의 기둥을 60피트까지 높이고 그 위에서 30년간 살았다.

인클루시오inclusio란 아주 좁은 방이나 굴, 움막에 오랫동안 감금된 상태로 거처하는 방법을 말한다. 성 베네딕트 규칙은 몸을 학대하는 고행보다 노동을 장려했다.

10세기에 클루니 개혁은 수도원을 교황 직속에 두었는데, 수도사들이 특전을 받고 수도원이 부요해지면서 타락했다.

수도자 생활

수도생활은 완덕의 샘이다. 신비적 결혼이다. 수도자는 예수 그리스도의 정배淨配로 자처한다. 정신적인 면으로는 기도, 독경, 명상, 관상 생활, 예배, 전례典禮, 진리 탐구, 성무 일과를 행하며, 육신적인 면으로는 금욕 고행, 노동, 교육, 훈련 등을 행한다. 수도하는 이들은 자기 박탈, 자기 도륙, 성빈聖貧, 무소유를 실천하려고 노력한다.

트라피스트 수도원의 일과는 새벽 3시에 기상하여 오후 7시에 취침하기까지 전적으로 기도와 노동으로 짜여졌다. 기도, 독서, 작업 등을 적당히 나눠 절대 침묵 속에 엄격한 계율에 따라 고행과 노동을 행하며, 저녁 만과晩課 후에는 대침묵을 이행한다. 철저한 자급자족 원칙이요 옷감, 밀대모자, 신까지 스스로 만들어 생활한다.

개신교에 수도생활과 수도원이 필요한가? 수도원이 없이는 영성운동이 어렵다. 14-15세기 르네상스의 뒤를 이어 그 바람을 타고 일어난 종교개혁이었기 때문에 개신교는 세속에 기울어지기 쉬운 체질을 가지고 있다.

성직자의 개인적 수도생활이 필요하다. 목회를 하면서도 개인적 성무일과를 만들어 독수도를 할 수 있다. 어거스틴은 힙포 교회의 감독 노릇을 하면서 수도원을 만들고 수도생활을 했다.

5. 성인론

거룩

> "그런즉 사랑하는 자들아 이 약속을 가진 우리가 하나님을 두려워하는 가운데서 거룩함을 온전히 이루어 육과 영의 온갖 더러운 것에서 자신을 깨끗케 하자." 고후 7:1

하나님과 인간의 관계에 있어 어떤 하나님으로 알고 섬기는지가 중요하다. 하나님의 속성은 사랑이다. 그것은 하나님이 피조물을 대하실 때 느끼시는 조물주의 아버지로서의 기쁨을 의미한다. 사랑 속에서 하나님의 은총과 긍휼과 오래 참으심이 나온다.

그러나 하나님은 무조건 사랑하시는 사랑만의 하나님이 아니시다. 또 하나의 하나님의 속성은 거룩하심이다. 이것은 하나님이 절대적으로 모든 피조물과는 구별되시고 무한한 위엄으로 피조물을 초월해 계시는 신적 완전성을 말한다.

하나님이 그 자유로운 사랑을 수행하시려는 데 있어서 죄되고 속된 피조물의 저항에 부딪치실 때 그 저항을 타파하시는 위엄이 "거룩"이다. 그리고 이 같은 타락한 피조물의 죄의 저항에도 방해를 받지 않으시고 자유로이 하나님 자신의 뜻을 관철하시는 것이 그분의 은혜다.

"만왕의 왕이시며 만주의 주시요 오직 그에게만 죽지 아니함이 있고 가까이 가지 못할 빛에 거하시고 어떤 사람도 보지 못하였고 또 볼 수 없는 이시니 그에게 존귀와 영원한 권능을 돌릴지어다 아멘."딤전 6:15-16

"여호와여 신 중에 주와 같은 자가 누구니이까 주와 같이 거룩함으로 영광스러우며 찬송할 만한 위엄이 있으며 기이한 일을 행하는 자가 누구니이까."출 15:11

"지극히 존귀하며 영원히 거하시며 거룩하다 이름하는 이가 이와 같이 말씀하시되 내가 높고 거룩한 곳에 있으며 또한 통회하고 마음이 겸손한 자와 함께 있나니 이는 겸손한 자의 영을 소생시키며 통회하는 자의 마음을 소생시키려 함이라."사 57:15

하나님이 절대 거룩하시다는 말은 특히 도덕적인 악, 곧 죄와 분리되어 계시는 하나님의 윤리적인 거룩을 의미한다. "거룩"의 근본적인 관념은 "분리"와 도덕적 초월성, 윤리적 완전성을 의미한다. 하나님은 거룩하시기 때문에 죄를 미워하시고 인간에게 순결을 요구하신다.

이사야는 환상 중에 스랍 천사들이 하나님을 예배하는 광경을 보았다. 천사들이 두 날개로는 얼굴을 가리고 다른 두 날개로는 발을 가리고 또 다른 두 날개로는 날면서 쉬지 않고 "거룩하다 거룩하다 거룩하다 만군의 여호와여"라고 찬양하는 광경을 보고서 그는 너무도 거룩하신 초월자 앞에서 자기의 부정을 의식하고 "화로다 나여 망하게 되었도다"라고 부르짖었다 사 6:1-7.

구약성경에서는 하나님이 절대 완전하고 거룩하시기 때문에 인간은 하나님을 보면 죽는다고 알고 있었다. 모세도 하나님을 보지 못했다. 신약성경에서도 바울이나 베드로가 계속 경고하는 부르짖음은 그리스도인 생활의 거룩함이다.

"하나님이 친히 너희로 온전히 거룩하게 하시고 또 너희 온 영과 혼과 몸이 우리 주 예수 그리스도 강림하실 때에 흠 없게 보전되기를 원하노라."살전 5:23

"그런즉 사랑하는 자들아 이 약속을 가진 우리가 하나님을 두려워하는 가운데서 거룩함을 온전히 이루어 육과 영의 온갖 더러운 것에서 자신을 깨끗하게 하자."고후 7:1

"너희 마음을 굳게 하시고 우리 주 예수께서 그의 모든 성도들과 함께 강림하실 때에 하나님 아버지 앞에서 거룩함에 흠이 없게 하시기를 원하노라."살전 3:13

"오직 너희를 부르신 거룩한 자처럼 너희도 모든 행실에 거룩한 자가 되라 기록하였으되 내가 거룩하니 너희도 거룩할지어다 하셨느니라."벧전 1:15-16

"모든 사람으로 더불어 화평함과 거룩함을 좇으라 이것이 없이는 아무도 주를 보지 못하리라."히 12:14

오늘 기독교인들은 예수를 믿다가 세상을 떠나면 천당으로 직행하는 줄 알고 있다. 테레사는 어느 교인의 장례식에서 시신에 달려드는 마귀 떼를 보았다.

요한 계시록 21장 27절에는 새 예루살렘 성에 들어가지 못할 자를 "무엇이든지 속된 것이나 가증한 일 또는 거짓말하는 자는 결코 그리로 들어가지 못하되 오직 어린 양의 생명책에 기록된 자들만 들어가리라"고 했다.

그러므로 그리스도인은 예수를 믿음으로 의롭다 함을 얻을 뿐만 아니라 거룩함도 얻어야 한다. 성화聖化 완성해야 한다. 구원은 얻었어도 성성聖性을 이루어야 천국에 적응할 수 있다.

고린도전서 1장 30절에는 "예수는… 하나님으로부터 나와서 우리에게 지혜와 의로움과 거룩함과 구원함이 되셨으니"라고 했다. 예수님은 우리 죄를 도맡으시고 우리의 의가 되셨고, 그 피로 우리를 깨끗하게 하사 그리스도의 거룩한 성질을 받아 내 것으로 삼을 수 있게 하셨고, 구속주가 되사 주께 속한 영광과 기업과 모든 권세를 우리 것이 되게 하셨다.

확실한 부르심을 받은 신자들이 이 세상에서 받는 네 가지 축복은 신령한 지혜, 깨달음, 의롭다 함稱義, 성화 은총, 그리고 하나님의 자녀가 되는 구속이다. 의롭다 함을 얻는 은혜만이 전부가 아니라 성화되는 은혜가 결정적인 것이다.

성인의 필요성

하나님의 최고의 완전성은 털끝만큼도 결함이 없는 그의 성성聖性이시다. 우리가 하나님을 믿고 섬기려 할 때 첫째로 명심해야 할 사실은 하나님은 절대 거룩하시다는 점이다. 예수를 믿고 의롭다 함을 얻고 죄 사함을 얻었다 해도 하나님은 여전히 거룩하신 하나님이시다.

예수를 믿음으로 과거의 모든 죄를 사함받고 기독교인이 된 우리에게 그 다음으로 닥쳐오는 두려운 장애가 있다. 그것은 믿고 의로움을 받은 일을 자기가 잘 믿어서 된 줄 아는 과대망상에 빠지는 것, 그리고 거기에 따라오는 바리새적인 자족감, 자기만족에 빠지는 것이다. 믿음으로 의롭다 함을 얻는다고 해서 아무렇게나 행동하고 살아도 무방한 줄로 짐작하고 조심 없이 사는 도덕률 폐기론자가 되는 일이다. 현재 한국의 개신교도들의 실제 상태가 그런 모양이다. 통탄할 지경이다. 사회 신문에도, 기독교 계통 신문에도 매일 보도되는 오늘 개신교도들의 추태, 기독교 지도자들끼리의 싸움, 분열, 목사의 살인. 성가대원 등 여섯 명의 여자에게 계속 협박하면서 성폭행하고 비디오까지 찍어둔 목사도 있었다.

한국 개신교는 엉터리 종교다. 그동안 세상을 소란하게 한 모든 이단 사교는 개신교 안에서 생겨났다. 불교계에는 사교가 드물다. 천주교에서는 거의 없다. 한동안 웃음거리가 되었던 시한부 말세론 휴거 소동도 개신교 재림 미치광이의 망동이었다.

무조건 기독교인이면 다 구원 얻는 것이 아니다. 니체는 "자연은 결국 성인을 필요로 한다. 성인에게 있어서 자아는 완전히 사라지고 성인의 고통받는 생활은 개인적인 느낌이 아니라 모든 살아 있는 것 안에서 아주 깊은 공감, 동감, 일체감으로 받아들여지는 것이어야 한다"고 말했다.

예수를 믿고 "구원된다는 것"과 신자가 "성화되어 성인이 되는 것", 이 두 가지 말에는 차이점이 없다. 참 구원된 사람은 참 성화되어야 한다. 의롭다 함을 얻은 신자들이 실제로 성화되어 성인이 되어야 구원이 완성된다. 성화가 구원이고 구원이 성화다.

하나님의 은혜로 의롭다 함을 얻은 우리는 하나님의 은혜 역사 속에서 그리스도를 닮아 성화되어야 한다. 하나님은 거기까지 우리의 구원을 완성시키신다.

중세기를 교회의 암흑시대라고 부르지만, 그래도 그때는 성인들이 일어났다. 19세기와 20세기는 종교계에 성인들이 일어나지 못한 시대다. 지금이 종교적 암흑시대. 개신교는 성인이 별로 없는 종파요, 한국은 성인이 나지 않는 나라이다. 종교에서 성인이 일어나지 못하고 종교인들이 성화되지 못한다면, 그 종교는 망한 종교요 그 시대는 버림받은 시대다.

현대인의 시야와 현대 기독교에서 성인의 그림자가 사라졌다. 성인들의 찬란한 빛의 어스름한 모습조차 현대 한국교인 의식 속에 파고들지 못하고 있다. 성인의 감화, 성인에의 동경이 전혀 없고 거룩함을 모르는 속물들의 기독교로 몰락했다.

오늘 교회와 기독교 운동이 외부적으로 다른 관심에 빠져 있고, 종교인들에게서 거룩의 관념이 없어지고, 기독교인들의 의식에서 성인들의 세계가 점점 몰락해 가는 일로 말미암아 오늘 기독교계의 막심한 영적

빈곤이 초래된 것이 사실이다.

한국 개신교회는 신령한 것을 잃고, 영성이 시들고, 인간적 방편과 기술, 교리주의, 도그마, 합리주의, 세속 영입 때문에 만회할 수 없는 막대한 손실을 당하고 말았다. 맛을 잃어 버려진 소금이다. 거룩한 것을 잃어버린 것은 기독교라 할 수 없다.

우리가 본받을 가장 좋은 신앙의 모델은 신학자가 아니다. 교리학자나 목사가 아니다. 가장 좋은 신앙의 모델은 순교자와 성인들이다. 달은 자체의 빛이 없으나 태양빛을 반사해 비추듯이 모든 성인은 그리스도를 반사하는 거울이다. 성인들이 되어야 한다. 모든 기독교인은 성화되어야 한다. 현대 교회에 속물들이 모여들어 세인의 멸시를 받는 대상이 되었다.

기독교의 뛰어난 대변자인 성인을 잃고 성화를 상실한 것은 음식에 맛을 내는 소금을 잃은 것과 같은 모양이다. 우리는 거룩함을 사모하고 성인을 모방해야 한다. 기독교인이라면 누구나 성화되어야 하고 성성을 이루어야 한다. 성인들과 접한다는 것은 미지의 세계, 종교의 순수하고 심오한 세계를 느낀다는 말이 된다.

기독교사에 있어서 가장 감격스럽고 매혹적인 일은 때를 따라 샛별같이 나타나는 성인들, 그리스도의 복음을 몸으로 대변하며 거룩한 열광에 사로잡힌 사람들의 등장이다. 그럴 때마다 기독교는 소생하고 새로이 활기를 찾는다. 그런 종교적 정열에 불타는 성인들이 일어나지 않을 때 전체 기독교계는 몰락한다.

개신교 신학자들은 이론적, 교리적 정통을 빙자하고서 거룩함을 멸시하고 성인을 배척했다. 개신교는 성인을 멸시하고 버림으로 거의 파멸적인 손실을 겪고 있다. 성인을 멸시하고 포기하는 일은 실로 우리 영성생활에 치명적인 결과를 낳는다.

성인의 영향력

예수께서는 유대교의 대표적 종교가인 바리새파인과 서기관들에 대하여 "서기관들과 바리새인들이 모세의 자리에 앉았으니 그러므로 무엇이든지 저희의 말하는 바는 행하고 지키되 저희의 하는 행위는 본받지 말라 저희는 말만 하고 행치 아니하며"^{마 23:2-12}라고 말씀하셨다.

종교의 목적은 말에 있지 않다. 어떤 철학적 범주를 만들고, 언어로 진리를 규정하노라고 희롱하는 세계가 아니다. 종교적 진리의 그럴듯한 말을 팔아먹고 설교는 청산유수같이 휘두르지만 행위로는 진리의 정신을 먹칠하고 다니는 것이 오늘 한국 종교계의 현실이다. 그것은 그 종교가들이 위선자들이기 때문이다.

이성철 스님은 종정 자리에 취임하면서 "오늘날 절간은 도둑놈들 소굴이다. 중놈들은 목탁을 치면서 부처를 팔아먹는 도둑놈들이다."라고 했다.

참성인들은 말이 없는 사람들이다. 말할 줄 모르는 사람들이다. 참성인은 한마디 말이 없이 일생 잠자코 서 있어도 전 세계가 그의 거룩한 인격에 감화를 받는다.

종교개혁자 루터나 칼빈은 위대한 성경학자였다. 그들의 글과 설교는 능변이고 필치는 조리가 있었다. 그러나 성자 프란시스는 겨우 글자나 쓰는 무식쟁이였다. 그는 성경을 많이 공부하지도 못했고, 성경을 펴들고 앉아 날마다 강해하고 설교를 자주 한 설교자도 아니다. 그러나 누구든지 프란시스를 한 번 만난 사람은 그의 거룩한 인격에 녹아지고 일생의 근본적인 영향을 받았다.

종교적 용어는 그의 인격을 통해 진동력을 내도록 해야 한다. 성인, 즉 영의 사람의 몸과 그가 앉은 자리에서는 영적 진동이 발산한다. 한 사람 성인의 감화력, 그의 인격의 거룩한 영향력은 그 시대를 살리고, 두고두고 그 감화력이 계속하여 천 년, 2천 년을 내려가며 영향을 끼치는 것이다.

이제 차라리 우리 입을 다물자. "다변은 은이요 침묵은 금이라"고 했다. 말로 내 종교, 기독교를 전하려 하지 말자. 우리의 성화, 우리의 인격의 감화력으로 진리를 지키자. 참종교적 용어는 말이 아니라 그의 인격이요 행위다.

한 선지자가 깨면 모든 백성의 잠을 깨운다. 한 방에서 거문고가 울리기 시작하면 모든 방의 거문고가 따라 공명해 운다. 바다에 큰 배가 지나가면 흰 물줄기가 길게 이어진다. 한 사람 성인은 천 년의 향기다. 성인은 교회를 지배한다. 기독교사를 지배한다. 기독교 천년사를 지배해 내려오는 것은 몇 사람 성인의 영향력이다. 성인 성녀는 예수 그리스도의 향이요 그리스도의 거울이다. 달은 그 자체의 빛이 없으나 태양빛을 반사해서 맑은 빛을 비추듯 성인은 그리스도를 반사해 주는 거울, 또 하나의 예수, 나사렛 예수의 화신이다.

성인들의 특징

　대승불교의 최고 정신이 보살菩薩 정신이다. 보菩 란 진리를 추구한다는 뜻이요, 살薩 이란 현실을 헤쳐 간다는 뜻이다. 먼저 종교의 진리 정신을 바로 파악하고, 나가서 모든 중생을 건지겠다는 것이다. 보살 수행은 하나의 정신의 실천을 강조한다. 보살의 네 가지 서원이라는 사홍서원四弘誓願이 있다: "중생이 끝없이 많아도 맹세코 모두 건지오리" 衆生無邊誓願度 ; "번뇌 다함이 없대도 맹세코 모두 끊으오리" 煩惱無盡誓願斷 ; "한량없는 진리를 맹세코 배우오리" 法門無量誓願學 ; "불도가 아무리 어렵더라도 맹세코 이루오리" 佛道無上誓願成 .

　논어는 성인 군자가 되어 나가서 사회적으로 모든 사람을 편안하게 하는 내성內聖 외왕外王을 실현하려는 데 있다.

　공자의 이상은 인간이 하늘로부터 받은 인仁의 덕을 완성시켜서 개인의 이익을 탐하기보다는 대중의 공익을 실현하려는 것이었다.

　맹자는 성선설性善說을 주장하나 사람으로서 기본적으로 사단지심四斷之心이 없으면 인간이 아니요 짐승이라고 했다. 사단지심이란 측은지심惻隱之心; 仁의 斷, 수오지심羞惡之心; 義의 斷, 사양지심辭讓之心; 禮의 斷, 시비지심是非之心; 智의 斷이다. 이 사단지심을 실현시키면 그때 인의예지仁義禮智를 완성하여 대인大人, 성인이 되는 것이다. 그렇지 못하여 감각과 욕망의 노예가 되면 소인이 된다. 대인, 성인은 대아大我를 확립하므로 타인의 불행을 보고 가만히 있을 수 없는 불인인지심不忍人之心을 일으켜 우위의식憂慰意識을 지니고 이타행위利他行爲를 실천하여 사회에 왕도를 실현하게 되는 것이다. 대인이 되기 위해서는 하늘이 내려주신 본성도本性道를 바로 터득하고 인간이 본래 타고난 양지양능良知良能을 존양存養하는 실현을 해야 한다.

모든 성인들의 마음은 우선 나를 바로잡아 진리인眞理人, 진인眞人이 되고 나서, 그 후에 나가 헤매는 중생을 건지겠다는 것이다. 나는 나를 위해 있는 것이 아니요 중생을 위해 있는 것이다.

바울은 청년 전도자 디모데에게 "누구든지 네 연소함을 업신여기지 못하게 하고 오직 말과 행실과 사랑과 믿음과 정절에 있어서 믿는 자에게 본이 되어"딤전 4:12, "우리 주 예수 그리스도께서 나타나실 때까지 흠도 없고 책망 받을 것도 없이 이 명령을 지키라"딤전 6:14, "아무에게나 경솔히 안수하지 말고 다른 사람의 죄에 간섭하지 말며 네 자신을 지켜 정결하게 하라"딤전 5:22고 했다.

또 디도에게는 "범사에 네 자신이 선한 일의 본을 보이며"딛 2:7라고 했다.

성인의 씨가 따로 없다. 날 때부터 성인으로 탄생하는 것이 아니요 성인으로 길러내 만들어진 것이다. 태어날 때는 누구나 여인의 태에서 자연인으로 인간의 본능과 모든 욕정을 구비해 태어나지만, 어떤 이는 짐승보다 못한 일생을 보내고 어떤 이는 성인이 되는 것이다.

성인은 자기의 본능을 억제하고 절제해 가며 인간성을 순화시켜 그 자신의 절대에까지 이른 사람이다. 우리 각 사람은 누구나 다 자기 안에 신비가나 성인이 될 소질, 양심, 성성聖性의 가능성을 지니고 있다. 동시에 악독한 죄수나 악마가 될 가능성도 우리 속에 내재해 있다.

우리가 본래 잘 아는 사람 중에 그의 성질의 약점이나 결함을 몸소 알고 있던 사람이었는데 오랜 세월이 지나간 후 다시 만났을 때는 그 얼굴 모습에서 성화된 인상, 성인다운 광채를 느낄 수 있는 이들이 있다. 우리가 전혀 깨닫지도 못하는 사이에 예기치도 못했는데 성덕聖德에 도달한 것을 볼 때는 아연해진다.

신적인 것과 악마적인 것은 동일한 구성 요소로 되어 있다. 소가 물을 마시면 물이 변하여 우유가 되고, 뱀이 물을 마시면 물이 변하여 무서운 독이 된다는 말이 있다.

시작, 출발을 바로 해야 한다. 인간 자유의지의 단순한 전향으로 극단의 어느 상태에서 극단의 반대되는 다른 것으로 변화해 버리기에 넉넉하다.

성인을 만드는 것은 하나님의 성총이지만, 인간 편으로 볼 때는 용맹이다. 용맹이란 위로부터 주어진 성총에 대한 절대 신뢰심이다. 결단, 전향, 모험, 비약을 결행해 낼 수 있어야 한다.

많은 성인들은 자기 육신에 대해서는 엄격했다. 그들은 하나님에게 이르기 위해서 육체의 금욕 고행이 필요하다면 주저하지 않고 달게 받았다. 순풍에 돛 달듯이, 모든 좋은 조건 속에서 성인이 된 사람은 없다. 병 없이 건강하고 공부도 순조롭게 하고 가정도 단란한 환경 속에서 성인이 된 사람은 없다. 성인의 길은 때로 순교자의 길보다 더 어려웠다. 살면서 도저히 견디기 어려운 시련과 많은 유혹을 겪어야 했다. 그들은 살아 있는 생활의 순교자이다. 그렇기 때문에 칼에 목이 잘려 죽은 순교자가 천국에서 누리는 복과 수도자의 복은 같다고 한다.

성인을 만드는 것은 죽음이다. "죽으면 죽으리라"는 순교 정신이다. 죽음을 각오하면 성인이 된다. 인간을 영적으로 변화하게 하는 동기는 죽음이다. 하나님은 사람에 따라 어떤 성인에게는 초자연적 능력도 주신다. 그러나 기적이나 초자연적 능력이 꼭 거룩한 성덕을 이루는 원인은 아니다. 초자연적 능력이나 기적을 행하지 않았던 성인들도 많았다.

프란시스에게는 성인으로서 인격의 감화력은 대단했지만 기적을 행한 일은 흔치 못하다. 그는 특별한 문제가 있을 때는 제자 중 기도의 응답을 잘 받는 이에게 부탁했다.

성인들도 이승에서는 아직 성화를 완성한 천사가 아니다. 그들은 우리보다는 뛰어나게 성화되었지만 그래도 과격한 성격이 남아 있을 수도 있고 쉽게 흥분하고 격분하는 경우도 있다. 그들은 이런 성격을 굳이 숨기려 하지 않았다. 성인은 타고난 본성을 승화, 고양시키고 순화하며 초성화超性化시켰다. 격정이나 정열을 성덕을 닦기 위한 근거와 조건으로 삼았다. 그것을 승화시켜 성화를 이루었다. 베드로는 타고난 격정 때문에 실패도 자주 했지만 그 성격이 승화되어 찬란한 순교자가 되었다.

성덕聖德은 우리가 겪는 지상생활의 어려움을 잘 견디고 참는 데서 익어 가기도 하지만, 또한 그런 어려움을 사랑할 줄 아는 방법을 우리에게 체험하게도 한다. 테레사나 프란시스나 이현필은 더 큰 고난을 자원했다. 고난을 사랑했다. 진정한 축복은 안락이 아니요 고난이다. 아빌라 테레사는 꿰져 기워 맨 누더기를 입고, 몸에는 고행의 쇠사슬을 매고 맨발로 살았다.

성인들의 기쁨은 세속인들의 속된 기쁨과는 종류와 질이 다르다. 성인들이 누리는 기쁨은 물론 영적 만족에서 오는 것이지만, 그런 만족이나 기쁨은 영적으로나 육적으로 고행을 감내함이 없이는 있을 수 없다. 가장 쾌활한 성인은 가장 희생을 많이 겪는 사람이다.

프란시스는 말년에 교단의 지도권을 엘리야에게 넘겨주고 눈은 소경 되고 손발의 오상五傷에선 계속 피가 흐르고 소화는 안 되고 불면증에 시달리는 등 산 채로 겪는 육체적 순교, 그 격심한 고통 속에서 영감은 절정에 달하여 넘치는 환희 속에 가장 위대한 노래, 기독교 문학의 최고 절정을 읊었다.

성인은 하나님 은총의 성화를 통하여 인간성의 범상한 것을 넘어선다. 성인은 개인적 처세, 생활 처리에 대해서는 거의 무관심하다. 그들의 관심은 물질계의 일인 육신 처리와 영계의 일인 영성생활을 어떻게 원만하게 해낼 수 있는가에 있다. 영성 고양을 위해 이 같은 두 가지 세상의 틈에서 애쓰는 자이다.

성인들은 우리와 같은 인간으로 우리 가운데 거처하는 것 같으며, 인간 실존의 온갖 곤경에 지배당하고 압도되는 생활을 하는 것 같으면서도 정신적으로는 모든 속박과 지배를 벗어난 물외도인物外道人이다. 세상 속에 살면서 세상 밖에 사는 사람이다.

그들은 그런 생활을 통해 인간 세상의 온갖 것, 즉 문화, 역사, 정치, 주의, 사상 등 사람들이 위대하다고 예찬하고 떠들고 자랑하는 모든 것이 사실은 전혀 무가치한 것이요 허무임을 몸소 알게 해주고, 이 허무한 세상의 참모습을 보여 준다. 참된 가치와 선은 이승과 육체가 아닌 다른 데 있다는 사실을 명백히 알려준다. 이승의 존재는 그림자다. 허수아비다. 육아肉我는 진아眞我가 아니다. 이 육신은 잠시 후면 무無요 공空이다. 무덤에 누우면 다시는 오지 못한다.

성인은 그들 자신만이 영으로 체득하고 누리는 빼앗길 수 없는 왕국, 영광, 승리를 가지고 있다. 그들을 바라보고 격려하는 이들은 하나님과 천사들과 천상의 성도들이지 세상 사람, 육체와 호기심 많은 사람들이 아니다. 그들은 도리어 사람이 알까 두려워한다. 그들은 하나님만으로 충분하고 만족해 한다. 수도자나 성인들은 자기네 은밀한 영적 생활과 선행을 다른 사람이 알까 두려워한다.

성인을 사모함

성경에서 바울과 베드로가 거듭 권면하듯이, 기독교인은 이신득의를 구실로 삼아 태만하거나 도덕률 폐기론자가 되어서는 안 된다. 모든 기독교인은 성화를 갈망하고 정진생활을 하며 성성聖性을 이루어 가야 한다. 모든 기독교인은 성화하여 성인이 되어야 한다. 특히 교회의 성직자와 직분자는 성인이 되어야 한다.

토마스 머튼은 "인간은 하나님의 형상이요, 하나님은 항상 우리와 함께하신다. 우리 자신은 하나님의 성전이요 우리 속에 지성소가 있다. 그런고로 하나님과 분리할 수 없는 하나요 하나님의 형상인 우리를 진아眞我, 내아內我, 깊은 나라 부른다. 인간의 기도와 영성생활은 다름 아닌 진아의 실현이며 본래의 합일을 구현하는 일이다. 그런고로 나에게 있어서 성인이 된다는 것은 곧 나 자신이 되는 것을 의미한다. 그러므로 성화와 구원의 문제는 사실은 내가 누구인가를 발견하는 문제요 나의 참자아를 발견하는 일이다"라고 말했다. 진아, 내아, 깊은 나를 성취하여 하나님 형상을 이루자.

기독교인들이여, 개신교인들이여, 오늘 한국교회와 교인들이 왜 이런 꼴이 되었는가? 누가 우리를 보고 종교인이라 하며, 누가 우리 생활을 보고 예수를 느끼겠는가? 우리 모두가 성화되고 성인이 되는 일이 잃어버린 하나님의 형상을 도로 찾는 일이요, 진아를 회복하는 일이다.

모든 기독교인들이여, 청빈하게 살라. 순결하게 살라. 복음에 복종하여 겸손해지라. 자비로워지라. 바리새인 같은 위선을 버리라. 성인이 나지 못하는 한국 기독교다. 성인이여, 오라. 성인이여, 오라.

모든 기독교인은 성인이 되자. 성화생활을 하며 성성을 이루어 가자. 모든 기독교인이 아직은 다 성인의 반열에 들지 못하고 있다 하더라도 그리스도 신자는 누구나 성덕聖德에의 성소聖召를 받고 있다. 하나님과 함께 사는 사람, 하나님 안에 동행하는 성인이라야 우리와도 평화 안에, 사랑 안에 살 수 있는 사람들이다. 그들은 하나님에게 누구보다 가까운 이들이기 때문에 우리 모든 사람들께도 가장 가까운 사람들이다. 성인은 모든 사람, 누구나 좋아하는 사람이다.

성인들은 어느 종파, 어떤 교파의 전유물이 아니다. 성인 성녀를 자기 종파의 성인으로만 차지하려는 견해는 잘못된 것이다. 성인은 기독교가 동서 교회로 혹은 종교개혁으로 분열되기 이전 고대에 많았고, 중세에도 많았다. 성인은 모든 기독교의 공동소유다. 모든 성인을 존경하고 본받으라. 성인만이 참복음의 화신, 참그리스도인이다.

바하의 음악이 루터 교회의 전유물이 아니고 루터 교회를 넘어서 개신교인 아닌 자들에게까지 감동을 주듯 성인은 전체 기독교가 이해하고 자랑하고 본받아야 할 거울이다. 성인에겐 민족도 없고 국경도 없고 교파도 없다. 성인성녀들을 존경하고 신앙생활의 모델로 본받으라. 복음의 위대한 고백자로서의 성인들은 가장 철저한 기독교를 대변하는 자들이다.

　개신교의 많은 유감스러운 것 중에 특히 유감스러운 것은 성인 성녀들이 나지 않는 일이다. 그만큼 신령하지 못하고 세속적인 종교다. 성인을 모르는 개신교는 영성이 죽었다. 종교의 맛을 잃었다. 오늘날 목회자와 신학자 중에 성인은 거의 없다.

　우리는 성인이 되어야 한다. 하루아침에 성인이 되지는 못한다. 일생 자기와 싸우고 회개의 눈물을 흘리며 예수를 사랑하라. 매일 희생을 새롭게 하여 선택을 굳게 하라

성인의 요람 수도생활

　일반 세속 기독교인들은 교회에 나와 예배 드리는 것이 신앙생활의 전부다. 그들은 "예배 교인"이요 "교회인"church man일 뿐이다.

　종교를 보다 철저히 믿으려는 신도, 기독교를 깊은 곳에서 찾으려는 이들, 더 깊이 믿는 길을 찾는 이들, 더 신령하게 믿는 길을 찾는 이들, 더 깨끗하게 도덕적으로 믿는 길을 찾는 이들이 도달하는 깊은 길은 수도생활이다. 따라서 위대한 신비가와 성인들은 거의 모두 수도원에서 배출된 인물들이다.

　기독교 역사에 있어서 수도원과 수도사들은 사막에서 반갑게 만나는 오아시스 같고, 히말리야 높은 봉우리 같다.

　가톨릭교회는 성인을 가장 많이 배출했고 1년 365일 매일 성인을 하나하나 기념하는 날로 배정하고 존숭한다. 가톨릭의 2대 정책은 교황을

통한 정치 활동과 수도사 성인을 통한 영성 활동이다. 그것이 가톨릭교회가 살아나는 길이요 그들의 밝은 면이다.

그리스 정교회, 동방교회에도 성인들이 많고, 그중에는 러시아의 제국이 멸망을 지연시킨 성인도 있다. 위대한 문호 도스토예프스키에게 영감을 준 성인, 사로프의 세라핌, 라도네쉬의 세르기우스, 아토스의 성자 실루안 등 위대한 성인들을 배출했다.

수도원을 작게 보고 무시하면 큰 잘못이다. 수도원 운동은 종교개혁보다 본질적으로 더 오래고 더 중요하고 더 큰 운동이다. 동서 교회 어디서나 수도원은 교회 영성의 수원지이다.

세상 속에 있는 교회는 인간들의 모임이므로 변질되고 타락하고, 곡식과 가라지, 양과 염소가 섞여 시달리기 마련이다. 이와 같은 지상 교회의 부패 타락을 막아 준 공로자는 수도원뿐이다. 수도원은 교회가 이단 사교에 시달릴 때 바른 신앙을 지켜 주었고, 교회가 박해받을 때 보호해 주었다.

대부분의 성인들은 수도원에서 배출되었고, 기독교 문화의 위대한 유산도 모두 수도원에서 나온 것이다. 서구의 교육과 유명한 대학도 수도사들의 공이요, 최초의 선교사들도 수도사들이었다. 그중에서도 특히 뛰어난 공적은 수도원과 수도사들을 통해 신도들의 영성생활을 살려간 공이다.

유대교의 영성을 살려간 것은 엣세네파 수도자들이다. 그들은 쿰란 동굴 속에서 수도하면서 양피지에 구약 사본을 써서 남겼다.

로마교회의 영성을 지켜간 것은 수도원이었다. 특히 카시노 수도원을 세운 베네딕트는 유럽교회 영성의 아버지다. 동방교회 영성이 무르익게 솟아난 시대는 이집트의 안토니, 마카리우스, 아르센 등 사막의 수도자 시대였다. 오늘날 그리스 정교회 영성의 수원지는 아토스 성산의 수도원들이다.

우리는 신학자나 일반 성직자보다는 순교자나 성인, 수도자를 신앙의 모델로 삼고 그들의 신앙 태도, 그들이 믿고 간 뒤를 따르는 일이 가장 좋다. 진실한 기독 신자가 되고자 소원한다면 다른 길이 없다. 수도자가 되고 수도생활을 하라. 수도원과 성인들을 연구하고 그들을 본받자. 성인 연구는 이론적 연구로 말고, 구체적으로 그들의 생활 방법을 연구하고 모방하는 것이 좋다. 위대한 성인을 모델로 삼고 성인의 인생관, 가치관, 호흡, 걸음걸이, 기도, 영성을 본받는 길이 가장 좋은 방법이다.

영성생활을 하는 데는 수도적 금욕 고행이 긴요하다. 영성을 살리려면 먼저 이탈 수행이 요긴하다. 세상, 탐욕, 애욕, 속정을 끊는 일이다. 육신을 지배하지 못하고는 성덕을 닦을 수 없다. 십자가의 길을 걷지 않고서는 성덕의 길도 없다.

우리는 그리스도에 관한 일과 세속 일을 동시에 생각할 수 없다. 그리스도를 택하면 세상을 버려야 하고, 인간적 탐욕과 쾌락과 교만 등 세 가지 마귀를 물리쳐야 한다.

인간은 어디까지나 인격자인 만큼 자기의 행동과 존재의 근본을 하나님에게로 향하게 해야 한다. 우리 존재와 목숨의 뿌리이신 하나님에게로 향해야 하며, 그러기 위해서는 지상적인 것과 자신에 대한 애착을 완전히 끊어야 한다. 그것이 이탈 수행이다.

하나님 안에 깊이 일치하는 일, 그리스도와의 결합이라는 신비만이 모든 그리스도인의 깊은 영적 생활의 핵심이다.

성인의 길, 성결생활은 하나님 사랑에서 우러날 수 있는 동시에 부단한 정진과 노력을 되풀이하는 데서 얻어질 수 있다. 성령님의 역사에 적극적으로 협력하고 순종하는 만치 성화는 빠르다.

나는 나의 일생과 목회 끝에 수도원을 세우고 수도생활을 실천함으로 내 종교생활의 결론과 해결을 얻었다. 이제 나는 다른 것을 원치 않는다. 나는 기독교인들에게 교회의 예배 반복이 예수 믿는 것의 전부인 양 짐작하지 말고 수도생활을 찾고 결행하기를 권한다. 한국의 진실한 목회자들 중에 이제는 수도원의 필요성을 강조하는 이들이 생겨난다.

목회하는 것이 꼭 하나님의 일인 것도 아니요, 교인들을 데리고 즐겁게 예배드리는 일이 그들의 영혼을 건지는 일이라 말할 수도 없다. 영혼을 위해서는 교인들을 즐겁게 해주고 늘 지켜 주는 것보다 고독하게 버려두는 것이 좋다. 침묵 속에 두는 것, 고통 속에 두는 편이 영혼에 유익하다.

교회 목회를 내놓을 수 없거든 어거스틴같이 목회하면서 수도원도 세우고 수도생활을 하라. 김현봉 목사는 일생 목회하던 아현교회를 수도원화했다. 김목사 자신이 동양적 도인이었고 수도자였다.

많은 수도자들은 수도생활을 발견할 때 그 감격을 "이것이다!" "이 길이다!" 소리쳤다고 한다. 수도생활은 밭에 감추인 보화라고 했다. 한번 수도생활을 맛본 사람은 그 생활이 아무리 어려워도 후회가 없다.

가정을 버릴 수 없고 독신 수도하기도 어렵거든 부부가 함께 수도생활하라. 프란시스가 제3회를 조직한 것은 그런 부부를 위해서였다.

교파가 우리를 구원하는 것이 아니다. 개신교를 믿는다고 구원 얻는 것이 아니다. 그렇다고 개종할 종파가 따로 있는 것도 아니다.

당신의 신앙, 당신의 목회생활을 아무 반성 없이 지금 이대로 계속하려고 하지 말라. 이후에 크게 후회할 날이 온다. 수도생활을 실천하라. 지금 그대로 우두커니 눌러 있지 말고 앞뒤를 살피지 말고 떠나라. 나오라. 풍파에 파선한 배에 그대로 머물러 있으면 침몰해 죽는다. 살려고 헤엄쳐야 한다. 애써 살겠다고 몸부림치듯 헤엄치는 자만이 산다.

세상, 육신, 가정에 대한 미련, 정, 아집을 끊으라. "사랑하는 사람을 가지지 말라. 미워하는 사람도 가지지 말라"는 말이 있다. 탐욕에 걸리지 말고, 애욕에 얽히지 말고, 속정에 사로잡히지 말라. 이승은 완전히 허무다. 거짓이다. 속임수다.

자기를 버리라. 고난의 십자가를 지고 나서라. 트라피스트 수도사들처럼 수도생활 이외의 일절 모든 관계를 끊으라. 우리는 죽지 않으면 안 될 존재라는 사실을 잊지 말라.

기성 종교의 모든 제도, 꾸밈, 조직, 종교적 거짓을 뒤져 내고 폭로하라. 하나님은 영이시다. 참이시다.

예배 반복으로 하나님을 믿어 내는 것이 아니다. 어떤 교파나 특수 교회로 구원 얻는 것이 아니다. 종교적 거짓을 떨어내라. 아무것도 없이 다만 내 영을 진동시켜라. 수도자만이 삶의 승리자다. 수도자만이 신앙의 승리자다.

한국 개신교는 돈에 휘감기고 물량적 비대증과 팽창주의에 걸려 간질병자같이 발작을 일으키고 있다. 서울에 교회가 다방보다 더 많다. 한 빌딩 같은 층에 교회 간판이 일곱 개나 붙은 데도 있다. 말세 재림 미치광이들이 일어나 교인들을 선동하다가 망신당하고, 샤머니즘 무당 예수가 전국 구석구석을 누비고 있고, 예배당은 비워두고 고급 호텔에서 연회 베풀고, 서로 교권 장악하느라 분열하고, 사이비 선교 단체가 우후죽순으로 일어나 철없는 저질 선교사들을 무더기로 보내고 있다. 지금 한국에 정식 인가를 받은 신학교는 몇 개밖에 없고, 3백 개가 넘는 신학교 중에 87%가 무인가 신학교다. 무자격 교역자들이 일 년에 일 주일 강의하고 석사 학위를 주는 데도 있고, 신학교 나오지 않은 사람이라도 30만 원만 내면 안수 주는 유령 총회도 있다.

잘못 믿는 종교는 구원 얻지 못한다. 이단 사교, 바리새주의를 믿는 자는 지옥 간다. 그런 건 기독교가 아니다. 기독교는 집단 운동이 아니다. 세력 과시가 아니다. 한 사람 한 사람을 바로 회개시켜 거듭나게 하고 성화시켜 구원하는 종교다.

6. 영성이 무르익던 지대

엣세네파

　수도원의 시작에 대해서 확실하게 어느 때 누구로부터라고 지적하기는 어렵다. 그러나 기독교가 시작되기 이전 유대교의 일파였던 엣세네파가 수도원 운동이었던 점을 미루어 보건대 수도원의 기원은 오래 전이다.

　요세푸스에 의하면 유대교의 바리새, 사두개, 엣세네는 주전 200년경에 일어난 것이라고 했다. 유대교의 세 파 중 하나인 엣세네파는 유대인의 헬레니즘화에 반대한 "하시딤"敬虔派에서 시작된 엄격한 파였는데, 바리새파에게서 압박을 받고 도시를 떠나 사해 근처 쿰란에 은둔하여 수도생활을 했다. 엣세네파 수도자들은 거기 은둔하여 주전 2세기 후반부터 주후 68년경까지 집단적 수도생활을 했다.

　"Essenes"는 "경건" 혹은 "침묵인"이라는 뜻이다. 필로나 요세푸스의 말에 의하면, 당시 약 4천 명 이상의 엣세네파 사람들이 팔레스타인과 수리아 접경지대에 있었다. 이들은 남자들만의 수도 단체로서 여자들은 얼씬도 못했다. 기록에 의하면 엣세네파는 사해 서편 기슭에서 한

지도자를 선택해 세우고 세상을 등지고 고독하게 살았다. 가정이 없는 고로 자녀들을 낳지는 못하지만 세상에서 운명의 시달림에 비관한 사람들이 계속 거기로 찾아와 회개하여 그들 단체에 가입했으므로 엣세네파는 없어지지 않고 계속되어 갔다.

쿰란 수도원에서 살던 엣세네 수도회의 일과는 쿰란 동굴 속에서 발견한 『종규요람宗規要覽』, 『종회규정會衆規定』, 『축복의 말씀』 등의 문서를 통해서 대강 엿볼 수 있다.

그들은 죄와 더러움의 세상과 결별하기 위하여 서약을 하고 이 공동체에 들어와 율법을 배우며, 그것을 실천하기 위해 의식적儀式的인 면에서나 계율적戒律的인 면에서나 또는 영적인 면에 있어서도 특히 "청결"을 최고로 강조했다.

입회 지원자는 유대인에 한하고, 해마다 한 번 아마 오순절날에 회개하고 일종의 세례식을 받고 새로운 계약에 들어간다. 1년은 지원자로서의 기간으로 보내는데, 이 기간에는 언제라도 수도원을 떠나도 괜찮은 것으로 되어 있다. 2년째 되는 해에 소위 새로 가입하는 자로서의 수도회 의식에 참가하지만, 정식 수도 회원이 되는 것은 3년째부터다. 이렇게 정식 수도 회원이 된 자는 공동체 비밀을 누설하지 않겠다고 서약하고 사유 재산을 수도원에 바치지 않으면 안 된다. 이런 재산은 수도원의 공동 소유로 제사장에 의해 관리되었다.

쿰란 수도원은 "의의 교사"라 부르는 지도자가 지도하면서 율법의 완전한 체득자體得者인 열두 명의 평신도와 세 명의 제사장으로 구성된 종단회의를 가지고 있고, 또 수도회 안에 열 명씩의 그룹을 조직하여 각 그룹마다 성경에 능통한 조장이 있었다. 그들의 생활은 전부가 공동이요, 또 교대로 성경 낭독이나 연구를 하지 않으면 안 되었다.

일반 수도사들의 발언이나 투표의 권리는 보장되었지만 단체의 질서 유지를 위해 실로 지나치게 자세하고 가혹하다고 여겨지는 벌칙이 정해져 있었다. 예를 들면 집회 때 남이 말하고 있는데 말참견을 하는 자는 10일간 벌 받고, 옆으로 누워 잠자는 자는 30일간, 허가 없이 퇴장하는 자는 10일간, 침을 뱉는 자는 30일간, 쪼개진 옷 밑으로 손을 내밀어 피부를 노출한 자는 30일간, 허튼 웃음을 웃는 자는 10일간 벌을 받아야 했다. 성경 낭독 중에 하나님을 모독하는 자는 추방하고, 제사장인 장상長上에게 노하여 말하는 자는 1년간 공동체에서 분리당하고, 거짓말하는 자는 6개월 동안 벌 받고, 수도원의 재산을 손실시킨 자는 그것을 완전히 변상하지 않으면 안 된다.

그들 수도사는 수도원에 필요한 물자 구입을 위하여 노동하되 농사뿐만 아니라 사본실에서 양피지에 성경 등을 손수 쓰는 일도 해야 했다. 쿰란 동굴 속에서 발견된 사해사본과 기타 문서에 나타난 그들의 생활 형태는 오늘날의 수도회 생활과 매우 닮았다. 철저히 순결생활을 강조하고, 빛과 어둠의 이원론에서 엿보는 종말관에서는 강한 금욕주의의 메아리를 느낄 수 있다.

제사장長上과 장로들은 일반 신도들과 구별된 장소에서 집단생활을 했는데, 그들의 생활은 오늘날 서구 수도생활의 원형을 보는 것 같다.

유대 전쟁 때, 아마 주후 68년경 로마 황제 베스파시안의 군대에게 쿰란 수도원은 파괴되고, 그곳에 있던 수도자들이 전멸당한 흔적이 엿보이는 것은 그들이 동굴에 숨겨둔 여러 가지 귀중 문서를 그 후 가지러 온 사람이 없었기 때문이다. 그러나 엣세네파는 지중해 연안 각지에

분산되어 있었다고 본다. 이집트의 마레오티스 호반에 본부를 두고 있던 "테라페우타이"도 엣세네의 일파였는데, 이 파의 명상적 성격은 한층 더 수도사와 흡사했다.

요단강 하류에서 유대인들에게 회개의 세례를 베풀던 세례 요한도 그 풍모風貌나 활동 지역 요단강 하류 으로 보아 엣세네파 사람이라 본다.

예수께서는 사두개파에 대해선 비판적이셨고 바리새파에 대해서는 가차없는 공격을 퍼부으셨으나 엣세네파에 대한 언급은 없었다. 예수님은 세례 요한을 여인이 낳은 사람 중 가장 위대한 자라고 하셨고 세례 요한에게서 세례를 받으셨으니, 엣세네파는 아니나 그 간접적인 영향은 받으신 격이다.

엣세네파의 일과

엣세네파는 해뜨기 전에 기상하여 한데 모여 태양을 향하여 기도드리는데, 이 행사를 마치기 전에는 속사俗事에 관해 이야기하지 못했다. 예배를 마치고 나면 각자 정해진 업무에 나아가 오전 11시가 되면 모두 함께 목욕한다. 목욕을 하고는 흰옷을 입고 엄숙하게 식당에 들어가 식사한다. 음식은 매우 단순하고 채식주의이다. 식사는 사제司祭의 축복으로 시작하고 감사로 끝맺는다. 식사 중에는 모두 침묵하고 말하는 자가 없다. 식사를 마친 후에는 다시 노동복을 입고 일터로 나가 저녁 때까지 일한다.

이 모든 일과는 감독하는 이의 지휘에 따라 하되 각자 선호에 따라 불행한 사람을 돕거나 공동체 밖의 사람들을 도울 수도 있다.

그들은 안식일을 지키는 데 매우 엄격했다. 안식일에는 불도 때지 못하고, 또 그릇들을 움직이지 않기 위하여 전날에 음식 마련을 미리 해 둔다. 안식일에는 완전히 종교상 수양과 성경 연구로 보냈다. 회당에서는 나이에 따라 좌석을 정하고, 적당한 옷을 입고 한 사람이 율법을 낭독하며, 경험 많은 이가 그것을 설명하는 동안 다른 사람들은 침묵으로 경청했다.

엣세네파의 신학

태양을 숭배하고 청결을 힘써 불결한 것을 파묻기 위해 각각 호미를 받아 실천했다. 육체의 부활은 믿지 않았으나 영혼 불멸은 믿었다. 그들은 동물 희생 제사는 드리지 않았으나 성전에 제물을 보내는 일은 했다. 천사를 믿고 성경을 공부했지만 성경이 무엇인가에는 밝지 못했다. 그들의 예언은 많이 적중했다고 한다. 그들은 극단의 금욕주의를 지키고 동물 희생을 부인하고 공산적 생활을 했다.

엣세네파와 초대 기독교인 사이에 유사점이 많은 것은 의심의 여지가 없다. 그러나 엣세네파가 안식일 성수에 극단적인 것과 개종자에게 할례를 강제한 것 등은 유대적이며, 그런 점에 있어서 기독교와 동일시(同一視)할 수 없다. 그러나 초대 기독교도들은 그 조직이나 전도 방법 등에 있어서 어느 정도 엣세네파의 것을 채용한 듯하다.

성 안토니 A.D 251-356

수도생활에는 혼자서 수도하는 독수도獨修道와 수도 공동체를 이루어 수도하는 공주수도共住修道, 會修道의 두 가지 길이 있다.

안토니는 수도생활의 창시자, 독수도자의 아버지, 사막의 교부 혹은 은둔 수도사의 선배로 알려져 있다. 그는 부유한 이집트 귀족의 아들로 코무스comus에서 태어났다. 어려서부터 독실한 기독교인 부모 밑에서 착실한 기독교인으로 자라났고, 부모와 집밖에 다른 것은 몰랐다. 마을 아이들과도 섞이지 않았고, 사람들과 섞이는 것이 싫어서 글을 배우려 하지 않았다. 성당에 가도 부모와만 같이 갔다. 나이가 들어가면서도 부모를 업신여기는 일 없이 효성이 깊었다. 독서는 주의 깊게 하는 습관이 있다.

18세 때 양친을 여읜 안토니는 막대한 재산의 상속자가 되어 어린 여동생을 데리고 20세까지 집안일을 돌보았다. 어느 때 교회에 나가 예배드리는 중, 마태복음 19장 21절에 예수께서 영생을 얻으려는 부자 청년에게 "예수께서 이르시되 네가 온전하고자 할진대 가서 네 소유를 팔아 가난한 자들에게 주라 그리하면 하늘에서 보화가 네게 있으리라 그리고 와서 나를 따르라"고 하신 말씀에 깊은 감명을 받았다. 그는 그 말씀이 예수께서 자기에게 직접 하신 말씀이라 깨닫고, 그 말씀에 복종하여 재산과 땅을 마을 사람들에게 모두 나눠주었고, 여동생의 장래를 위하여 얼마를 남겼다.

그 후 또 한번 교회에 갔다가 예배 도중에 "그러므로 내일 일을 위하여 염려하지 말라 내일 일은 내일이 염려할 것이요 한 날의 괴로움은 그 날로 족하니라"마 6:34고 하신 말씀에 또 감동받고는 주저하지 않고 그 말씀대로 실천하여 여동생 몫으로 남겨 두었던 것마저 모두 가난한 사람들에게 나눠 주고 말았다.

그는 여동생을 경건한 동정녀회에 맡기고 자기는 집 근처에 수도처를 마련했다. 이웃 마을에 혼자서 수도생활을 하는 노인이 있어 그와 사귀면서 처음에는 그에게서 많은 것을 배우고 격려를 받았다. 성경에서 "누구든지 일하기 싫어하거든 먹지도 말게 하라"살후 3:10는 말씀을 읽고 수직手織을 배워 손수 일해 번 돈으로 빵을 사 먹으며 쉬지 않고 기도를 계속했다.

안토니는 여러 수행자들을 만나 그들이 하는 수행 방법과 충고를 기꺼이 받아들였다. 철야기도하는 사람, 영적 독서, 금식, 땅에 누워 자는 고행 등을 보면서 배웠다. 독수도를 하노라 해도 아직 젊은 나이여서 때마다 충동받는 본능적 정욕과 명예욕을 이기려고 마을을 떠나 빈 무덤에 들어가 음식을 적게 먹기도 하고 3-4일씩 금식기도도 해봤지만 유혹은 더욱 세차게 몰려왔다.

35세에 지내다가 안토니는 다시 기도하는 장소를 옮겨 나일강에서 1백 마일 거리의 무너진 폐허의 성채에 들어가 기도하기도 했다. 거기는 독사들이 우글거리는 곳이었다. 고행하며 철야하고 하루 한 끼씩 해진 뒤에 먹고, 어떤 때는 이틀에 한 끼만 먹기도 했다. 먹는다고 해야 빵에 소금이요, 목이 마르면 냇물을 마시고 풀방석에 누워 잠잤다.

20년을 이곳에서 지내면서 세상을 썩히는 악한 정신과 싸우며 완덕에 이르려고 금식, 철야, 말씀 묵상에 전념했다. 양 가죽옷을 입고 목욕은 하지 않았으며, 세상을 버리고 오직 하나님과 사귐을 가지는 것을 기뻐했다.

이렇게 수도생활하는 중에 사탄은 잠시도 떠나지 않고 끈질기게 갖가지 시험으로 안토니를 괴롭혔다. 어떤 때는 친구의 모양으로 나타나 그가 여동생을 돌보지 않고 자기 혼자만 구원얻겠다고 하는 태도를 지적하여 기도를 못하게 하기도 하고, 어떤 때는 예쁜 여자 모양으로 나타나 안토니의 정욕을 시험하기도 했다. 사탄은 돼지가 되어서 안토니 곁을 떠나지 않았는데, 안토니는 일생 돼지와 같이 살다시피 했다.

이런 수도생활 속에 안토니의 소문을 듣고 찾아오는 이들이 많았다. 안토니가 사람을 피하여 다른 장소에 가서 숨으면 어떻게 알았는지 거기로 또 찾아오곤 했다. 나중에는 피스피르Pispir에서 공주수도를 하면서 자기를 찾아오는 독수도자들을 지도하고 가르쳤다. 그는 사막에 은둔한 수도자들의 본이 되었다. 수도자들은 안토니를 "하나님의 친구"라고 부르면서 존경하고 사랑했다.

안토니는 마귀에 대해서와 그것을 이기는 수행에 대해서 많은 교훈을 남겼다. 끊임없이 불타는 신앙의 정열로 기도하는 안토니를 마귀는 "뱃가죽의 힘살"이라고 부르는 무기로 시험하여 밤낮으로 괴롭히고 못살게 굴었다. 안토니의 육욕을 충동하고 음란한 생각을 일으키며, 밤이면 아리따운 여자의 나신으로 나타나 별별 짓을 다했다. 그럴 때면 기도로 물리쳤지만 얼마나 시달렸는지 안토니를 보는 사람은 누구나 그가 마귀와 심하게 싸우고 있다는 것을 알 수 있을 정도였다고 한다.

이런 시험을 당할 때면 안토니는 그리스도를 마음에 모시고 영성에 고결한 묵상을 하여 마귀 유혹의 불씨를 꺼버렸다. 때로는 지옥불의 무서움과 벌레도 죽지 않고 고통을 겪는다는 것을 생각하며 유혹을 물리쳤다.

안토니는 사탄의 여러 가지 모양은 모두 자기 마음의 상태가 형상화된 것이라고 말했다. 어떤 때 마귀는 이빨을 부드득부드득 갈며, 검둥이로 변신하여 사람의 목소리로 "나는 간음의 악령이다. 젊은이들에게 정욕의 올가미를 씌워 충동해 쓰러뜨리고 많은 사람을 공략해 성공하였는데, 너만은 도무지 어떻게 할 수 없구나"라고 자신의 패배를 고백하였다고 한다.

때로는 무덤 속에 기도하는 안토니에게 마귀 떼들이 달려들어 두들겨 패서 쓰러뜨리기도 하고, 어떤 때는 사나운 짐승이나 독사의 모양으로 나타나기도 했다. 대낮에도 나타났다. 안토니는 고함을 지르기도 했다. 이런 시험에 지쳐 눈을 들어 위를 쳐다보면 지붕이 열리고 한 줄기의 빛이 들어 자기를 비추고 마귀들은 어디론가 사라지고 방안은 고요해졌다. 안토니가 주님을 향해 "주여, 내가 고통받고 있을 때에는 나타나지 않고 어디에 계셨습니까?"라고 묻자, 주님은 "안토니야, 나는 네가 싸우는 동안도 줄곧 너와 함께 있으면서 지켜보았다"라고 대답하셨다.

안토니의 성성聖性과 악마와 싸워 이기는 능력의 소문을 듣고 찾아오는 이들이 날로 증가했는데, 그는 그들에게 영성생활의 길과 유혹을 이기는 방법과 성령과 악령을 분간하는 능력 등을 가르쳤다.

한번은 단수가 꽤 높은 마귀가 나타나 자기가 하나님의 힘이라고 하면서 바라는 것이 무엇이냐고 물었다. 안토니는 그에게 아주 세게 입김을 불며 그리스도의 이름을 부르면서 후려치기 시작했더니 실제로 얻어맞는 것 같았다고 한다.

어떤 때는 마귀가 안토니를 유혹하기 위하여 금덩어리로 나타나서 그것을 가지지는 않더라도 만져보거나 쳐다보게만이라도 하려고 애쓰고 있었는데, 안토니가 시편을 외우면서 대항하니 즉시 사라져 버렸다고 한다.

안토니는 우리가 마귀를 대할 때 겁먹지 말고 담대하라고 가르쳤다. 뜻밖에 어떤 상대자靈物가 나타나거든 겁부터 먹지 말고 대담하게 "너는 누구냐? 어디서 왔느냐?"라고 물으라고 한다. 나타난 것이 성인들의 발현發現이면 마음의 두려움이 기쁨으로 바뀔 것이고, 악마의 발현이라면 우리의 강한 태도를 보고 풀이 죽어 사라진다.

안토니의 수도생활은 참으로 엄격해서 수행 정진 기간에는 밖에 나가지도 않고 손님을 만나 주지도 않았다. 어느 날 한 장교가 자기 딸이 마귀에게 시달림을 받고 있다며 와서 기도해 달라고 애원했다. 그러나 안토니는 문을 열어 주지 않고 높은 다락에 올라가 내려다보며 "나도 당신과 똑같은 사람입니다. 어서 믿음을 가지고 기도하시오"라고 했다. 그 장교가 시키는 대로 믿음으로 그리스도를 부르며 집에 갔더니 딸은 마귀에게서 즉시 풀려났다. 안토니가 수도처의 문을 열어 주지 않기 때문에 그를 찾아온 많은 환자들은 문밖에서 밤을 지냈다. 그러나 모두 믿음을 가지고 열심히 기도하여 깨끗이 나았다.

312년 안토니는 자기의 소문을 듣고 몰려드는 사람들 때문에 하나님의 지시로 더 깊숙한 사막 속으로 들어가기로 결심하고 홍해에서 사흘을 걸어 들어간 곳, 해안에 있는 높은 콜짐산 동굴에 찾아 들어가 356년 죽기까지 거기 머물렀다. 이곳은 "홍해의 성 안토니의 수도원"으로 혹은 "데일 알 아랍"으로 이름난 곳이다. 산 아래로 수에즈만灣의 푸른 바다를 내려다볼 수 있고 멀리 시내산도 보이는 경치 좋으며, 샘이 있고 야자수도 몇 그루 있었다. 약간의 기경할 땅도 있어 안토니는 거기다 초암草庵을 짓고 밭을 기경하여 밀과 곡식을 심어 찾아오는 손님 접대도 하려 했으나 들짐승들이 달려들어 밭을 황폐케 했다. 안토니가 짐승 떼를 책망했더니 다시 오지 않았다고 한다.

안토니는 세상에 도무지 내려가지 않다가 로마 황제 막시미누스가 기독교를 핍박할 때 순교자가 되려고 알렉산드리아에 나가 옥에 갇혀 있는 신자들을 위로해 주고 다녔으나 무엇 때문인지 체포되지 않고 되돌아왔다.

친구들이 산에 들어가지 말고 세상에 있으라고 강권하면 "물을 떠난 고기가 살지 못하듯 산의 암자를 떠나는 은수사隱修士도 죽는다"면서 백발을 휘날리며 흔연히 콜짐산으로 되돌아갔다.

안토니는 콜짐산 깊숙이 파묻혀 기도하며 살았다. 늙은 안토니를 위하여 형제들이 한 달에 한 번씩 올리브유와 야채와 기름을 가지고 찾아왔다. 짐승 떼들이 우글거리고 독사들이 돌아다녀도 안토니는 무릎 꿇고 기도하며 꿈쩍도 하지 않았다. 방문객들의 귀에도 마귀 떼들이 떠들어대는 소리, 무기가 서로 부딪히는 소리가 들렸고, 한밤중에 짐승들이 득실거리는 것을 볼 수 있었다. 그런 속에서도 안토니는 주님만 신뢰하고 사나운 짐승들과 사이좋게 지냈다.

안토니는 방문객들에게 영적 권면을 하면서 못된 생각과 육신의 쾌락을 멀리할 것, 아침저녁으로 시편을 읊을 것, 성인들의 행적을 묵상할 것, 계명을 잘 지킬 것 등을 권했다.

어느 날 기도하려고 서 있다가 황홀경에 빠져 자신이 자기 몸 밖으로 빠져나가는 것을 보았는데 침통하고 잔인한 표정의 악귀들이 자기가 하늘로 올라가는 것을 방해하고 있었다. 그러나 안토니를 옹호하는 사람들이 지켜주고 있었다. 악귀들은 안토니가 날 때부터 지은 모든 죄의 대가를 내라고 요구했는데, 안토니를 지키는 착한 사람들이 "주님이 안토니가 출생 후 범한 죄를 모두 사해 주셨다"고 대답하는 것을 보고 육신으로 되돌아왔다.

안토니는 홀로 산에 살면서 어려움이 닥쳐오면 기도했고, 기도 후에 계시를 받곤 하였다. 어느 날 밤에 소리가 들리기를 "안토니야, 일어나 여기를 쳐다보아라" 하여 눈을 들어 쳐다보니 키가 구름에까지 닿는 험상궂게 생긴 거인이 버티고 서서 주위에서 하늘로 날아 올라가는 사람들 더러를 손을 뻗어 땅에 떨어지게 하고 있었다. 그 거인은 땅에 떨어진 것들을 보고는 기뻐하다가 놓쳐 하늘로 올라간 사람들을 생각하고는 이를 갈고 있었다. 그곳은 영혼의 통로이고 거인은 마귀였다.

안토니는 이단을 미워하고 이단자와 상종하지 않았다. 회개를 권면할 목적이 아니고는 이단자들과 친교도 맺지 않았다. 이집트인들의 사자 死者 숭배도 배격했다.

안토니는 세상 학문에 대해서는 무식했기 때문에 지식 있는 이들이 놀려줄 목적으로 찾아오면 "글보다 정신이 먼저다. 정신이 건전한 사람에게는 글이 꼭 필요한 것이 아니다"라고 했다. 산에서만 살면서 늙었지만 배우지 못한 사람 같은 조야粗野스런 거친 품행이 없이 우아하며 예절이 밝았고, 언제나 기쁨이 충만했다.

356년 안토니는 105세 고령으로 세상을 떠났는데, 임종하기에 앞서 15년이나 수도생활을 함께한 두 제자를 불러 다음과 같이 유언을 했다.

"이것이 은수자들이 가는 길이요, 주님이 나를 부르고 계신다는 것을 알고 있다. 너희들은 늘 깨어 있어 오랫동안 해온 수도생활을 중단하지 말라.… 수도생활을 금방 시작하기나 한 듯이 열성을 지니도록 힘써라.… 마귀들이 얼마나 포악한지, 그러나 그들의 힘이 얼마나 미약한지도 알고 있다. 마귀들을 무서워 말고 언제나 그리스도 안에서 숨쉬고 그분을 믿으며, 곧 죽을 사람처럼 하루하루를 살아라.… 그동안 내가 타이른 말을 잊지 말라. 교회 분열자들이나 아리우스 이단자들과는 아예 상종하지 말아라.… 너희들은 우선 주께, 다음에는 성인들에게 마음을 붙이도록 항상 노력하여 영원한 천국에서 그들 친구 친척처럼 살도록 하여라.… 내가 죽은 다음 내 시체를 어느 집에 옮기지 말고 제발 너희가 직접 땅속에 묻고 아무도 보지 못하게 하여라.… 누구도 내가 묻힌 장소를 모르게 하여라. 죽은 이들이 부활할 때 나는 주님으로부터 지금과 같은 육신, 그러나 다시는 썩지 않는 육신을 되받을 것이다. 내가 입던 옷은 나누어 갖도록 하고 생가죽과 내가 두르고 있는 외투는 아타나시우스 주교께 드려라.… 너희들은 말총으로 만든 옷을 가져라. 자, 나의 자녀들아, 나 안토니는 이제 길을 떠난다. 나는 더 이상 너희와 함께 있지 못할 것이다."

제자들은 안토니를 포옹하고 마지막 인사를 하였다. 안토니는 두 발을 뻗고 제자들을 애정 어린 눈으로 바라보며 기쁨에 찬 얼굴로 누워 있다가 얼마 후 저 나라로 옮겨갔다. 제자들은 스승의 유언대로 그 시신을 누구도 보지 못하게 땅속에 묻었는데, 그 장소는 두 사람밖에 아는 사람이 없었다.

이집트는 국토의 95%가 사막이다. 나일 강을 중심하여 "서부사막"과 "동부사막"으로 구분된다. 카이로에서 135킬로미터를 가면 수에즈에 도착한다. 수에즈에서 홍해를 끼고 남쪽으로 또 130킬로키터를 가면 라스 자파라나 Ras Zafarana에 도착한다. 거기서 다시 오른쪽으로 동부사막 내륙 깊이 황무지와 사막 속으로 55킬로미터 들어가면 성 안토니의 수도원이 있다. 높이 10미터나 되는 성벽으로 둘러싸여 있는데, 옛날에는 수도원으로 출입하는 성문도 없었고 성벽 위에서 바구니에 사람을 담아 끌어올렸다고 한다.

이곳은 성 안토니가 20세에 출가하여 이곳저곳을 전전하며 수도생활 하다가 312년에 들어와 세상 떠나기까지 수도하던 곳이다. 오늘날은 너무 낡고 퇴락한 모습인데 이집트에서 가장 오래된 건물이다. 성 안토니 교회의 벽에 그려진 성화들도 오랜 세월 사용한 촛불에 그을렸다. 15세기 말 이슬람 교도들 베드윈의 습격으로 수도사들이 몰살당하고 수도원은 약탈당해서 고대의 희귀한 사본이나 문서들이 유실되거나 파손되었다. 그 후 70년 동안 수도원은 임자 없는 빈 집으로 황폐해 왔다. 현재는 30여 명의 수도사들이 수도하고 있다고 한다.

한 사람의 성인은 썩고 타락해 가는 인간 역사의 향香이다. 캄캄한 밤의 빛이다. 몇 사람의 성인이 일어났으므로 인류 역사는 오늘까지 이만큼 유지되어오고 있다. 깊고 깊은 산골짜기 어느 바위 그늘에 남 몰래 핀 한 송이 백합화는 누구 하나 본 사람이 없어도 그 높은 향기 진동하여 5리 10리 멀리서도 벌떼들이 찾아 모여드는 것이다.

이집트 사막 가장 구석진 콜짐산에 일생 숨어 산 은수사 안토니의 거룩한 향기는 그의 전기를 통해 그 시대와 오늘날까지 많은 사람을 감동시켜 오고, 그가 남긴 글이 없고 잠자코 있으나 2천 년 가까이 많은 사람들을 감화시킨다. 어거스틴이 회개하게 된 동기도 안토니의 전기를 듣고 감동이 되었기 때문이다.

사막의 은수자들

 수도하는 사람들의 정신은 살기 좋고 편리한 환경에서 수도하려는 것이 아니다. 그들은 자원해서 행복한 생활을 버리고 거친 자연을 선택하여 고통을 찾아가는 사람들이다.
 수도생활의 충실을 위하여 맨 처음 그들이 선택한 무대는 사막이었다. 모세는 시나이 사막에, 엘리야는 사막을 40주야 걸어서 호렙 산에, 세례 요한은 유대 광야에 들어갔고, 예수님도 광야에 들어가셨다.
 수도원의 첫 무대는 이집트 사막이었다. 그들에게 있어서 사막이야말로 신神을 찾고 수도생활을 하기 위한 이상적인 장소였다. 사막은 비가 오지 않는 곳이요, 풀 한 포기 나무 한 그루 없는 삭막한 지대요, 사람들이 찾아오지 않는 곳이요, 태고의 영원한 고독과 침묵 속에 수도하기에 가장 알맞은 장소였다. 수도자에게는 하나님에게만 마음을 집중할 수 있는 매력적인 장소였다. 사막의 매력이란 것은 불타는 모래 벌판이 아니라 인간의 방해를 받지 않는 심령의 오아시스다. 수도자는 쓸쓸한 사막이 아니면 태고의 침묵이 깃든 한적한 계곡을 애써 찾는다. 사람의 그림자가 보이지 않는 곳이 도심道心을 일으키는 곳이다. 묘지 근처를 수도지로 택하는 이들도 있다.

최초의 수도자가 누구였는지는 아무도 알 수 없다. 제롬Jerome이나 아타나시우스Athanasius의 기록에 안토니를 독수도자로 소개했기 때문에 우리는 그를 최초의 수도자로 알고 있지만, 안토니 이전에도 수도자는 있었다. 안토니가 최초로 출가해서 수도생활할 때 마을 근처에서 그를 지도해 준 늙은 수도자가 있었고, 2세기 중반 사막에서 1백 년이나 수도생활했다는 "폴"이라는 수도자를 안토니가 방문한 적도 있었다.

사막으로 은둔하는 수도자들의 수가 점점 증가했다. 위대한 성 안토니의 영향을 받은 제자들은 스승이 세상을 떠난 후에도 각처에서 독수도 혹은 공주수도 생활을 계속했다.

이집트 피스피르Pispir에서 안토니의 지도를 받은 제자 중 한 사람인 히라리온은 팔레스타인에서 수도생활을 시작했고, 안토니의 제자들은 델타 남쪽 피스피르에 처음으로 중앙 수도원 중의 하나를 세웠다.

아모운Amoun 밑에 모인 독수도자들은 알렉산드리아에서 동남쪽 60킬로미터 떨어진 스케테 북쪽 니트리아 사막에 수도자들의 집단을 만들었다.

마카리우스Macarius는 나일강 델타 지대 서쪽에 있는 스케테 사막에 수천 명의 수도자를 모으고 그 지도자가 되었다. 마카리우스가 330년에 세운 스케테 수도원에는 서방에서도 소문을 듣고 수도하러 오는 사람들이 계속해서 찾아왔다. 그중에 루피누스, 히에로니무스, 팔라디우스, 카시안 등이 수도생활을 배워 얼마 후 서방 유럽 세계에 이집트 수도제도의 씨를 뿌렸다.

이집트의 중요한 수도원들은 알렉산드리아 쪽으로부터 시작하여 삼각 지대 여기저기에 흩어져 있었고, 닐 강가를 끼고 독수도자 폴이 정착했던 테베Tebe까지 거슬러 올라가면서 수도원들이 잇달아 있었다.

예로니모가 쓴 문헌에 수도자 폴과 힐라리오의 일생을 이야기했는데, 이 두 인물이 실제의 인물인지 의심스럽다. 박해 시대가 채 끝나지도 않았는데 관상수도생활은 이집트에서 뿐만 아니라 닐 강가, 콘스탄티노플 항구, 팔레스타인, 메소포타미아에서도 시작되었다.

은둔 수도생활의 동기 중에는 악한 세상의 죄를 피해서 이탈해 살려는 목적만 아니라 그 시대의 세속화되고 타락한 기성 종교에 대한 불만과 절망에서 떠나 은둔 수도자가 되려는 목적도 있었다. 조금이라도 복음서의 정신을 알고 바로 믿으려는 이들은 도시 교회의 특권층, 교권을 누리던 감독들을 중심으로 구성된 교회의 계급 제도와 조직에 맞지 않았다. 수도자들은 종교단체의 지도자 신부, 감독 등에 임명되는 일을 가장 큰 악운이라 생각했다.

대부분의 수도자들은 무식했고, 또 지도자가 되려고 하지 않았기 때문에 대부분의 은자들은 수년 동안이나 신부가 없어서 성찬 참예도 못하고 지냈다. 수도하는 이들이 사방에 많이 생기면서 그들이 도시 교회에는 못 가는 대신 근처 수도자들끼리 한 자리에 모일 교회를 짓고 토요일과 주일이면 함께 예배와 성찬을 가진 후 애찬을 나누고 헤어져 다시 일주일 동안 독수도하고 하면서 자기네끼리 지도자를 세우려 했다. 그러나 대부분의 수도자는 무식하여 지도자가 될 수 없었기 때문에 자연히 남보다 좀 교육받은 자, 권력 있는 자를 선택하려니 교활한 인물이 나서게 되기도 했다. 수도자가 많아지면서 그중에 잘못된 무리도 생겼다. 5세기경에는 수도자들 한 무리가 폭도로 변하여 폭력을 쓰며 교회들에 다닌 일도 있었다.

　세상을 버리고 수도하려는 은둔자들의 바람은 전염병같이 퍼져 수천 명이 영향을 받아 집단으로 탈출하기도 하고, 콘스탄틴 시대에는 사막에 사는 은수사들의 수가 도시 인구보다 더 많았다고 한다. 이집트에만 은둔생활하는 여성이 2만 명이나 되었고 남자 은둔자도 1만 명이 되었다고 한다.

　이집트 사막 깊숙이 들어간 교부들은 불교의 참선하는 자들처럼 무와 실을 염하며 부동의 자세로 명상 삼매경에 잠겨 지낸 것이 아니다. 그들은 골풀이나 종려 잎으로 노끈을 꼬고 바구니나 돗자리를 만드는 손노동을 익혀 손으로는 끊임없이 바구니를 짜는 동안 마음은 깊은 명상과 기도와 시편 암송을 했다. 침묵 속에서 손일을 하면서 기도에 전념하는 것이 영육간의 균형을 잡는 데 절대로 필요했었다. 만든 돗자리와 바구니는 알렉산드리아 시장에 보내어 팔아서 수도자들의 식량을 마련했다.

　사막의 교부들은 "육체노동"을 손노동만 아니라 육체적 고행, 기도에 따르는 언동, 음식과 수면의 절제도 포함된 말로 사용했다. 은수사는 세상, 세속일, 직업을 버리고 사막에 들어와 지극히 검소한 생활과 노동으로 영혼의 안정을 얻지만 진정한 휴식, 즉 겸손과 일치된 육체노동을 통해 영혼의 안식에 도달하기 위하여 수도생활을 한다. 지금도 수도자들은 금식과 함께 엄청난 노동을 한다. 사막의 교부들은 겸손을 특히 존중하며 순종으로 조물주와의 우정과 사랑의 사귐을 획득했다.

　영혼의 수양은 곧 몸의 고요함과 마음의 안일함, 그리고 깊고 오랜 염도念禱에 잠기고 특히 참회심에 흐느낀다. 다른 사람의 잘못을 생각하는 것이 아니라 끊임없는 참회심으로 자신의 잘못을 뉘우친다.

사막의 교부들은 끊임없는 금욕과 고행을 했다. 계속적 금식, 철야, 자기 몸을 괴롭게 하는 일, 본능적 욕정을 억제하고 싸우며 또 마귀의 집요한 시험을 겪었다. 파프누시오 교부는 "휴식보다 고통을, 영광보다 굴욕을, 받는 것보다 주기를 더 좋아해야 한다"고 말했다.

기독교는 자력주의가 아니요 타력주의 절대 타력의존의 신앙과 은혜의 종교인데 뭣 때문에 도시의 세속 속에 살면서 예수 믿지 않고 그렇게 황량한 사막에 들어가 금욕 고행하며 믿어야 하는가?

일반 세속에서 대부분의 교인들이 바라는 구원이란 것은 희미하게 기대하는 목표, 하나의 요원한 목표다. 구원을 향하여 전심전력으로 직행하는 신앙이 아니라 희미한 기대 속에 우회하며 간접적으로 추구하는 최종 목표에 불과하다.

그러나 수도자, 더구나 사막의 수도자들에게 있어서 구원은 이승에서 이것저것 하면서 부차적으로 기대해 보는 문제가 아니라 유일한 목표이며, 가장 직접적으로 의지되고 추구되는 처음이요 마지막 목표이고, 가장 신속하고 확실한 방식으로 도달해야 하는 목표이다.

사막의 수도자들은 구원이라는 단 하나의 목적 추구를 위해 모든 것을 버리고 사막 깊숙이 은둔해 옴으로써 자신들의 삶을 하나로 정리 통합한다. 그 하나의 목적에 이르게 하는 방편들도 하나로 통합하여 그 한 목표, 그 한 길 외에 다른 일은 하려 하지 않는 사람이 수도자다.

그렇게 믿고 사는 것이 일반 신도들과 수도자가 다른 점이다. 수도자는 모든 것을 희생시키고 정을 끊고 돌보지 않는다. 세상도, 개인적 출세 성공 따위도, 지식과 학벌도, 학위도, 가정도, 재물도, 또는 기독교 안에서의 성직도 구하지 않는다. 꿀벌은 어디 가나 꿀만 만들 듯, 수도자는 어디 있으나 수도의 목표인 구원 문제 하나에만 관심을 기울인다.

구원의 개념 안에는 완성의 개념이 포함되어 있다. 즉 구원이란 어느 부분의 구원이 아니다. 우리의 구원은 예수 믿고 이후 지옥을 피하는 데만 있는 것이 아니라, 오는 세상 천국 복락 뿐만 아니라 현세에서 우리를 지옥으로 이끄는 일체 모든 것, 즉 악마, 죄악, 세상, 타고난 나쁜 성품에서 구원 얻는 일, 현세에서 영혼의 건강과 마음의 평화를 얻는 일이다.

수도자들이라고 다 천사같이 성화된 사람이 아니다. 여기저기서 몰려온 사람들인 고로 형형색색의 인간들이 있다.

마귀는 한 마리가 아니고 여러 종류가 있어서 새끼 마귀들, 익살꾼 마귀들, 혹은 빛나는 천사로 가장한다든지 화장을 멋있게 한 창녀로 가장한 마귀 등이 있다. 마귀들에게도 계급이 있어 졸개 마귀들도 많다. 변변치 못한 햇내기 수도자, 더구나 젊고 과거가 깨끗하지 못한 수도자는 마귀가 조금만 건드려도 넘어갔다. 어떤 이는 수도하다가 본능의 욕정이 불같이 치밀면 수도하던 자리에서 일어나 곧장 알렉산드리아 시에 달려가 창녀집을 찾기도 했다. 어떤 수도자는 자기의 욕정을 채우기 위해서는 열 명의 여자로도 부족했노라고 자백했다. 그런고로 수도자는 어떤 성소聖召를 받기보다 먼저 자기 자신의 구원을 갈망하고 있었다.

사막에서 독수도하는 은둔 교부들이 육신적으로는 완전 희생하면서 기도로 일생을 마치는 목적은 세속에 사는 평범한 기독교인으로서는 알 수 없는 영성생활의 깊은 비밀과 신비 관상에 이르려는 것이다. 이승에서부터 하나님의 현존을 체험하려는 것이다.

성 마카리우스 St. Macarius, 300-390

이집트 출신인 마카리우스는 젊어서는 가축을 돌보고 지내다가 하나님의 부르심을 느끼고는 세상을 버리고 은둔하여 조그마한 움막을 짓고 혼자 수도생활을 했는데, 바구니나 돗자리를 엮으며 기도생활에 전념했다.

30세 때에 이집트 사막 스케테에 들어가 은수사 생활을 시작했고 사제로 서품되었다. 그의 수도생활은 극히 엄격하여 식사는 한 주일에 한 번만 했고 갈증을 느끼기 위해 일부러 물을 마시지 않았다. 자기를 따르는 제자들을 간단한 몇 마디로 가르치고 거의 침묵으로 지냈다.

마카리우스라는 이름의 교부는 두 사람인데, 이분을 "맏이" 혹은 大마카리우스라 부르고, 같은 시대 같은 이집트 사막에서 수도하던 사람으로서 알렉산드리아에서 과자 장사하다가 사막에 은둔한 이를 "젊은" 마카리우스라고 불러 구별한다. 젊은 마카리우스는 대마카리우스의 제자였다. 한때 두 사람은 나일강 어느 섬으로 추방된 적이 있었지만 되돌아와 스케테 사막에서만 60년을 살다가 세상을 떠났다.

마카리우스 교부는 청년 시절에 이집트의 어느 은거지에서 살고 있었는데, 사람들이 그의 의사에 거슬리는 성직을 맡겼다. 마카리우스는 도저히 그 성직을 이행할 수 없었으므로 다른 지방으로 도망쳤다. 거기서도 바구니와 돗자리 등을 짜면 수도자 아닌 경건한 세상 사람이 마카리우스가 만든 물건을 가져다가 팔아 생활 필수품을 사다 주었다.

낯선 지방에 와서 그렇게 지내는 중에 뜻하지 않은 시험이 생겼다. 그 마을에 품행이 썩 좋지 못한 처녀가 어떤 남자와 사귀는 중 어린애를 배어 마을 사람들의 이야깃거리가 되었다. 사람들이 처녀를 추궁하여 아이를 배게 한 상대가 누구냐고 협박하니 처녀는 마카리우스를 가리키며 "저 은수사가 자기와 동침했다"고 대답했다. 마을 사람들은 격분하여 몰려와서 마카리우스를 잡아끌고 그의 목에 솥을 묶어 매달고 마을 골목골목으로 다니며 큰 소리로 "여러분, 이놈의 수도자가 우리 마을의 깨끗한 처녀를 더럽혔습니다. 이놈을 마을에서 추방합시다" 하며 그를 때려 거의 죽을 지경으로 만들었다.

그때 마침 그 길로 지나가던 잘 아는 원로 한 사람이 이 광경을 보고 마을 사람들을 향하여 "당신네들은 이 이방인 수도자를 언제까지 이렇게 때릴 작정인가?"고 말리다가 그마저 수모를 당했다. 처녀의 친척들도 "우리 딸을 책임지고 먹여 살리겠다고 약속하시오. 그러기 전에는 이놈을 놓아줄 수 없소"라고 소리 질렀다.

마카리우스는 자기를 도와주는 원로에게 자기 대신 그런 약속을 해주라고 말했다. 그 원로가 그렇게 약속해서 겨우 마카리우스는 풀려났다. 마카리우스는 자기 방에 돌아와서 가지고 있던 바구니를 전부 그에게 부탁해서 팔아오라고 말했다. 그러면서 "내 아내의 부양비를 마련해 주기 위해서입니다"라고 말했다. 그는 자기 자신에게도 "마카리우스야, 네게 뜻하지 않은 마누라가 생겼으니 그녀를 먹여 살리기 위해 이제부터는 더 열심히 일을 해야 한다"고 타일렀다.

그 후부터 마카리우스는 밤낮을 가리지 않고 부지런히 노동해서 바구니 판 돈을 꼬박꼬박 그 처녀의 집에 전해 주었다. 그 처녀는 해산할 때가 되었는데 며칠이나 진통하면서도 난산이어서 아이를 낳지 못했다. 곁에서 걱정하는 사람들을 보고 그녀는 "이렇게 오래도록 진통이 계속

되는 까닭을 저는 잘 압니다"라고 했다. 가족들이 그 이유를 물으니 "제가 죄 없는 그 은수자님을 중상 모략했기 때문입니다. 그는 나와 아무 관계가 없습니다. 내가 거짓으로 중상한 것입니다. 이 아기의 아버지는 우리 마을 아무개 청년입니다"라고 자백했다. 처녀는 사실을 고백하고 나서 어린애를 무사히 분만했다. 이 처녀의 고백을 들은 원로는 기뻐 마카리우스에게 달려와 이 이야기를 알려주며 "마을 사람들이 당신께 용서를 빌기 위해 지금 여기로 오고 있습니다"라고 했다. 그 보고를 듣자 마카리우스는 즉시 일어나서 그 마을을 도망쳤다.

악마는 수도자 하나를 넘어뜨려 보려고 미쳐 날뛴다. 마카리우스가 어느 날 밭에서 팔마 잎을 따 들고 자기 집으로 돌아오고 있었다. 악마는 도중에서 기다리고 있다가 마카리우스가 앞으로 지나는 순간 달려들어 낫으로 후려쳤으나 실패하고 말았다. 악마는 분통이 터져 그보고 이렇게 말했다.

"마카리우스야, 너 때문에 나는 얼마나 고생하는지 모르겠다. 네 놈을 도저히 넘어뜨릴 수 없으니 말이다. 네가 하는 일이라면 무엇이나 나도 해낸다. 네가 금식하면 나도 결코 먹지 않고, 네가 잠자지 않으면 나도 자지 않는단 말이다. 그런데 한 가지 점에 있어서만 네가 나를 앞지르고 있지."

마카리우스는 악마에게 "그게 뭐냐?"고 물었다. 악마는 "내가 너를 때려눕힐 수 없도록 하는 것은 바로 너의 겸손이다"라고 대답했다.

사람들이 마카리우스 교부보고 "당신은 식사를 하실 때나 금식하실 때나 마찬가지로 언제나 몸이 수척해만 보이니 어찌된 셈입니까?"라고 물었다. 그는 대답하기를 "가시나무를 불태우노라 이리저리 굴리며 쓰는 막대기는 늘 다 타 버립니다. 사람이 하나님에 대한 경외심으로 심령을 연단하노라 할 때도 그 경외하는 심정에 사람의 뼈까지도 수척하게 마련이지요"라고 대답했다.

니트리아에서 수도하는 원로들이 스케테에서 수도생활하는 마카리우스 교부를 청하여 많은 수사들에게 좋은 교훈을 가르쳐 달라고 했다. 마카리우스는 눈물을 흘리며 "형제들이여, 웁시다. 우리의 눈물이 지옥 불에 가기 전에 눈에서 눈물을 죄다 짜냅시다"라고 말했다. 그의 말을 듣는 모든 수사는 울기 시작하며 땅에 이마를 대고 엎드려 "사부님, 우리를 위해 기도해 주십시오"라고 했다.

스케테에서 마카리우스 교부는 수사들의 집회를 끝맺고 나서 "피하라, 형제들아!"라고 했다. 수도사 중 한 사람이 "사부님, 우리는 세상을 버리고 이 사막에까지 왔는데 여기보다 더 멀리 어디로 피해 갈 곳이 있습니까?"라고 물었다. 교부는 손가락을 입에 대고는 "이걸 피하라니까"라고 말했다. 그리고 자신은 독방에 들어가 문을 잠그고 홀로 머물렀다.

어느 날 마카리우스 교부가 산으로 안토니를 찾아갔다. 문을 두드리니 안토니는 안에서 물었다.

"누구요?"

"마카리우스입니다."

그러나 안토니는 문을 닫은 채 방에 들어가 버렸다. 한참 후 그의 참을성을 확인한 뒤에야 다시 문을 열어 주면서 친절하게 그를 맞아 주었다. 날이 저물어 안토니는 늘 하던 대로 자기 일할 만큼의 팔마 잎을 물에 적셔 놓고 일하기 시작했다. 마카리우스가 말했다.

"나도 일할 수 있게 팔마를 물에 담글까요?"

"그렇게 하시구려."

마카리우스는 팔마를 잔뜩 물에 담가 놓고 끈을 엮기 시작했다. 두 사람은 끈을 엮으면서 영적 문제를 서로 담화했다. 그렇게 엮어진 노끈은 창 구멍을 통해 바깥 밑에 동혈洞穴로 내려가게 되어 있었다. 다음 날 아침 안토니는 동혈로 내려가서는 밤새 마카리우스가 엮은 끈이 큰 무더기를 이룬 것을 발견했다. 안토니는 몹시 감탄하여 마카리우스의 두 손에 입을 맞추며 "그 훌륭한 덕행이 바로 이 손에서 나온 것이군요"라고 했다.

어느 날 마카리우스 교부가 스케테에서 떼레눗이라는 곳으로 갔다. 밤에 잘 데가 없어서 이교도들의 시체가 안장되어 있는 사원에 들어가서 그 시체 중 하나를 베고 누웠다. 그의 대담함을 밉게 본 악마들은 그를 무섭게 해주려고 짐짓 여자를 부르는 체하며 불렀다. "이봐. 여인이여! 우리 함께 목욕하러 가세." 그러나 마카리우스가 베고 누운 머리 밑의 시체가 대답하기를 "그럴 수가 없어요. 나그네 한 사람이 지금 나를 베고 누워 있는 걸요" 했다. 그 무시무시함 속에서도 마카리우스는 겁내지 않았다. 도리어 베고 누운 시체를 보고 "그대가 갈 수 있으면 어서 가 보시라구" 했다. 그의 담대함에 악마들은 "우리가 졌다"고 큰 소리를 지르며 물러갔다.

마카리우스 교부는 남의 허물을 용서해 주는 일에 대해 "사람들이 내게 저지른 잘못을 잊어버리지 않고 기억하고 있는 사람은 하나님을 기억할 능력을 잃고 만다. 그러나 악마들이 우리에게 야기惹起시킨 죄악을 기억하는 사람은 상처를 받지 않을 것이다"라고 했다.

기도하는 방법에 대한 질문을 받고서 마카리우스는 "기도할 때 많은 말은 필요 없다. 다만 자주 손을 펴 들고 '주여, 당신이 원하시고 아시는 바대로 저를 불쌍히 여기소서'라고 말하라. 당신의 영혼이 어려움 중에 있을 때는 '저를 구원해 주소서' 하라. 그러면 하나님이 우리에게 자비를 보여 주실 것이다. 하나님만이 우리에게 무엇이 적당한지 알고 계시기 때문이다"라고 말했다.

어느 날 짐 싣는 짐승을 몰고 다니던 도둑이 마카리우스 집의 물건을 훔치고 있었다. 어디 갔다 오다가 그것을 본 마카리우스는 지나가는 순례자인 체하고 가까이 가서 도둑이 훔친 물건 싣는 일을 도와주었다. 그러면서도 마음의 평화가 그대로 간직되어 흔들리지 않은 그는 도둑이 물건을 다 싣고 떠나는 것을 배웅해 주면서 "우리가 세상에 아무것도 가지고 온 것이 없으매 또한 아무것도 가지고 가지 못하리니"딤전 6:7 "내가 모태에서 알몸으로 나왔사온즉 또한 알몸이 그리로 돌아가올지라 주신 이도 여호와시요 거두신 이도 여호와시오니 여호와의 이름이 찬송을 받으실지니이다"욥 1:21 라고 했다.

마카리우스 교부가 독수도하며 사는 곳은 좀 높은 지대였고 거기서 얼마 떨어진 저지대에도 많은 수도자들이 살고 있었다. 어느 날 사탄이 사람의 모양을 하고 낡고 구멍투성이인 옷을 입고는 그 구멍마다 유리병들을 매달고 저지대 수도자들의 마을 쪽으로 가고 있었다. 마카리우스는 사탄에게 다가가서 물었다.

"자네는 지금 어디로 가고 있는가?"

"수사들에게 안부 전하러 갑니다."

"그 유리병들은 왜 달고 가나?"

"병마다 과자를 담아 형제들에게 가져가는 길입니다."

마카리우스는 사탄이 형제들에게 갔다 돌아올 때까지 그냥 그 길에 서서 기다렸다. 돌아오는 사탄을 또 만나 물었다.

"형제들이 잘 있고 과자를 잘 받던가?"

"모두 거친 자들이어서 아무도 내 말을 들으려 하지 않더군요."

"그럼 자네 친구가 한 사람도 없더란 말인가?"

"한 사람 있었지요. 그 사람만 내 말을 들더니 바람개비처럼 돌아갑디다."

마카리우스는 물었다.

"그게 누구란 말인가?"

"테옥티스트라 합니다."

마카리우스는 사탄을 보내고 곧 일어나서 저지대 수도촌으로 내려갔다. 여러 수도자들이 기뻐 팔마 가지를 흔들며 영접했다. 모두가 자기 방에 마카리우스를 모시려고 방을 정돈하고 기다렸으나 마카리우스는 테옥티스트의 집을 찾아 그 방에 들어갔다.

"형제여, 잘 있었나?"

"사부님 기도 덕택에."

"나쁜 생각의 공격을 받지 않는가?"

"지금까지는 잘 있습니다."

테옥티스트는 실토하기를 부끄러워하는 눈치였다. 마카리우스는 그에게 말했다.

"나는 오랜 세월 금욕생활을 해오면서 존경도 받고 있지만 지금 이 늙은 나이에도 불구하고 부정한 영의 시험과 공격을 받는다오."

테옥티스트는 그제야 "사부님, 저도 그렇답니다"라고 말했다. 마카리우스는 그로 하여금 모든 것을 자백하게 했다.

"금식은 어떻게 합니까?"

"오후 3시까지 합니다."

"저녁까지 하시오. 자신을 억제하고 마음으로 복음을 배우며 영혼 깊이로 다른 성경들도 묵상하시오. 그리고 나쁜 생각이 머리에 떠오를 때면 아래 쪽을 보지 말고 하늘을 쳐다보시오. 주께서 그대를 구하러 즉시 오실 테니까."

그 후에 마카리우스는 사탄이 또 저지대에 다녀오는 것을 만났다. 이번엔 사탄이 몹시 불만스러워서 "모두 내 말을 귀담아 듣지 않는데다가 한 사람 내 친구 테옥티스트도 표변해 버려 내 말을 듣지 않습니다. 다시는 그곳에 발을 들여놓지 않기로 맹세했습니다"라고 말했다. 마카리우스는 자기 방에 들어가 하나님에게 감사와 찬미를 올렸다.

어느 날 마카리우스 교부가 스케테에서 바구니들을 잔뜩 짊어지고 자기 은수처로 가다가 너무도 무겁고 피곤해서 쉬면서 기도했다.

"오 하나님, 당신께서는 제가 더 이상 갈 수 없다는 것을 아십니다."

어느새 그는 자기가 은수처 근처 강가에 와 있는 것을 발견했다.

전신이 마비되어 움직이지 못하는 어린아이가 있었다. 그 아버지가 아들을 업고서 마카리우스가 사는 은수처 독방에 찾아와서는 교부를 만나지도 않고 아이만 문밖에 버려둔 채 가버리고 말았다. 교부는 나와서 울고 있는 아이를 보고 물었다.

"누가 너를 여기까지 데려왔느냐?"

"아빠가 나를 여기 버려두고 가 버렸어요."

마카리우스는 "어서 일어나서 아빠를 만나러 가거라" 했다. 그 말을 하자 아이는 완쾌되어 일어나서 아버지를 따라갔다.

어떤 사람이 남의 돈을 많이 맡고 있다가 그것을 돌려주기 전에 그만 죽어 버렸다. 빚을 갚지 못하니 채권자는 죽은 사람의 부인과 아이들을 빚 대신 노예로 삼으려고 하였다. 그 여인은 남편이 어디다 돈을 숨겨 놓았는지 알지 못하여 울고만 있었다. 이 소식을 들은 마카리우스는 그 여인에게 죽은 남편의 무덤으로 안내하라고 해서 찾아가서는 여인은 집으로 돌려보내고 수도자들이 곁에서 기도하는 동안에 죽은 자를 불러서 물었다. "자네가 받은 돈을 어디에 두었는가?" 망자는 "제 집 침대 밑에 숨겨 두었습니다"라고 대답했다. 마카리우스는 망자에게 "이젠 다시 잠들게. 육신 부활의 날까지 말일세"라고 했다.

이 광경을 보고 수도자들은 모두 마카리우스 앞에 부복했다. 마카리우스는 그들을 제지하며 말했다.

"이 일이 일어난 것은 나 때문이 아니야. 나는 아무것도 아닌자니 말이야. 하나님이 이 기적을 행하신 것이고, 이건 그 여인과 아이들 때문이라네. 중요한 것은 죄 없는 영혼이 하나님이 원하실 때 자기가 원하는 바를 청원하면 그분이 들어 주신다는 점이다."

마카리우스는 과부집에 찾아가서 죽은 남편이 위탁금을 숨겨둔 장소를 가르쳐 주었다.

마카리우스 교부가 스케테에서 살고 있던 어느 날 낯선 이방인 젊은이 두 사람이 찾아와 엎드려 절하면서 먼 곳에서 교부님의 소문을 듣고 왔으니 함께 있게 해 달라고 간청했다. 그러나 교부는 거절하면서 자기네끼리 가서 독방을 짓고 수도하라고 시키면서 멀리 떨어진 바위산을 가리키며 자기네 손으로 나무를 주워 움막을 지으라고 일렀다. 그들은 수도생활하는 방법을 일일이 물었다. 그는 "늪지에서 팔마 잎을 가져다 엮어야 하네. 바구니를 만들어 성당의 수위들에게 갖다 주면 그들이 빵을 줄테니까" 하면서 시범을 보여 주었다. 젊은 두 사람은 시키는 대로 하고 가서 3년 동안이나 한 번도 만나러 오지 않았다.

마카리우스는 일주일 꼬박 금식기도하고 그들이 무엇을 하고 있는지 보여 달라 하고 찾아갔다. 문을 두드리니 두 사람은 한마디 말없이 그를 맞아주었다. 아무 말 없이 팔마를 엮더니 형벌 되는 이가 신호하니 동생벌 되는 이가 나갔다 들어오는데 식탁에 세 개의 빵을 차렸다. 저녁이 되었다.

"가시겠습니까?"

"아니. 여기서 자겠네."

그들은 방 한쪽에 교부의 자리를 펴주고 다른 쪽에 자기네 자리를 펴더니 보는 앞에서 허리띠를 풀고 스카풀라리오를 벗고 나란히 누워 잠이 들었다. 교부는 주께 그들의 행동에 대해 계시해 달라고 기도했다. 그러자 독방의 천장이 벙긋이 열리면서 대낮처럼 환한 빛이 비쳤다. 그들은 그 빛을 보지 못했다. 교부가 잠든 것처럼 보이자 형이 동생의 옆구리를 찌르더니 함께 일어나 말없이 서 있었는데 갑자기 마귀가 파리 떼처럼 몰려와 동생 쪽을 공격하면서 몇 마리는 그의 입에도 앉았다. 그러나 하나님의 천사가 번쩍이는 칼을 들고 악마를 멀리 쫓고 그를 보호했다. 형에게는 악마가 접근하지도 못했다. 새벽녘에 두 사람은 다시 자리에 누웠다가 마카리우스가 일어날 때 다시 함께 일어나 교부와 함께 시편 열두 편을 외우며 할렐루야를 외웠다.

동생이 시편을 외울 때마다 입에서 빛이 나와 하늘로 올라가고 있었고, 형이 시편을 낭송할 때는 입에서 굵은 밧줄 같은 불이 일어나 하늘까지 치솟아 올랐다. 마카리우스가 떠날 때 그들은 말없이 엎드려 절하였다. 마카리우스는 그 형이 완덕에 나아가 있음을 알았고, 동생 쪽은 아직 악마가 싸움을 걸고 있는 터였다. 며칠 후 형이 주님 품 안에 고이 잠들었고, 사흘 후에 동생도 형을 따라 떠났다.

갑바도키아 동굴 수도자들

시리아 동쪽에는 메소포타미아 사막이 펼쳐져 있고 그 동북에는 아르메니아 산악 지대가 있다. 높은 산들에 둘려 있는 고원지대가 갑바도키아 지방이다. 터키의 수도 앙카라에서 동남쪽으로 3백 킬로미터, 버스로 다섯 시간 거리다.

이곳은 세상에서 격리된 성지로 알려져 있다. 1년 중 절반 이상은 개인 날이 계속되고, 물이 흐르는 계곡이 아니면 초목도 살지 못하고, 헐벗은 대지 위에 아득하게 암산과 광야가 계속된다. 약 3백만 년 전 화산의 분화 활동과 그 뒤의 풍화 작용으로 말미암아 기암괴석들이 화산재와 용암에 덮였다가 침식된 것이다. 이곳의 암산은 거의 모두가 부드러운 응회암이기 때문에 암벽은 손톱으로도 파낼 수 있다. 수도자들에게 이상적인 지대로서 기도의 동굴을 파기에 쉬운 지대다.

기독교 수도자들은 속세를 버리고 준엄한 자연과 대결하며 살려고 이 계곡에 모여들어 암산에 동굴을 파고 들어가 수도했다. 이 같은 황량한 암석군 속에 동굴 성당이 세워져 있는데, 이곳 갑바도키아에만도 3백 개 이상 된다고 한다. 이런 동굴들 중에서 특징 있는 명칭이 붙어 있는 것들은 "하얀 성당" "계수나무 성당" "세리메 가운데 성당" "종의 성당" "외양간 성당" "뱀의 성당" "소녀의 성城" "냄새나는 성당" "가레지地 성당" 등이다. 이런 많은 동굴 성당으로 흑의黑衣의 수도사들이 누비고 다녔던 것이다.

계곡에 서면 양쪽 절벽에 벌집같이 뚫린 많은 동굴의 새까만 아귀들이 입을 열고 있다. 마치 그 동굴 속에 지금도 산재해 있는 옛 수도사들의 두개골 눈구멍 같은 음산한 인상을 준다. 그런 음산한 어둠은 사람들에게 두려움을 주지만 동시에 사람들의 마음을 현실 세상에서 격리시켜 침묵과 깊은 고독의 심연 속으로 끌어들인다. 그것이 바로 성 안토니나 성 마카리우스 같은 은수사들이 무덤이나 무너진 성채나 사막의 고요와 고독과 어둠을 수도의 긴요한 장소로 삼았던 심리일 것이다.

모든 동굴의 출입구는 머리가 부딪힐까 조심해야 할 정도로 좁았다. 번뇌스러운 세상을 떠나 은둔 격리를 목적하는 심리의 필연적인 결과였을 것이다. 또 실제 생활상의 이점도 있었을 것은 출입구가 좁기 때문에 여름에는 덥고 겨울에는 추위가 혹심했던 자연의 위협을 방지하는 데 좋고, 또는 기독교 은둔자에게 달려드는 외적들 — 도둑, 페르시아인, 회교도, 십자군, 몽골인 등 — 의 습격, 사나운 야수 지금도 늑대가 출몰하는 내습을 방비하는 효과가 있었을 것이다.

동굴 안의 갱도에는 입구 가까이 거대한 돌문이 있고, 돌 덮개는 우물같이 갱도가 밑으로 내려가는 데 마련되어 있다. 어떤 외적이 침입해도 방지할 수 있는 장치가 마련되어 있다. 어떤 방에는 돌로 된 탄환이 많이 저장되어 있기도 하다. 동굴 내부는 계단으로 오르내리게 만들어져 있고, 마치 미로같이 이리저리 돌고 다니노라면 돌연 기암 꼭대기로 나와 버리기도 한다. 어떤 지하도시의 유적은 지하 7층으로 가 깊이 85미터 된다. 지하도시에는 묘지도 있고 예배당, 저수지, 포도주 저장고도 있다. 어떤 동굴의 입구는 절벽의 상당히 높은 위치에 만들어져 있다. 사다리를 놓고 올라갔든지 아니면 밧줄을 내려 매달려 출입한 듯하다. 급하면 줄을 걷어 올렸을 것이다.

베리시르마 마을에 있는 "외양간 성당" 동굴 내부에는 중앙에 낭하廊下가 있고, 안으로 들어가면서 좌우에 독방이 줄지어 있다. 그 독방들은 아주 좁은데, 그 하나하나의 수실에 수도사들이 들어가 기도생활한 것이다. 수실은 너무 좁아서 등경을 세워둘 자리도 없다. 벽에는 십자가, 포도넝쿨 등이 붉은 색이나 검은 색으로 그려져 있다.

철저한 독수도자도 있었을 것이다. 수도원 규칙에는 "3년 동안 공주 수도원 규칙 밑에서 생활한 경험이 없는 자는 은수사가 될 수 없다"고 했다.

어떤 종파를 막론하고 수도자의 정신은 청빈, 순결, 겸손이다. 암굴 속 수도자의 필수품이라면 밥그릇과 물병 하나 정도였을 것이다. 밤이면 딱딱한 암상岩床에 산기슭에서 베어 온 마른 풀을 깔고 잤을 것이다. 혹시 먹을 수 있는 풀도 있었을 것이다. 골짜기 좁은 빈터에다 야채를 심기도 했을 것이다. 때로는 어느 수도원이나 마을 사람들이 식량을 공급해 주기도 했을 줄 안다. 그러나 수도하는 사람들은 식물에의 관심이 크지 않다. 굶어도 좋고 애써 목숨을 유지하려는 마음이 크지 않았다.

독수도자는 동굴 속에서 바깥세상이 어떻게 되어 가는 줄 모르고 혼자 태고와 같은 침묵과 고독 속에 기도와 명상을 계속해야 한다. 밧줄을 잡고 기어올라간다든지 사다리를 놓고 절벽 면에 판 자기 동굴에 올라가서는 이웃 동굴에 누가 수도하고 있는지도 알지 못한다. 어느 날 한 수도자가 동굴 밑으로 지나가다가 그 위 동굴 주인공의 모습이 보이지 않은 지가 너무 오래서 이상해서 기어올라가 안을 엿보면 어두운 동굴 안에 세월을 오래 지낸 미이라의 모양이 눈에 뜨인다. 그 속에 들어가 보면 주인공 수도사가 죽은 지 얼마나 되는지 기도하다 앉은 자세로 숨져 있다. 수도사는 시신이 앉아 있던 바닥을 파서 무덤 구덩이를 만들고 그 속에 그 동굴 주인공의 유해를 정중히 묻고, 동굴벽에는 기도문을 써준다.

지금도 동굴 속 바닥을 파면 옛날 그 동굴에서 기도하다 숨진 주인공들의 유해가 많이 발굴된다. 벽에 기도문이나 십자가, 상징적 기호, 혹은 작은 돌비석이나 그리스도에게 중보의 대도代禱를 부탁하는 그림 등이 그려져 있다.

갑바도키아에는 여자 수도원이라고 짐작되는 곳도 있다. 괴레메 수도원 군群 중에는 그 지방 사람들이 "그즈랄 카렛시"라 부르는 것이 있다. 번역하면 "처녀의 성"이란 뜻이다. 베리시르마 계곡에 있는 "뱀의 성당"이라 부르는 곳의 내부 벽에는 성모에게 기도드리고 있는 흑의의 수녀 그림이 그려져 있다. 이 성당이 여자 수도원이었는지 모른다.

이집트에 수도원 제도가 나타난 이래 남자 수도원과 병행해서 여자 수도원도 매우 발달한 듯하다. 여자 수도원의 규칙으로는 1118년경 이레네 황후가 제정한 것이 유명하다. 여자 수도원이 특별히 배려한 것은 남자들과의 격리다. 여자 수도원에 배속된 사제는 거세한 사람이 아니면 안 된다.

주상 성자 시메온 Simeon Stylite, 390-459

이집트에서 일어난 은수사들의 사막에서의 수행은 4세기 중반에는 이미 시내반도 팔레스타인, 시리아 방면에까지 확산되어 사막, 광야, 바위산 동굴에서의 수행자가 급속도로 증가되었다. 시리아 동쪽에는 망망대해 같은 광대한 사막이 있다. 그것이 메소포타미아에서 이란에 연결되어 있다.

시리아에서는 안디옥, 베뢰아, 칼키스 근처 광야에 다수의 은수사들이 있었다. 풀 한 포기 돋지 않는 불모지에서 타오르는 태양 볕에 피부가 검게 타고 전갈과 들짐승 이외에는 친구도 없이 고행했다.

6세기에 이 지방에서는 새로운 종교 발전의 가능성 속에서 이집트의 경우와는 다른 여러 가지 수행 형식이 발달되었다. 그중에서 특별히 사람들의 관심을 끄는 것은 기둥 위에서 수행하는 주상柱上 수도자이다.

주상 성자 시메온은 시리아와 킬리키아 국경에 있는 쉬스라는 마을에서 태어났다. 부모는 모두 기독교인이었다. 그는 목자의 아들로 어려서부터 목동이었다. 13세 때 교회에서 예배를 드리던 중 전심全心이 뒤집어지는 체험을 얻고 양 떼를 버리고 가까운 곳에 있는 테레다 수도원에 들어갔다. 2년 후 성 유세보나스 수도원으로 옮겨 극단의 고행과 은둔 생활로 10년을 보냈다. 그동안 자기 발에 쇠사슬을 채워 큰 바위에 매 놓고 스스로 행동의 자유를 속박하며 수행을 했는데, 그래도 고행이 아직 부족하다고 생각했다.

그는 아나코레테스 광야에 혼자 사는 자, 극단적 은둔자로 테라네사에 살았다. 처음에는 작은 움막에 살다가 그를 사모하여 모여드는 이가 인산인해를 이루었기 때문에 수도생활을 방해받지 않기 위하여 높이 2미터짜리 기둥을 쌓고 그 위에 올라가 앉아 7년을 지냈다. 37세 때였다. 기둥 직경은 4피트였다. 그는 기둥 높이를 점점 높여 다음 15년간은 15미터로, 최후의 21년간은 16미터로 높였다.

그 꼭대기에서 실로 30년 동안 새벽부터 밤까지 명상했는데, 몸은 쉬지 않고 앞뒤로 흔들며 기도했다. 겨울 추위와 여름 더위, 비오는 날을 대비해 몸에는 가죽옷을 입고 머리에는 양가죽으로 만든 테 없는 모자를 썼다. 기둥 위에는 몸을 눕힐 수 있는 정도의 마루를 만들고 떨어지는 것을 방지하기 위해 난간을 둘렀다. 그 위에서 기도하거나 예배를 드릴 때는 하루 종일 서서, 그것도 한쪽 발로 서서 두 손을 하늘로 치켜들고 밤이 되어도 눈 감지 않고 쉬지 않고 기도를 계속했다. 종일 서서 기도하는 동안 앞 이마가 발끝에 닿도록 몸을 굽혔는데, 한 번 기도하는 동안 1천 번 이상 몸을 굽혔다. 이 같은 기도를 이른 새벽부터 오후 3시까지 계속했다.

저녁 무렵이면 기둥에서 내려와 찾아온 사람들에게 설교도 하고 신앙상담도 했다. 어려운 문제를 조언해서 처리해 주고 병자를 치료해 주었다. 밤이 되면 사다리를 놓고 다시 꼭대기로 올라갔다. 밤에도 태반은 기도로 보냈지만 몇 시간은 난간에 몸을 기대고 휴식을 취했다.

지나친 고행에다가 늘 서 있었기 때문에 몸에는 극심한 통증이 일고, 한쪽 다리는 곪아 구더기가 우글거렸다. 태양빛의 반사로 눈병에 걸려 아주 시력을 잃을 때도 있었다. 병이 중해지고 다리가 썩어 무수한 구더기가 기어나와 기둥 밑 땅에 굴러 떨어지면 기둥 밑에서 봉사하던 제자 안토니오라는 젊은이가 성인의 명령에 따라 땅에 떨어진 구더기들을 주워 모아 기둥 위로 던져 올렸다. 시메온은 그 구더기를 다리의 상처에 다시 붙여 주며 "하나님이 너희에게 주신 것을 먹어라"고 했다.

시메온의 덕을 듣고 사모하여 찾아오는 사람들의 수는 헤아릴 수 없이 많았고 그 명성은 페르시아, 메대인, 에디오피아인, 스키타이인, 유목민들에게까지 알려졌다. 기둥 주위는 매일 각처에서 몰려오는 인파로 혼잡을 이루었다.

시메온의 병이 위독하고, 썩은 다리에서 나는 냄새 때문에 가까이 접근할 수 없게 되었다. 그가 죽는다는 소문이 떠돌자, 황제 테오도시우스 2세가 특사를 보내어 의사의 치료를 받으라고 권했지만 거절했다. 3일간 모습이 보이지 않아 죽은 줄 알았으나 기적적으로 회생했고 썩는 악취도 없어졌다.

주교들은 그와 교제하려고 찾아오고, 유럽과 아시아로 다니는 상인들, 아라비아 사막의 부족들 중에 개종하는 이가 많았다. 종교 논쟁, 유대인 처리 문제, 이교도의 분쟁, 교회나 국가에 관계된 문제도 시메온이 해결한 것이 많았다.

테오도시우스 2세의 후계자들도 이 주상 성자에게 존경의 뜻을 품었다. 황제 마루키아누스도 신분을 숨기고 그를 찾아와 그의 의견 듣기를 주저하지 않았다. 그는 생전에 이미 성인으로 존경받았고 그의 한마디 말은 굉장한 영향력을 발휘했다.

459년 시메온은 기둥 위에서 세상을 떠났다. 그의 유해를 둘러싸고 6백 명의 황제군들과 아라비아 유목민인 베드윈족 사이에 쟁탈전이 벌어지기도 했다.

시메온이 세상을 떠나고 나서 얼마 후인 5세기 말 그를 기념하는 장대한 수도원이 건립되었다. 그것이 오늘날 북시리아에 남아 있는 "카라트 세만"(시메온의 성이란 뜻) 대수도원이다. 이 수도원은 시메온 성인이 앉았던 기둥을 중핵中核으로 삼고 팔각당이 중심이 되어, 그 사방에 십자가형의 가지가 뻗어나간 집중식 구조로 되어 있다. 세례당, 객당, 기타 수도원 부속 건물들이 구비되어 있고 주위에 탑이 붙은 성벽이 둘러 있다.

주상 시메온의 수행 방법을 본받는 자가 사방에서 많이 생겼다. 그의 생전에 벌써 안디옥 출신의 수도사 다니엘은 그를 본받아 콘스탄티노플 부근에서 주상수행을 시작했다고 한다. 그것을 본 근위 사관 티토스는 양쪽 겨드랑 밑에 밧줄을 꿰어 허공에 매달린 채 발을 땅에 닿지 않게 하는 새로운 고행법을 고안했다고 한다.

7세기에 저명한 수행자 두 사람이 생겼다. 한 사람은 성 시메온 2세로서 그는 7세 때 벌써 안디옥 부근 산중에 은둔하여 주상수행을 시작했다. 한때는 그를 둘러싸고 너무 많은 군중이 모여 오기 때문에 거기를 도망쳐서 10년간 산중에 은둔하여 있다가 30세 때에 다시 주상에 되돌아와 75세에 세상 떠나기까지 거기 머물렀다고 한다. 또 한 사람의 주상수행자는 성 아리피우스이다. 그는 소아시아 흑해 연안에 있는 폰투스 지방인 하드리야노폴리스에서 29년간 주상에 머물렀다.

10세기의 어떤 기록에 보면 겐세마니에는 1백 명의 주상수행자가 한 사람의 장상을 중심으로 모여 있었다고 한다. 그 후에도 12세기까지 주상수행자는 각지에서 볼 수 있었고, 그리스 아토스 산에서는 16세기까지도 있었다고 한다.

아토스 성산

그리스 정교회 전체 영성의 수원지로 알려진 아토스 성산은 영성을 살리기 위한 반문명의 지대로 소문이 높다. 그리스 영토 데살로니가 동남쪽 약 170킬로미터 거리에 에게 해에 돌출해 있는 세 개의 작은 반도가 있는데, 그중에 제일 동쪽에 위치한 반도가 아토스 반도요, 반도 남쪽 끝에 높이 2천 33미터의 바위산이 성산 아토스다. 아토스 반도 전체의 길이는 45킬로미터, 폭은 불과 2킬로미터밖에 안된다.

전설과 시에 많이 나오는 수려한 산으로 호머의 시에도 이 산에 대한 이야기가 있다. 높은 봉우리, 정돈된 능선, 신기한 산 모양이 신비의 분위기에 싸였고, 종교심을 일으키며 수도자의 마음을 끄는 산이다. 전설에는 그리스도께서 마귀에게 시험을 받으실 때 "높은 산"이 아토스 산이었다고 한다.

아토스 산이 수도자의 산으로 개발된 것은 9세기에 페트로스라는 수도사가 이 산의 동굴 속에 은둔하여 50년 동안 독수도를 한 데서 비롯한다. 그 후 은수사의 수효가 점점 늘었고, 그중 어떤 이들은 이곳에서 작은 단위의 공주생활 "라브라"를 시작했다.

10세기에는 아나토리아 출신의 아타나시우스가 "하기야 라브라" 수도원을 창립했다. 그 후 급속도로 수도원이 증가되고 동로마제국 황제의 특별한 보호를 받아 1100년에는 수도원의 수가 1백 80개에 이르고 수도사의 수는 7천 명에 달하였다.

　아토스 산 반도 자체는 그리스의 영토이지만 아토스 반도 전체는 그리스 정부의 간섭을 받지 않고 독자적 자치권이 시행되고 있는 치외법권 지대이다. 하나의 수도자 공화국을 이루고 있다.

　1453년 5월에 콘스탄티노플이 오스만 터키 군대에 의해 점령당하고 1천 123년간 존속해 오던 비잔틴 제국이 종말을 고한 후에도 아토스 성산은 터키의 술탄으로부터 특별히 자립을 인정받았다. 이슬람교가 국교인 오스만 터키 내에서도 이 산만은 유일한 기독교 사회였다. 그리스가 독일 나치스 압정 아래 놓여 있던 시절이나 제2차 세계 대전이 끝나고 공화국으로 바뀐 후에도 아토스의 자치 전통은 그대로 계속되어 오고 있다.

　별반 범죄 사고 없는 지대이지만 현재 경관이 한 사람 주재해 있다고 한다. 물론 납세나 병역의 의무는 없다.

　아토스 산에는 현재 옛날의 전성시대는 지나가고 러시아, 세르비아, 불가리아의 수도원이 하나씩 있고 그리스의 수도원이 17개, 합쳐서 21개의 수도원이 있다. 그 산하에 스케이트라해서 2-3명이 사는 은수소隱修所가 열두 개 있고, 그밖에 독수사가 산골짝 동굴이나 빈 집에서 살고 있다. 현재 아토스 산의 수도자 수효는 1천 명이 넘는 정도다.

　섬 전체가 조스티코라는 검은 옷에 검은 모자를 쓴 수도자의 고장이다. 거의 대부분이 긴 머리에 수염을 기르고 허리에는 가죽띠를 띠고 있다.

　아토스 산은 남자들만의 수도원 지대다. 1060년에 제정한 그들의 엄격한 계율은 여성의 입산을 철저히 금하고 있다. 여자는 얼씬도 못한다. 사람뿐만 아니라 짐승들도 암컷은 못 들어온다. 암소, 암말, 암캐 기타 어떠한 짐승도 암컷은 기르지 않는다. 따라서 젖소를 기르지 않기 때문에 우유를 마시지 못한다. 고양이만은 암컷을 기르는데 그것은 쥐를 잡기 위해서이다. 닭도 암탉은 못 길렀다. 요즘 와서는 "날개 있는 것은 허락한다"고 규정이 완화되어 암탉이 있고 계란도 먹는다.

아토스 성산에서는 일반 관광객을 받아들이지 않고, 수염 없는 자를 거부하고, 여인이 들어오지 못하게 하고, 새로운 문명의 이기를 받아들이지 않고, 무비 카메라, 테이프 레코더, 녹음기, 전기를 쓰지 않고 옛날 그대로 석유 등잔을 사용한다.

아토스 반도의 지도는 거리를 마일이나 미터로 기입하지 않고 이정표에도 거리에 소요되는 시간만 기입한다. 달력도 그레고리력이 아니요 중세 유럽에서 쓰던 율리우스력을 써 일반 세상에서 쓰는 날짜보다 13일하고 반나절을 늦게 해야 하고, 시간을 알릴 때는 목탁을 두드리거나 반원형의 철제 반향판을 친다. 수도원마다 성을 쌓았고 성문과 망루가 있고 안마당에 교회와 숙소가 있다.

아토스 산의 수도를 카리에스라 하는데, 도시라기보다 조그마한 마을이다. 전체 반도 안에서 수도원이 아닌 건물이 있는 곳은 이곳 뿐인데 행정 사무소 하나, 경찰서 순경 1인, 여관 겸 레스토랑, 기념품 상점 두세 곳으로 다 쓰러져 가는 건물이요 사람의 그림자가 보이지도 않는다. 비교적 큰 거리라는데도 지키는 사람이 별로 없다. 수도원에서 재워 주고 식사도 준다. 그러나 해가 지면 문을 닫기 때문에 나그네는 해지기 전에 수도원안에 들어와야 한다.

아토스 전체가 수도사들만의 성산이기 때문에 이곳을 임시 방문하는 사람도 일시적으로라도 수도사가 되어야 한다. 식사도, 밤에 잘 때도 수도사처럼 해야 한다. 딱딱한 침대에서 몸을 콕콕 찌르는 염소 가죽 이불을 덮고 자야 한다.

이 산에서는 노동자도 수도사요, 농부도 수도사요, 구두 수선공도 수도사요, 거지도 수도사이다. 거지 수도를 하는 이가 있다. 고독 속에 독수도하는 은수사도 있고, 두세 사람이 함께 사는 공주 은수사들도 있고, 방랑 수도사도 있다. 수도원 안에 공동생활하는 이들도 두 종류로 나뉜다. "키노비이"는 계율이 엄격하고 1년 내내 육식을 피하는 이들이고, "이디올리틈"은 육식이 허락되고 계율도 그렇게 엄격하지 않다. 이들은 사유 재산을 가지고 사적 생활을 한다. 그러나 누구나 하루 24시간을 세 등분하여 여덟시간의 기도와 여덟 시간의 노동을 해야 한다.

근대 문명의 발달과 함께 인간의 종교심이 급격히 쇠퇴해 가는 것과 더불어 수도사들의 생활도 세속화하고 타락하고, 수도원들이 많이 없어져 가고, 수도 지원자도 급격히 줄고 있다. 아토스 산에도 새로운 수도 입문자가 해마다 줄어들어, 따라서 전체 인구도 줄어들고 있다.

이런 경향을 걱정해서 아토스 산에서는 카리에스 교외에 새로 신학교를 세웠다. 신학생은 모두 60명인데, 13세에서 15세까지 3년의 수업을 마치면 사제의 자격을 얻는다. 여기서 교육받은 수도사들이 그리스 전역에 퍼져나간다.

아토스 산에 있는 프로타톤 성당은 비잔틴 건축물인데 내부 제단이나 주위의 벽, 천장에 육중한 느낌의 색조로 그리스도, 사도들, 성모 마리아를 그렸다. 성당 안에 들어서면 촛불, 향 냄새, 엄숙한 기도 소리, 그레고리 성가, 그리고 주위 벽과 천장의 엄숙한 성화 분위기 때문에 황홀경에 빠진다. 무서운 어떤 힘에 포위되는 느낌이다. 흑의의 수도사와 벽에 그린 성화가 함께 움직이고 함께 기도 올리는 느낌이라 한다. 모든 성화는 끔찍스러울 만큼 밝은 원색의 짙은 색조로 가득 차 있다. 제실 앞에는 호화스러운 이코노스타쉬온聖障이 있고 이콘Icon류의 성화로 꽉 차 있으며, 천장에서는 금빛 찬란한 촛대가 드리워져 있다.

아토스 산에서 성화를 많이 그린 화가는 판세리노스이다. 1540년에 그린 것이 많다. 그의 그림의 특징이 특히 성모 마리아상과 같은 것은 색채를 청색, 갈색, 금색을 선명하게 써서 무거움을 느끼게 하는 그림이다.

성당 안의 모든 것이 살아 움직이는 느낌이 든다. 긴 머리, 긴 수염, 흑의의 수도사는 그 오랜 낡은 벽의 천사, 사도, 성모와 함께 걸어 나오는 것 같은 느낌이 든다. 산 사람도, 벽에 그려진 인물도 모두가 하나의 현실 속에 살고 있다. 함부로 가까이 접근 못할 만큼 사람을 두렵게 한다. 그 성화들은 4백 년 전에 그린 것이라고 생각할 수 없으리만큼 색채가 현저한데, 그림의 색이 퇴색되면 다시 덧칠한다고 한다.

비잔틴 미술은 특히 종교화의 경우 어떤 인물은 어떤 옷차림에 무슨 색으로 그려야 한다는 일정하고 뚜렷한 양식을 정하고 그린다. 판세리노스의 그림 지침서 사본이 각 수도원에 비장되어 있어 그림이 퇴색하면 그 지침서에 따라 덧칠한다. 그들은 수도원이나 성당, 성화, 이콘 등을 관광객들의 구경거리로 돈 벌기 위해 상품화시키려 하지 않는다. 아토스 성산에서 그들 신앙은 장사 거리가 아니라 살아 있는 것이다. 그들은 학문에 대해서도 이해가 깊지 못하다. 신앙의 대상을 단순한 물품 취급하려 하지 않는다.

성 프란시스의 영성

"기독교회사를 지배하고 있는 것은 성인들이다"라고 말한 사람이 있다. 성인들은 언제 어디에서나 쉽게 만나볼 수 있는 인물이 아니요, 1백 년에 한 사람 혹은 5백 년에 한 사람 일어날까 말까 한 귀한 존재이다.

기독교사에서 히말라야 높은 설봉같이 우뚝 솟은 성 안토니, 성 베네딕트, 성 어거스틴, 성 프란시스 등의 성인들이 일어나면 부패 타락하고 타성에 빠졌던 기독교회들이 중흥하고 생명의 활기를 되찾아 살아나곤 했다. 그중에서도 프란시스 성인은 1천 년에 한 번 날까 말까 한 대성인이다.

하나님이 인간 사회에 사용하시는 활동적 방법의 첫째는 성성^{聖性}이다. 성성이란 것은 꼭 필요한 곳에 가장 효과적인 형태로 일어나는 것인데, 그것이 구체적인 인격으로 출현한 것이 성인이다. 인간 사회에서 성성을 거부하면 인류 역사도, 교회사도 뒤죽박죽이 되고 만다.

아무나 쉽게 성인이 되어 내겠는가? 성인 성녀가 무더기로 쏟아져 나오겠는가? 성인이란 스스로가 보통 사람의 대열에서 빠져나온 것이 아니라, 하나님이 시대를 위하여 골라내어 특수한 사명에로 부르신 인물들이다. 성인들은 한편으로는 스스로 세상을 버리고 시대를 등지고 은둔하는 듯하지만 사실은 그 시대 그 사회의 타락과 실패를 예리하게 관찰하면서 하나님에게 호소하며, 병든 시대를 아프게 통감하면서 하나님의 심정으로 시대를 심판하고 동시에 시대를 위해 고민하는 자이다. 그런 점에 있어서 기독교사의 성인들은 구약 시대의 예언자적 풍모를 느끼게 한다.

성인은 이 썩고 악취나는 타락한 인류 사회 속에 신선하고 높은 향기이다. 성인의 향기는 모든 영혼을 매혹하는 자력磁力적인 작용을 한다. 여름날 이른 새벽 정원에 나서면 상쾌하게 코를 찌르는 듯 풍겨오는 쟈스민의 향기, 백합화의 향기가 우리를 그 향취 속에 매입魅入케 한다.

세계 모든 사람들에게서 사랑을 받는 성 프란시스는 처음부터 끝까지 그런 신선하고 풍요롭고 높은 향기의 상징이었다. 프란시스는 기독교의 많은 성인들 중에서도 자비와 사랑이 지나쳐 범신론자가 아닌가 오해받을 만큼 대자연에 대한 깊은 인식의 눈으로, 우주와 생명의 세계에 대한 감격과 사랑으로 자연을 통해 하나님을 한없이 찬양한 성인이었다. 그는 곤충도 종달새도 늑대도, 달과 별과 태양도 모조리 내 형님, 내 누님이라 부르며 하나님을 찬양했다. 그는 마치 우주의 모든 피조물이 유정有情으로 인간과 통하는 감정과 말을 가지고 있는 듯 하나님의 감각을 가지고 있는 듯 큰 기쁨을 가지고 피조물과 대화했다.

모든 성인들의 신성神性과의 직접적인 관계, 그들이 파고들어간 종교적 지혜의 깊이는 인간의 언어로는 다 표현하기 어렵다. 그러나 우리가 성인과 접촉하는 일은 아직 직접 체험하지 못한 미지未知의 세계가 열리는 감격이 될 수 있다.

아씨시의 성 프란시스Francisco. 1182?-1226는 중세기에 나타난 가장 사랑받는 성인으로 그 성격이 너그럽고 어린애 같은 단순함과 천진난만한 신앙심, 하나님과 인간을 향한 헌신과 아울러 자연에 대한 사랑, 진실한 겸손으로 여러 성인 중에서도 특히 뛰어난 분이었다. 교황 피오Pius 11세는 프란시스를 "또 하나의 그리스도"라 부를 정도였다.

그는 본래 이탈리아의 조그마한 도시 아씨시에서 부유한 직물업자의 아들로 태어나 아주 자유분방하며 야심 많은 청년기를 보냈다. 아씨시가 이웃 도시 페르시아와 전쟁을 하였는데, 프란시스도 22세 때 기사로 출전했다가 적군의 포로가 되어 페르시아 감옥에서 1년 동안 옥살이를 하다가 놓여났다. 그후 그는 사색에 자주 잠기며 생의 허무와 적막을 뼈저리게 느끼는 습관이 생겼다.

이 무렵 그가 받은 일련의 계시와 함께 그에게 중대한 사건이 일어났다. 어느 날 프란시스는 말을 타고 교외로 산책하다가 외진 산길에서 문둥병자를 만났다. 부잣집 아들로 호강하던 그에게 문둥병자는 가장 더럽고 무서운 존재였다. 겁에 질린 그는 본능적으로 말 머리를 돌려 오던 길을 되돌아 도망치려 했다. 그러나 이때 벌써 영혼의 새 생애가 시작되려는 그의 양심은 비겁한 태도를 크게 뉘우치면서 반사적으로 말 잔등에서 뛰어내려 절룩거리며 다가오는 나병자에게 접근해 가서 그의 허리를 감싸 안으며 힘껏 입을 맞춰 주었다.

이 사건은 프란시스가 과거를 청산하고 옛 껍데기를 깨고 나와 영적 생활에 신생의 첫발을 내딛는 새로운 전환기가 되었다. 그의 새로운 승리였다.

2년 뒤 아씨시에 있는 퇴락한 산 다미아노 성당San Damiano 십자가상 앞에서 기도하고 있었는데, 십자가의 예수님 화상이 입을 열고 신비한 언어로 말씀하시는 소리를 느꼈다. "프란시스! 가서 내 집을 세우라. 내 집은 무너져 가고 있다"는 영음이었다. 여기서 프란시스는 자기의 소명을 자각했다. 그날 주님의 음성은 퇴락한 다미아노 성당 하나를 수축하라는 소명이 아니라, 전 세계의 침체하고 타락한 교회를 새롭게 하라는 뜻의 성소聖召였다.

또 한 가지 그의 생애에 중요한 사건이 있었다. 1209년 어느 날 프란시스는 예배하러 교회에 가서 뒷자리에 앉아 있었다. 그날 예배 인도하는 사제는 마태복음 10장 5-14절을 읽었는데, 프란시스의 귀에는 예수님이 직접 그 제단에 서서 프란시스에게 말씀하시는 것으로 들렸다.

"…너희 전대에 금이나 은이나 동이나 가지지 말고 여행을 위하여 주머니나 두벌 옷이나 신이나 지팡이를 가지지 말라…"

이 말씀에서 큰 영감을 받은 그는 예배하고 나가면서 당장 그 말씀을 실천했다. 자기가 입고 있던 값비싼 외투를 벗어 던진 후 농부의 자루옷을 얻어 입고, 구두도 벗어 버리고 맨발로 서서 허리에는 교회 마당에 굴러다니는 새끼줄을 주워 맸다. 감격에 사무쳐 그 모양대로 밖에 나가 아씨시 성문에 가서 거기 모인 사람들에게 두 손을 들고 "형제들이여, 하나님이 여러분을 축복하십니다!"라고 했더니, 거기 모인 사람들 중에 큰 감동이 일어나 그중 몇 사람이 프란시스를 따라나섰다. 그들이 프란시스의 첫 제자들이었다.

프란시스는 그들을 중심으로 "작은 형제회"를 창설했다. 그들 형제들은 복음의 정신을 따라 세상에서는 이방인과 순례자로 살며, 예수님의 정신을 따라 청빈생활을 엄격히 실천하며, 자기 자신을 위해서는 아무것도 소유하지 않았다. 이렇게 수도회를 창설하고는 회의 영성적 성장을 위해 편지와 훈시를 써 보내는 일을 부지런히 했다.

특히 프란시스는 그 이전의 수도사들처럼 세상을 버리고 은둔하여 깊은 산중에 수도원을 세우고 살지 않고 세상 속에 사람들을 찾아다니면서 탁발수행托鉢修行을 하였다. 그래서 그의 수도 단체를 걸식교단乞食敎壇이라 부른다.

프란시스는 복음 선교를 위해 시리아 1212, 스페인 1213-1214, 근동 지방 1219에까지 여행했다. 말년은 아씨시 근방에서 보냈는데 소경이 되고 중병으로 불면증에 허덕이면서 비참했지만, 그 고난 속에서도 하나님에 대한 신앙과 감격은 더하여 "태양의 노래" 같은 감격의 노래가 나왔다.

그는 45세에 세상을 떠났는데, 유해는 성 조르지St. Giorgio 성당에 안장되었다. 성인의 고통받는 생활은 개인적인 불행한 체험이 아니라 그의 성화된 거룩한 심정이 모든 살아 있는 것들의 고통 안에서 자기도 아주 깊은 공감과 일체감으로 겪는 것이라고 말한다.

프란시스와 그를 따르는 제자들의 영성은 처음부터 두 가지 흐름으로 명료히 구분할 수 있었다. 하나는 활동적 생활, 즉 전도, 설교, 자선사업 같은 봉사생활을 하는 것이요, 또 하나는 지극히 고요한 관상생활이다. 프란시스는 틈만 있으면 기도하고 명상에 잠겼다. 아씨시에서 그가 가장 많이 찾아간 기도의 장소는 스바시오 산 계곡에 있는 동굴이었다. 우거진 올리브나무 숲속에 숨겨진 이 동굴은 세상의 잡음이 미치지 못하는 곳이다. 적막한 그 동굴 속에 숨어서 고독과 침묵으로 하나님 안에 깊이 침몰하여 명상과 기도와 관상생활속에 프란시스의 영성은 무르익었다. 그는 날이 가고 달이 가는 줄 모르고 영적 심연에 몸을 담구고 하나님을 불렀다.

동굴의 입구는 도자기 굽는 가마와 같이 생겼다. 도공들은 흙을 빚어 여러 모양의 그릇을 만들어가마 속에 넣고 입구를 봉하고 불을 땐다. 정한 기간 동안 계속 불을 때고 나서 아귀를 다시 열고 구워진 그릇들을 끄집어낼 때는 얼마 전에 넣었던 그릇이 아니라 훌륭한 새 예술품이 되어 나오는 것이다.

성 베네딕트는 스피아코 산 동굴에 3년 동안 엎드려 기도했고, 이냐시오 로욜라는 만렛사 동굴 속에 엎드려 기도했다. 그들이 동굴에서 나올 때는 들어갈 때의 사람이 아니라 전혀 새 사람이 되어 나왔다.

프란시스도 스바시오 산 동굴 속에 들어가 통회의 고뇌, 자기가 가장 큰 죄인임을 느끼는 넘치는 눈물 속에 세월 가는 줄 모르고 엎드려 신을 부르다가 다시 동굴에서 나올 때는 모진 고뇌와 비탄을 거쳐 새 사람이 되어 나왔다.

동굴 속에서 받은 은혜, 특히 그리스도 십자가 보혈의 사랑의 물결이 가슴에 바다의 조수처럼 밀려와서 그리스도 십자가 사랑에 압도되어 미친 사람같이 된 그는 통곡하며 아씨시 거리를 다녔다. 사람들이 이상히 여겨 그 이유를 물으니, 그는 오른손을 높이 쳐들며 "그리스도의 사랑이 나를 못견디게 합니다"라고 대답했다.

프란시스의 기도와 영성의 절정은 말년에 라 베르나 산에서 40일 동안 대재大齋(금식)를 치르며 기도한 일이었다. 베르나 산은 해발 1천 3백 미터나 되는 높은 산이다. 그 산꼭대기에 하늘에서 쏟아 부은 것 같은 집채만한 현무암 무더기가 있다.

사람의 몇 길이나 되는 그 절벽 위 동굴 속에 들어가 프란시스는 심력心力을 다한 기도생활에 들어갔다. 제자들 중에 가장 사랑하는 레오만 시중들게 했다. 레오도 함부로 가까이 오지는 못하게 하고 절벽 맞은편 언덕에 와서 "주여, 저의 입술을 열어 주소서"를 외우면서 자기가 왔다는 신호를 하면, 프란시스가 "그러시오면 저의 입은 당신을 찬미하리이다"라고 대구對句를 해야 레오가 외나무다리를 건너와도 좋다는 신호라고 약속하고 기도했다.

그때 프란시스의 기도 제목은 두 가지였다. 하나는 "당신께서 겪으신 그렇게도 괴롭고 애처로웠던 고난을 저의 영혼 안에와 저의 몸에도 체험하게 해주옵소서"이었으며, 또 한 가지 소원은 "당신께서 우리를 향하여 자신을 희생제물로 삼아 죽으신 그 불타는 충만한 사랑을 저도 당신을 향하여 품을 수 있게 해주시옵소서" 하는 것이었다.

이렇게 40일 기도를 끝맺던 어느 새벽 동틀 무렵 스랍천사가 여섯 개의 날개를 펄럭이면서 가까이 오는 것을 보았다. 여섯 개의 날개 가운데에 십자가 형상이 있었다. 그 순간 프란시스는 벅찬 감격과 아울러 날카로운 통증痛症을 손과 발목에 느꼈다. 어느새 그의 소원대로 두 손과 두 발과 옆구리에 성흔聖痕을 받은 것이다. 그 신비스런 체험은 아픔의 절정이요, 동시에 감격과 영성의 절정이었다. 그 성흔에서 흘러나오는 피는 프란시스가 세상을 떠날 때까지 멎지 않았다. 그것만이 아니었다. 그 후 얼마 안되어 프란시스는 시력을 잃고 소경이 되었다.

하나님은 가장 사랑하는 자에게 희생을 요구하신다. 지상에서 그 어느 성자보다도 위대했던 성 프란시스, 예수를 누구보다도 사랑했던 그에게 주님이 그렇게 엄청난 희생, 고통을 주셨다는 사실은 인간의 상식으로는 이해할 수 없는 일이다. 그것은 곧 그의 순교였다.

기독교인으로서 받을 영성은 하나다. 바울은 "은사는 여러 가지나 성령은 같고 직임은 여러 가지나 주는 같으며 또 역사는 여러 가지나 모든 것을 모든 사람 가운데서 역사하시는 하나님은 같으니…"고전 12:4-6라고 했다. 영성은 한 근원에서 오나 각 사람의 성격, 환경, 사정에 따라 그 발현하는 모양은 다양하다.

프랑스 아르스의 성자 비안네의 영성은 겸손으로 나타났다. 그는 스스로 자기를 "늙은 아담"이라 부르며 자기 몸을 사정없이 쳤다. 성 베네딕트의 영성은 자연과 세상 만사와 육신을 철저히 부정함으로 하나님 속에 침몰하려는 데 있었다. 그러나 프란시스는 자연을 부정하려 하지 않고 대자연을 사랑하고 자연을 통하여 하나님을 경배하고 찬양하였다. 그는 태양을 자매, 달을 누이라고 불렀다.

프란시스 영성의 특징 중 하나는 그가 예수님의 "가난"淸貧을 지극히 사모했다는 점이다. 그는 겸손에 있어서도 누구보다 철저했고, 순결생활에 있어서도 뛰어난 영성을 가졌다. 그중에도 특히 예수님의 "가난"을 찬미하고 사랑했다. 프란시스는 "가난"을 여성화시켜 "가난양"lady poverty이라고 하며, 가난양과 결혼하여 자기 아내는 "귀부인 가난"이라고 했다. 그는 "청빈"을 "성빈"聖貧으로 승화시켰고, 오늘날 프란치스칸들은 성빈을 다시 "신빈"神貧이라 불러 가난을 곧 하나님의 모습이라 보았다.

프란시스 교단 운동은 세상을 버리고 산중에 은둔하지 않고 세상 속으로 침투해 들어가면서 의식주 문제는 빌어먹는 탁발로 해결하였다. 프란시스는 절대로 돈을 만지지 않았고, 자기도 제자들도 학문에 치우치는 것을 배격하였다. 사람에게 지식이 들어가면 종교적 성품의 가장 귀한 천진난만한 순진성을 잃고 영성이 순수해지지 않기 때문이다.

프란시스 제자 중 아씨시 성주의 딸 클라라를 비롯하여 많은 여성들이 끔찍이 그를 사모하고 따랐지만 남녀유별이 철저하고 엄격해서 클라라가 프란시스의 설교를 갈망해도 좀처럼 가 주지 않았다. 정 기다려서 할 수 없이 오랜만에 그녀들의 수녀원에 가는 날이면, 프란시스는 마치 성난 사람처럼 무심한 표정으로 가서 미리 준비해 가지고 간 재를 자기 얼굴에 뿌려 스스로 껌둥이를 만들고 서서 "모든 것은 흙이다. 모든 것은 먼지다. 재다. 나 프란시스도 먼지요, 재다!" 하고는 인사도 받지 않고 가 버렸다.

"가난"으로 표출되는 그의 독특한 영성의 열매는 세세토록 그리스도를 따르는 이들에게 청순한 매력을 주고 있다. 청빈은 프란시스의 독특한 구원의 길임을 알아야 한다. 그것은 완덕完德의 원천이다. 밭에 감추인 보화이다. "완덕"을 사기 위해서는 내 소유를 몽땅 팔아 그 보화를 사야 한다.

기독교 2천 년 역사상 가장 예수 닮은 프란시스! 그의 별명은 "보베리오"貧者이다. 그리스도를 가장 많이 닮은 "아씨시의 가난뱅이"가 받았던 영감, 그의 영성은 신·구교도는 물론이요, 이교도들과 일반 세상 사람들에게도 가장 깊은 감동을 주고 있다.

이렇게 모든 사람에게 사랑을 받고 감화를 끼친 빛나는 생애는 그의 외적外的 삶의 모습보다 그의 영성에서 비롯된 것이다. 프란시스는 스스로 자기를 하나님의 "어릿광대"라고 말했다. 하나님을 위해서라면 무슨 수치스러운 노릇이라도 기쁘게 감행하겠다는 말이다. "하나님의 광대"로 자처하며 현재의 모든 인간적 한계를 무가치한 것으로 박차고 나가 정신적 전도顚倒를 서슴없이 감행하는 그. 이 같은 거룩한 전도에는 비상한 고난이 따를 것이로되 그는 두려워하지 않았다. 프란시스의 일생의 표어는 "Deus meus et omnia"(내 주여 나의 전부여!)였다.

사도 바울은 "우리 주 예수 그리스도의 은혜를 너희가 알거니와 부요하신 이로서 너희를 위하여 가난하게 되심은 그의 가난함으로 말미암아 너희를 부요하게 하려 하심이라"^고후 8:9라고 했다. 그리스도의 사랑은 자기를 철저하게 가난히 함으로 남을 부요하게 하는 자비로 나타나셨다. 지식으로나 물질적 소유로나 권력으로나 내가 부요하여서 남을 부요케 하는 것이 아니다. 내가 철저히 가난해졌을 때, 내가 무소유, 무일물無一物, "제로"零가 되었을 때 비로소 모든 사람에게 풍부히 줄 것이 있다. 바울도 모든 것을 버리고 나설 때 전 세계 모든 사람에게 풍부히 줄 수 있는 참사도가 되었다.

프란시스는 현대 기독교인들에게 이렇게 말한다: "형제들이여, 주님은 작은 목소리로 나를 부르시고 단순과 가난의 길로 나를 인도하셨습니다. 주님은 나를 명하여 세상에서 바보 되기를 바라셨습니다. 하나님이 우리를 인도하고자 바라시는 유일한 길은 이런 종류의 영적 지혜의 길입니다."

사도 바울이 "내가 내 몸에 예수의 흔적을 지니고 있노라"^갈 6:17라고 말한 것같이, 프란시스도 손발과 옆구리에 성흔聖痕을 받았다. 오늘날 우리도 손발 옆구리에 예수의 오상을 받지 않는 한 세계는 우리가 전하는 메시지를 진실한 것으로 받아들여 사용하려 하지 않을 것이다.

종교 신앙은 정열적이어야 한다. 성 프란시스 운동을 일종의 종교적 낭만주의라고 평하기도 한다. 그는 인간들의 평면적이고 낮은 사랑을 승화시켰다. 종교 신앙은 싸늘한 신학 교리로만 믿어 내는 것이 아니다. 하나님을 사랑해야 한다. 열렬히 사모하고 뜨겁게 사랑해야 한다. 프란시스는 우리에게 열렬한 종교적 정열로 예수 믿는 모습을 보여 주었다.

프란시스의 말년은 인간적으로 비참했다. 제자들의 일부는 학자요 지식충이었는데 선생의 정신을 거슬렀다. 프란시스는 후계자 엘리야에게 교단의 지도권을 양도했다. 눈은 소경이 되고, 위는 소화를 시키지 못하고, 밤에는 불면증으로 잠을 자지 못했다. 손발에 받은 성흔의 아픔 때문에 걷기가 매우 고통스러워 나귀를 타지 않으면 안 되었다. 이와 같은 육신적 불행 속에서 그의 영성은 최고도로 무르익었다.

어느 날 클라라와 식탁에 마주 앉았을 때 프란시스는 갑자기 황홀 상태에 빠져 감격하여 "주를 찬송하리로다"Laudato sia lo Signure!라고 부르짖더니, 이어 영감 속에서 그 유명한 『태양의 노래』가 쏟아져 나왔다.

오! 하나님 만물들이 당신께 찬송을 드리나이다.
보시옵소서. 우리 형제 저 우람한 태양의 찬송을…
온누리, 대낮을 주관하는 태양,
우리 하나님이 바로 그를 통해 우리를 비추고 계시는 것
오! 태양은 너무도 눈부셔
얼마나 찬란한 빛을 발하고 있는지요.
지극히 높으신 주여
태양이야말로 바로 당신의 모습이니이다.

성녀 클라라

여성은 위대한 남성을 만날 때 함께 위대해진다. 이탈리아는 성인이 많이 나는 나라인데, 특히 아씨시에서 가장 위대한 성인 프란시스가 나

왔고, 그를 만나 클라라도 대성녀가 되었다.

클라라Clara의 어머니는 아씨시 성주의 아내로서 성 루피노 교회 십자가 앞에서 기도하고 있을 때 "여자여, 두려워 말라. 그대는 온 세상의 빛이 될 자를 낳게 될 것이다"라는 영음을 들었다. 그래서 딸에게 클라라는 이름을 지어 주었다.

클라라는 "빛"이라는 뜻이다. 클라라는 자라면서 어머니가 자주 해 주는 성인들의 이야기를 들으면서 "그렇다. 갈보리 언덕을 오르는 길 외에 다른 속죄의 길은 없다. 그리스도만이 영원한 생명의 빛을 가지고 계신다. 예수님의 고난에 참여하며 주님이 십자가에서 우리를 위한 마지막 기도를 올리시고자 벌리신 두 손에서 흘리신 보혈과 눈물의 무한한 보배를 내 잔에 받는 것이 이제부터 내가 갈망할 유일한 목표요 부동의 결의다"라는 생각을 익혔다. 그녀의 가슴은 그리스도의 속죄애를 사모하여 터질 듯했다.

"그리스도! 그리스도! 그 이외엔 아무것도 없고 그 사랑 이외에는 아무것도 없다. 나도 고난을 겪자. 고생하자! 그리스도께서 연약한 나에게서 주님의 수난의 전율을 보시게 될 만큼 고난을 겪자!"

클라라는 성주의 딸이기 때문에 몸단장에 값비싼 보석을 사느라고 큰돈을 낭비하는 것이 괴로웠다. 그래서 아무리 좋은 옷을 입는 때도 언제나 옷 밑에 고행복을 입었다. 밖으로는 세속 때문에 몸단장을 하면서도 마음에는 예수 그리스도의 고난을 입고 있었다. 집 없고 먹을 것이 없어 방황하는 가난한 사람들이나 나병자들을 보면서 자신은 되도록 검소하고 겸손하려고 애썼다. 가족들과 함께 집에 있을 때에도 하나님에 관한 이야기만 했다.

결혼할 나이가 되어 사방에서 혼담이 들어왔다. 그러나 그녀는 결코 응하지 않았고 도리어 결혼 이야기를 꺼내는 사람에게 세속을 버리라고 권했다.

그 무렵 클라라는 성 프란시스의 소문을 들었다. 그가 재산도 버리고 순례자의 조의粗衣를 입고 겸손과 고행의 새끼줄 띠를 띠고 맨발에 지팡이도 없이, 지난날 프랑스어로 사랑의 노래를 부르고 다니던 그 입으로 이제는 성빈을 노래하며 로마를 향해 갔다는 소문이었다.

1210년 프란시스가 아씨시 산 조르죠 교회에서 사순절 설교를 할 때 클라라는 어머니와 친구들과 함께 설교를 들으러 갔다. 그날 보베리오貧者의 웅변은 타오르는 불길같이 모든 것을 비추고 태웠다. 프란시스는 청빈과 사랑을 실천할 것과 세속의 덧없음을 말했다. 말로만 아니라 그의 눈, 손짓으로 더구나 거친 모직 조의를 몸에 두른 야윈 신체 전체가 그리스도에 대한 쉬지 않고 불타는 것 같은 사랑의 뜨거운 피를 끓게 하고 있었으며, 거의 초인간화되어 보이는 그의 전신으로 설교하고 있었다. 그 모습, 그 설교에 녹지 않을 사람이 있을 수 없었다. 그날 모든 청중은 심혼을 빼앗긴 사람들처럼 듣고 있었다.

얼마 후 클라라는 누구의 알선으로 프란시스를 만났다. 금식과 고행으로 야윈 프란시스 앞에 마주 앉은 클라라는 보석으로 단장한 아씨시에서 으뜸가는 미녀였으나 지극히 겸손하고 신앙에 불타 진리에 목말라 하는 여성이었다.

클라라는 가족들 몰래 성을 빠져나오면서 성문으로 나오지 못하고 죽은 자의 시신을 내보내는 "사자의 문"으로 가출했다. 깊은 밤 모두가 잠들고 개만 깨어 있었으나 짖지 않았다. 그 문 앞에는 통나무로 만든 무거운 틀과 돌기둥이 있었다. 이것은 장정 여럿이라야 겨우 들 수 있었다.

사자의 문을 빠져나온 클라라는 그날 밤으로 "천사의 산타 마리아 성당" 제단 앞에 꿇어앉았고 프란시스는 가위로 그녀의 금발을 잘랐다. 그녀의 머리카락을 자르는 프란시스의 손은 약간 떨렸다. 그 밤 하늘에는 무수한 별들이 처녀 클라라가 쌀자루 같은 프란시스의 수도복을 입고 십자가에 달리신 그리스도와 결혼하는 모양을 비추어 주려고 반짝이고 있었다.

가족들은 딸이 도망친 것을 알았지만 클라라의 순결을 의심하진 않았다. 딸의 정숙함과 성성을 잘 알고 있었기 때문이었다. 가족들은 이 사건이 분명 "아씨시의 미치광이" 프란시스의 농락임을 짐작하고 딸을 찾으러 몰려왔다. 무기를 든 기사들이 클라라가 숨어 있는 산 파울 수도원 대문을 지키고 가족들이 들어가 눈물을 흘리며 집에 돌아가자고 설득했다. 그러나 클라라는 제단 성포聖布에 매달려 완강히 거절했다. 가족들은 강제로 그녀를 끌어내려 했다. 클라라는 순간 머리에 쓰고 있던 검은 베일을 벗었다. 딸이 삭발한 것을 발견한 가족들은 그녀가 대단한 결심을 하고 나선 것을 깨닫고 더 이상 강제하지 않고 돌아갔다.

클라라가 가출한 뒤 16일 후 그녀의 동생 아그네스도 언니를 따라 가출했다. 오랜 후에는 이들의 어머니도 집을 나와 딸 곁에 가서 수녀가 되었다.

그 후에 클라라는 산 다미아노 교회로 옮겨 거기서 세상을 떠나기까지 수도했다. 산 다미아노 교회는 프란시스가 십자가 앞에서 기도하다가 하나님으로부터 소명을 받은 유서 깊은 곳이다. 스바시오 산기슭에 있는 이 교회는 올리브나무 숲에 둘려 움브리아 평야를 내려보는 조용하고 가난한 수도원이다. 클라라는 여기서 40년 이상 살았다. 이것이 프란시스 수도회의 제2회다. 순결한 처녀들이 주께 몸 바쳐 사는 수녀원이다.

그들 수녀들은 기도할 때 이외에는 말을 하지 않았다. 이 규칙은 매우 엄격하여 종과終課부터 새벽 3시까지는 교회에서나 침실에서나 식당에서나 절대 침묵을 지키지 않으면 안 된다. 병실에서만은 예외다. 환자를 간호하며 위로하기 위해서이다. 그러나 그 때도 겸비한 태도를 잃어서는 안 된다. 밖에 나가 걸식 탁발하는 외무 수녀는 수도원 밖에서의 침묵을 제외시켰다.

침묵, 기도, 노동, 종교적 임무가 수녀들의 일과였다. 매일 각 시간마다 종을 쳐서 일과를 알렸다. 하루에 두 번 식당에 모여 프란시스 형제들이 그녀들을 위해 구걸해 온 빵을 나눠 식사를 했다. 때로는 굳어진 빵 찌꺼기도 물과 기름에 녹여 먹었다. 클라라는 다른 수녀들이 식사를 마친 후에 남은 것을 먹었다. 그동안에는 식사 시중을 들었다. 클라라는 자기 육체를 용서하지 않았다. 침상이나 의복에 대해서 검소하고 음식에 대해서도 엄격했다.

수녀들도 남자 수도회와 마찬가지로 지상의 모든 것에 대한 소망을 단념하고 예수님을 따라 무일물이 되고자 했다.

클라라가 성 다미아노 성당을 수도원으로 삼고 수녀들과 같이 금욕 고행할 때 몸은 야위고 얼굴은 창백하고 극도로 피로했다. 어느 날 프란시스를 청해서 말씀을 듣기로 하고 형제들과 자매들이 한자리에 모였다. 프란시스는 빵을 분배하는 대신에 불타는 사랑의 뜨거움에 차서 하나님에 관하여 이야기하였다. 모두 그 말씀에 정신을 빼앗기고 마음의 감동이 지나쳐 몸이 떨리고 있었다. 그들이 이렇게 관상에 잠겨 자기를 잊어버리고 있을 때 벳트나와 아씨시의 주민들은 프란시스와 클라라가 있는 천사의 성 마리아 성당과 그 주위의 숲이 갑자기 불타오르는 것을 보고는 불이 난 줄 알고 불을 끄려고 달려왔다.

클라라는 추운 겨울밤이면 일어나서 수녀들 중에 아직도 고행에 익숙하지 못하기 때문에 추위에 울고, 신체가 얼어 들어 잠을 못 이루는 수녀들에게 자기 이불을 덮어주었다. 그들은 짚과 포도넝쿨로 다져 만든 딱딱한 침대에 눕고, 개울에서 주워온 돌을 베개로 삼았다.

클라라가 병약해지자 프란시스의 명령으로 후에는 등심초로 만든 가마니를 침상으로 삼고 볏짚을 묶어 베개 삼고 쉬었다. 옷에 대해서는 매우 엄격하여 털과 무명을 섞어 짠 의복에 외투 한 벌뿐이었다. 어떤 때는 돼지가죽 털을 안에 넣어 만든 옷이나 말털로 고행복을 만들어 노끈으로 몸에 묶어 그녀의 깨끗한 육체를 괴롭게 했다. 마음은 전혀 하늘에 두고 세상일에 시달리지 않았으나 이 같은 고행복과 금식이 그녀의 불치병의 첫째 원인이었음이 틀림없다.

이 같은 클라라의 제욕, 완전한 자기 포기, 갸냘픈 여자의 육체에 대한 인정사정없는 가책은 프란시스 작은 형제들의 회칙을 따라 제정한 그녀들의 회칙의 근거를 이루고 있다.

대제大齊,(금식)는 구주 강탄의 축일을 제하고는 계속 행하고 침묵과 위벽圍壁은 불가침이다. 또 청빈의 권위를 살리기 위해 모든 소유와 안일함을 무제한 포기하지 않으면 안 된다.

클라라의 유언에는 청빈의 특권을 끝까지 지킬 것을 당부하고 있다.

프란시스 제2회는 엄밀히 필요한 주거 이외에는 아무것도 소유하지 않는다.

기도, 고행, 노동, 침묵, 순결. 이것을 산 다미아노 수도원만큼 엄격히 지킨 데는 없었다. 특히 클라라는 매일 밤 종과를 마치고 나서 오랫동안 염도에 잠기며 눈물을 흘렸고, 밤중에도 자리에서 일어나 무언중에 수녀들의 손을 조용히 잡아 일으켜 염도를 시켰다. 제6시과에는 특별한 열심으로 기도했다. 이 시간은 예수님이 십자가에 달리신 시각이기 때문이다.

클라라의 하루는 열심 있는 염도에 지나지 않는다. 기도실에 겸손히 엎드렸을 때도, 성가대석에 있을 때도, 손수 제단용의 마포를 짤 때도, 병자를 간호할 때도, 프란시스의 명에 겸손히 순종하여 "1온스 반의 빵"을 먹을 때도, 작은 뜰에 꽃을 재배하며 바라볼 때도 그녀는 염도를 계속했다.

한번은 프란시스의 내방과 설교를 청하였는데 수녀원에는 잘 오지 않던 프란시스가 영적 딸들의 간절한 소원에 못 이겨 와서는 아무 말도 없이 제단에 나아가 두 손과 눈을 하늘을 향하고 기도한 후, 재 한 접시를 요청하여 재의 일부분을 손에 잡아 자기 서 있는 돌마루에 큰 원을 그리고, 그 안에 서서 남은 재는 자기 머리에 뿌렸다. 그러고는 큰 소리로 "주여, 크신 자비로써 나를 불쌍히 여기소서"라고 말했다. 클라라는 얼른 그 속뜻을 깨닫고는 힘 있는 소리로 함께 창화했다. 다른 수녀들도 따라서 하나님의 자비를 구했다. 프란시스는 얼마간 기도한 후 클라라에겐 한마디 인사도 없이 떠났다.

클라라는 그 쓸쓸한 작은 교회 어두컴컴한 구석에서 다른 때 보다 더

길게 기도를 계속했다.

　클라라가 쉬는 유일한 기회는 볕이 잘 드는 좁은 마당에서 꽃을 구경하는 때였다. 다른 수녀들이 곁에 오면 "꽃과 푸른 잎에 둘린 아름다운 수목을 볼 때 주님을 찬미하십시오"라고 했다.

　베르나 산에서 성흔을 받은 후 기진맥진한 프란시스는 형제들의 권면에 응하여 클라라의 산 다미아노 수녀원에서 휴양하기로 했다. 클라라는 병중에 있으면서 자기 병을 잊어버리고 수녀원 마당에 암자를 지었다. 그 암자에 가마니를 깔고 십자가를 걸어놓고 목마를 때 마실 물병을 놓고, 9월 밤의 추위를 예방하기 위해 산 다미아노에서 가장 좋은 모포 한 장을 준비했다.

　프란시스는 이 암자에 도착해 누웠다. 야윈 몸, 얼굴은 제단의 초같이 희고, 눈은 빛을 잃고, 거친 수도복은 여행에 때 묻고, 손과 발의 성흔에서는 피가 배어나고 있었다. 클라라는 이 모습 앞에 무릎을 꿇었다. 그리고 프란시스를 위로해 드리려고 여러 가지로 심려했다. 상처를 가리기 위해 고급 옷감을 마련하고 발의 상처를 덮을 가죽 샌들을 만들었다. 그 덕분으로 프란시스는 작은 정원을 걸어다닐 수 있게 됐다.

　클라라는 29년 동안의 병고로 그 아름답고 천사 같은 얼굴은 점점 야위어 가서 젊은 날의 우아하던 육체가 이제는 해골이나 다름없게 되었다. 그보다 더 가련한 것은 클라라의 수도복이었다. 그것은 옷이라기보다는 기워매고 또 기워맨 넝마 조각에 지나지 않았다. 클라라는 입고 있는 고행복 허리를 13개 매듭을 한 새끼줄로 묶고 있었다. 그녀에게 있어서 육체는 죄갚음하기 위한 수단, 영을 정화하는 가혹한 고행의 도구에 불과했다. 그녀는 자기 육체를 학대하는 일로 전 인류의 고통에 참여하려고 한 것이다. 고난의 생애요 끊임없는 봉헌이었다.

자원적인 죄수로 수녀원 깊이 갇혀 살면서도 클라라만큼 많은 영혼을 구원한 이는 없을 것이다. 그녀의 수실에서는 이상한 영적 진동력이 발산했다. 수녀원 안에 숨어 있으면서도 그 성성의 향기는 값비싼 고급 향유처럼 전 세계에 진동했다.

클라라가 죽음을 기다리는 독방에 교황 인노센트 4세가 찾아왔다. 클라라는 교황 앞에 자기 죄를 고백했다. 교황은 탄식하면서 "내가 당신만큼이나 하나님의 용서가 필요 없다면 얼마나 좋겠습니까"라고 하면서 클라라의 겸손한 요구를 받아들여 손을 들어 사유를 축복했다. 성인들의 영적 광명이 그에게 접근하는 사람들을 정화하는 치열한 불길을 교황은 마음에 느꼈다.

클라라의 최후에 임종의 버둥거림 같은 것은 없었다. 의식도 또렷했다. 탈혼 상태에서 곁에서 시중하는 수녀보고 "당신에게도 영광의 왕이 보입니까?"라고 물었다. 천국의 영광을 본 듯했다. 1253년 8월 11일 월요일 클라라는 임종했다. 수녀들은 소리를 참으며 흐느껴 울었다. 형제 안젤로가 위로와 신앙의 말을 조용히 하고, 형제 레오는 클라라의 침대 곁에 꿇어 헌 담요에 입을 맞추었다.

제3부

영성신학

7. 영성신학

영성

인간은 영성과 육성의 복합체이다. 사람을 육신적으로 값을 따진다면 소 한 마리 값만도 못하다. 그러나 인간 존재의 본질을 이루는 것은 육이 아니요 영이다. 그것은 인간 생명의 원동력이요 하나님의 기운이다.

영성, 그것이 인간의 범죄로 거세당하고, 더구나 현대 기계문명 생활의 모순과 비참은 모든 인간이 육의 본능과 욕정에만 살고 영성은 말살당해 하나의 기계 부속품처럼 되어 버리고 인간의 존귀한 생명을 영으로 보지 않고 단지 생물학적 차원에서만 정의하는 사실이다.

인간 생명의 영성적인 면, 즉 마음, 정신, 영혼, 얼, 초자연, 신비, 신령, 거룩, 영원성, 무한성, 존엄성 등은 완전 무시당하고 유린되고 말았다. 오늘 인류 생활의 시급한 문제는 현대 문명 속에서 여지없이 유린된 인간의 영성을 다시 찾는 일이다.

영성이란 말을 히브리어로 "루앗"rûach이라 한다. 헬라어로는 프뉴마 靈; πνευμα 로서 입김, 숨결, 바람이란 뜻이다. 이 말의 개념의 기원은 창세기 1장 26-27절과, 창세기 2장 7절에서 찾을 수 있다.

"하나님이 이르시되 우리의 형상을 따라 우리의 모양대로 우리가 사람을 만들고 그들로 바다의 물고기와 하늘의 새와 가축과 온 땅과 땅에 기는 모든 것을 다스리게 하자 하시고 하나님이 자기 형상 곧 하나님의 형상대로 사람을 창조하시되 남자와 여자를 창조하시고." 창 1:26-27

타락 이전의 하나님의 형상을 닮은 것이 인간성 본래의 참모습이다. 아담의 범죄와 계속된 인간 타락과 죄악으로 영성이 썩어버려 하나님의 형상은 원형을 찾기 어렵고 흔적만 남았다.

"여호와 하나님이 땅의 흙으로 사람을 지으시고 생기를 그 코에 불어넣으시니 사람이 생령이 되니라." 창 2:7

"생기"는 입김, 영기, 숨을 의미하며, "생령"은 산 존재, 산 자者이다. 하나님은 인간을 다른 동물과는 다르게 영이신 하나님의 기운을 불어넣어 영성적인 존재로 지으셨다. 이것이 인간 영성의 근거이다.

영성의 개념은 "영"Spiritus, "정신"pneuma이란 말과 깊은 관계가 있다. "신성한 능력" "초자연적 능력"을 뜻하는 말이요, "성경적 영적 능력"과 일치하는 말이다.

인간은 타 동물처럼 육체와 각혼覺魂만 가진 존재가 아니라, 영혼을 가진 복합체이다. 영에는 악령과 성령뿐만 아니라 인령人靈이 있다. 그 기원은 하나님이 넣어 주신 영이다. 영기靈氣이다. 인간은 하나님을 떠나서는 존재할 수 없기 때문에, 인간의 영성이란 것은 조물주이신 하나님과 관계된 성性이라는 설명에서만이 이해할 수 있다.

진정한 자아

인간의 육체가 진정한 자아가 아니다. 영, 즉 영혼만이 진정한 자아眞我이다. 하나님을 육으로는 섬길 수 없고, 영성으로만 섬길 수 있다. 모든 사람의 영성은 죄악으로 썩어 그 원형을 잃고 겨우 흔적이나 남은 정도인데, 예수를 믿고 성령 안에서 거듭나고 그리스도를 본받아 성화聖化의 은총을 받음으로 잃은 영성을 회복할 수 있다고 했다.

칼빈은 인간에게 있는 하나님의 형상은 원죄로 말미암아 완전히 부패하고 겨우 흔적만이 남아 있다고 말했다. 그러나 어느구석에 하나님의 기운生氣은 숨어 계속 남아 있는 것으로 보고 있다.

예수께서는 "하나님은 영이시니 예배하는 자가 영과 진리로 예배할지니라"요 4:24고 하셨다. 하나님을 참 예배하고 섬기려면 하나님과 동질이 되어야만 가능하다. 육肉의 기능이나 목소리나 제스처로 하나님에게 드리는 예배는 무의미하다. 그러니 참예배자, 참그리스도인은 프뉴마, 영성을 살려야 한다. 육으로는 하나님을 바로 예배하고 섬길 수 없다.

아무리 웅장한 성당에 장엄한 예배 의식, 기도문, 성가가 있어도 예배자의 영성이 살지 못하고서는 신을 섬길 수도, 예배할 수도 없다. 대부분 경우의 예배는 육肉의 예배이다. 영적 예배가 아닌 고로 영의 진동도 없다.

종교생활의 가장 중요한 요소인 예배에 있어서 급선무는 하나님과 동질同質이 되는 일이다. 영靈이시요, 참이신 하나님과 동질이 되는 일이다. "주와 합하는 자는 한 영이니라"고전 6:17. 그리스도 안에 일치하려는 그리스도인은 예수 그리스도와 영적 일체靈的一體의 관계로, 하나의 영靈으로 동질이 된다.

"또 새 영을 너희 속에 두고 새 마음을 너희에게 주되 너희 육신에서 굳은 마음을 제거하고 부드러운 마음을 줄 것이며 또 내 영을 너희 속에 두어 너희로 내 율례를 행하게 하리니 너희가 내 규례를 지켜 행할지라." 겔 36:26-27

"새 영", "새 마음", "내 신" 모두가 영성이다. 하나님을 섬기는 것은 영으로 한다. 세속적이고 속된 것을 물리치고 옷도 거룩하게 입고 깨끗한 마음과 "얼"을 살린 얼사람이 되어야 비로소 영이신 하나님을 바로 섬겨 낸다.

기독교의 영성과 타 종교의 영성

기독교의 영성은 불교나 동양 종교의 영성과는 근본적으로 다르다.

불교에 있어서 모든 존재 실체 는 순전히 환상에 불과하고, 유일한 것은 "공"空, "무"無이다. 그들은 삼법인三法印을 말한다. 모든 것이 무상하며諸行無常, 그 어느 것도 내가 아니어서諸法無我, 고요히 열반적정涅槃寂靜에 머무는 바를 말한다. 영원불변의 실체인 나는 없다.

그러나 기독교의 하나님은 현존하시는 실재요, 피조물도 실재이다. 기독교에서 말하는 부정적인 의미는 불교에서 말하는 "공"空이나 "무"無와는 다르다. 하나님, 절대자에 관한 관념은 무無라든가 공空에 대한 관념과 부합시킬 수 없다.

불교는 자력 종교이나 기독교는 타력 종교이다. 불교에서 실재의 근원이라고 보는 "절대"는 비위격적非位格的이다. 불교에서 찾는 것은 "절대"를 깨닫는 것, 즉 "각覺", "견성見性"이지, 절대에의 협조적 참여가 아니다.

그리스도는 사람이면서 동시에 하나님이시다. 길과 진리와 생명이시며, 동시에 중보자이시다. 기독교에서 근본적으로 찾는 것은 "깨달음"의 심오한 이면에서 이루어지는 "친교", "그리스도와의 만남"이다. 크리스처니즘christiannism은 학설이 아니요 "어떤 분"Someone과의 상봉을 나타낸다.

영성이라 말할 때, 기독교적 영성만으로 규정지을 것이 아니라 여러 가지 형태의 영성이 있을 수 있다. 불교에서는 이를 심성心性이라고 부른다. 가톨릭에서 영성이란 말을 쓸 때는 완덕, 즉 하나님과의 일치를 의미한다. 불교에서 말하는 심성과 기독교의 영성은 같지 않다. 영성의 다양성을 말하게 되면 기독교적 영성의 의미가 잘못 이해될 염려가 있다. 기독교적 영성에도 개신교에서 요즘 수년간 부르짖는 영성은 개념이 아직 모호하다. 잘못된 견해가 많은 것 같다.

영성적 역사에 관해서 어떤 이는 성령께서 기독교인에 국한해 역사하실 뿐만 아니라 모든 나라와 모든 민족, 종교, 예술에도 역사하시는 것으로 생각하기도 한다.

기독교의 영성은 하나

야훼 하나님은 지구와 인간만을 상대로 하는 신이 아니요, 억조 천만의 우주의 별들도 지배하시는 하나님이시다. 초월자이시면서 동시에 내재자內在者이시다. 하나님, 그리스도, 성령 삼위일체는 하나님이시지만 시대에 따라, 민족에 따라, 지방에 따라, 예술과 문화에 따라 영성생활이 나타나는 모양이 다양하다.

기독교의 영성은 하나이다. 그러나 경우에 따라 다양하게 나타난다. 영성생활의 유형도 여러 가지이다. 신학이나 수도회에 따라 다르고, 개인이나 단체 혹은 시대와 장소에 따라 영성의 역사는 다양한 형태로 나타난다.

시대적으로는 고대 영성생활, 중세 영성생활, 근세 영성생활 등 각기의 독특한 생활이 있고, 장소에 따라서는 로마 가톨릭의 영성생활, 그리스 정교회의 영성생활, 프로테스탄트 고유의 영성생활이 모두 다르다. 수도 단체에 따라서도 프란시스회, 도미니크회, 갈멜회 혹은 떼제 공동체 등의 특유한 영성생활이 있다.

한국 개신교회로서도 개신교 특유의 영성생활을 생각해 볼 수 있다. 어떤 이는 한국 개신교회의 영성의 변천을 "순교적 영성", "종말적 영성", "경건과 선교의 영성"으로 구분한다.

객관적 영성과 주관적 영성

종교는 육(肉)의 문제를 다루고 연구하는 것이 아니요 영(靈), 영성 문제를 다루는 것이다. 영성신학을 "객관적 영성"과 "주관적 영성"으로 나누어 설명하기도 한다. 객관적 영성은 하나님은 어떤 분인가 하는 문제로서, 주로 교의학적 문제를 말한다. 하나님의 계시, 삼위일체, 구속사역, 그리스도론, 교회, 말씀, 성례 등을 신앙 안에서 다루어 나가는 것이다.

주관적 영성은 존재와 삶을 통해 신앙 안에서 키워 나가는 영성이다. 육과 본능적 욕정을 치고 억제하며 영성을 더욱더 살리고 배양하여 하나님의 신비에 관한 인간의 응답과 수락을 다룬다. 육은 선도 아니요 악도 아니다. 영성생활하면서 육도 성화시켜야 한다.

12세기부터 13세기까지는 객관적인 영성이 강조되었고, 13세기 이후에 객관적 영성은 교의신학으로 발전되었다. 그러다가 객관적 영성은 계시론, 기독론, 신론 등의 교의신학으로 분리되고, 주관적인 영성만이 남게 되었다. 그래서 주관적 영성은 인간이 하나님의 계시를 받아들이고 올바른 신앙생활을 하기 위해서는 어떤 윤리적 덕을 닦아야 하는가를 여러 가지 자료로 연구하고 다룬다.

영성신학은 신앙인들의 초자연적 생명이 하나님과 일치할 수 있는 원리 원칙과 방향을 제시해 주는 학문이다. 영성생활을 힘쓰는 목표는 하나님의 영광과 인간의 구원 영광의 삶, 그리고 성화생활이며, 영성생활의 완성과 완덕, 즉 그리스도를 본받는 것에 있다.

영성신학이 정리된 신학의 한 부문으로 대두된 것은 18세기에 이르러서야 된 일이지만, 그러기까지는 그동안 여러 가지 명칭으로 불리고 각각 부분적 방면으로 연구되어 왔다. 영성생활, 신심생활, 초자연생활, 내적 생활, 신비적 수련, 완덕신학修德神學 등. 그중에서도 일반적으로 많이 연구되어 온 항목은 수덕신학과 신비신학의 두 부분이었다. 그것은 영혼의 본성과 내적 생활과 관계된 것이다. 오늘에 와서는 이 두 가지 부분을 합쳐서 영성신학이라 한다.

수덕신학은 그리스도인의 생활의 완성을 목적하는 윤리신학이다. 신비신학에서 신비라는 용어 미스테리온mysterion은 관상이라는 뜻과 동일시된다. 예수 그리스도는 우리 인간의 신비로운 진화, 성장, 발전의 기초이시다. 신자의 회개에서 시작해서 신비생활의 전반적인 체험에 이르는 영적 생활에 관한 신학을 총망라한다.

신비신학은 기독교인 생활의 신비적인 면, 신령 면을 다루는 것이다. 그중 주요한 것은 영성생활의 일부인 주부적 관상생활에 관한 이론과 실천을 다룬다. 그리스도인 영혼이 하나님과 일치해 가는 모습을 다루는 신학이다. 우리의 삶 자체가 하나님의 은혜인데 그 은총의 역사 아래서 우리 영혼이 수동적으로 하나님과 일치를 이루고 초자연적 변모가 실현되는 삶을 연구한다. 예수께서는 "그러므로 하늘에 계신 너희 아버지의 온전하심과 같이 너희도 온전하라"마 5:48고 하셨다. 완덕과 생활의 성화를 요구하셨다.

수덕신학은 그리스도인의 인격 완성, 완덕이 무엇인지 이해하고 실현시킴으로 우리를 실천적 삶 안에 추구하게 하려는 것이다. 신앙적이고 인격적인 수련과 개인적 노력, 정진에 의해 예수 그리스도와 성인들이 살았던 사상, 충고, 모범에 우리의 영적 삶의 모습이 일치하도록 애쓰고 완덕을 추구해 나가는 적극적 삶이다.

모든 그리스도인은 인격 완성, 사랑의 완덕, 성화 완성을 실현하도록 부르심을 입은 사람들이다. 신·구교 종파의 구별이나 각사람의 생활 양식과 직책이 서로 다르긴 하지만, 누구나 그리스도인으로 닦는 거룩한 덕은 동일한 것이다. 기독교인의 완덕과 인격 완성은 수덕생활과 신비의 단계를 포함하는 것이지만, 완덕에 이르는 길은 하나이다.

사도 바울은 "형제들아 나는 아직 내가 잡은 줄로 여기지 아니하고 오직 한 일 즉 뒤에 있는 것은 잊어버리고 앞에 있는 것을 잡으려고… 달려가노라"빌 3:13-14고 했다.

참그리스도인의 삶은 이미 완성된 것이 아니라 완성을 향해 나가는 과정에 있다. 구원 완성을 이루어 가는 과정은 의화義化, 성화聖化, 영화

榮化, 신화神化로 되어 있다.

우리의 구원의 완성은 장구한 세월을 걸쳐 완성되어 가는 것이다. 이미 구원이 완성된 우리들이 아니다. 신앙인은 완전한 사람이 아니라 완성을 향해 나아가는 과정에 있는 사람이다. 그런고로 매일매일 계속 정진해야 한다.

바울은 이신칭의以信稱義의 교리를 말하면서 계속 그리스도인의 정진을 강조했다. 예수께서는 "그러므로 하늘에 계신 너희 아버지의 온전하심과 같이 너희도 온전하라"마 5:48 하셨다.

누구나 이 세상에서는 아직 완전하지 못하다. 그러나 참그리스도인이 하나님 앞에서 완전하게 되는 것만을 추구하는 갈망에서 완덕과 성화 완성을 지향하면서 매일 정진해 나가는 것이 영성생활이다.

완덕이라 말할 때는 그리스도인으로서 향주덕向主德인 믿음信, 소망望, 사랑愛에 기초한 계명을 준수하고 성령의 윤리적인 권고의 말씀대로 실천하여 사는 일이다. 완덕은 본질적으로 계명으로 이루어져 있지만 복음적 권고를 실천하는 일이 보조적으로 필요하다. 그것은 예수 그리스도의 교훈 바로 그 정신이며, 바로 그 얼이다.

마태복음 19장 16-21절에 영생을 얻으려 갈망하는 부자 청년에게 처음 가르치신 말씀은 "계명을 지키라"는 명령이었고, 청년이 다시 물을 때는 "네가 온전하고자 할진대 가서 네 소유를 팔아 가난한 자들에게 주라…그리고 와서 나를 따르라"고 하셨다.

완덕은 사랑이다

계명은 명령이고, 사랑을 위해 소유를 팔라는 것은 권고이다. 완덕의 체질은 사랑이다. 하나님에 대한 최대의 사랑이다. 거기서부터 이웃에 대한 사랑이 나온다.

에베소서 4장 15절에 "오직 사랑 안에서 참된 것을 하여 범사에 그에게까지 자랄지라 그는 머리니 곧 그리스도라"고 했다. 성숙한 그리스도인으로는 내가 믿고 구원 얻고 사랑하는 그리스도의 완전성에 도달하려고 노력하는 일이 지당하다.

> "우리가 다 하나님의 아들을 믿는 것과 아는 일에 하나가 되어 온전한 사람을 이루어 그리스도의 장성한 분량이 충만한 데까지 이르리니" 엡 4:13

이 세상에서 "다 되었다"고 생각하지 말고, 완덕을 향해 줄기차게 전진해야 한다. 하나님이 인간에게 요구하시는 완전은 인간의 완전무결을 추구하기보다 하나님의 사랑을 받고 그것을 전파하는 일이다.

아퀴나스는 완덕의 표준을 사랑에 두어 정의하고, 구원의 완성을 위한 계명을 준수하기를 강조했다. 우리가 영성생활에 힘쓰는 하나의 목표는 하나님의 영광과 천국의 지극한 복락을 바라보는 데 있지만, 또 하나의 목표는 자신의 성화에 있다. 성화의 완성이 구원의 완성이다. 성화는 모든 그리스도인이 성경의 가르침에 따라 영성생활의 완성을 위해 노력해야 함을 뜻한다.

동식물의 세계나 인간의 자연적 상태는 최초의 상태에서 점차 발달하면서 완성되어 가는 것이 원칙이다. 그러나 자연계에 있어서 성장이 본능적으로 무의식 중에 행해지는 것과는 달리, 초자연적 생명의 완성은 성총에 대한 인간의 협력 정도에 따라서 행해진다. 인간 이성 활동의 인도를 받으면서 그리스도인은 매일 그리스도적 생명의 완성을 위해 노력해야 할 사명을 받고 있기 때문에 최대한 호응해야 한다.

성화와 완덕을 위해 전혀 노력하지 않으면 악마의 교묘한 계교에 빠진다. 영성생활을 하면서 어느 정도 완성했는지 또는 그 성덕聖德의 정도는 우리 그리스도인이 각자 깨어 하나님의 성성聖性과 완전성에 참여하고자 정진하는 정도와 참여하는 정도에 따라 차이가 있다.

예수 그리스도는 하나님의 오묘이시다. 종교의 성직자는 그리스도의 신비를 읽고 자기도 그리스도를 닮고 가르치고 실천하면서 자기의 연약함을 알고, 기도생활 속에서 그리스도의 능력을 얻어 성무활동聖務生活을 해야 한다.

영성수련

누가 설명하기를 영성수련은 사람의 "마음의 껍질"을 벗기는 작업이라 했다. 사람의 마음은 껍질로 덮여 있기 때문이다. 악한 껍질 때문에 영성이 흐려진다.

불교에서는 영성을 심성이라고 하며, 마음의 모든 미혹과 망상을 지우고 깨달음을 얻으려는 것이 견성見性이다. 마음의 껍질을 벗기고 마음의 눈을 열면 잠에서 깨어나고 마음의 핵심에 들어갈 수 있으며, 그 때 본래 나 자신의 참모습을 볼 수 있다는 것이다.

기독교적 영성은 계시된 진리인 하나님의 말씀을 믿고 그 신앙심에서 정진하는 기도와 행동에서 표현되고 발전한다. 기독교의 영성은 깨달음보다 이미 계시된 하나님을 향하여 하나님과 일치하려고 한다. 이것은 말씀의 계시에 대한 인간의 주관적 표현이요 적응인데, 이것이 "그리스도 안에서 인간이 하나님과 만나고 함께 사는 일"이다.

수도원과 수도생활은 영성 회복을 위해 가장 효과적인 길이다. 수도 정진의 방법은 영성적 노력인데, 금욕 고행, 고독, 침묵, 관상기도를 통한 내적 탐구와 하나님 성품에 참여하는 영적 일치를 목표한 생활이다.

그리스도인은 개인적으로 기독교적 인격 완성, 성화, 사랑의 완덕을 실현하기 위해 부르심을 받은 자이다. 기독교인으로서 이탈수행離脫修行하여 세상, 탐욕, 애욕, 속정을 끊고, 그때그때의 유행신학을 따른다든지 교의학이나 학문, 지식에 편중하고 정치, 사회, 민중 운동에 나서는 일보다 영성 회복에 더 관심을 두고 개인적 인격 완성, 수도 정진, 완덕, 회개, 성화생활에 주력하는 것이 더 중요하다. 그것이 영성을 살리는 길이다.

요사이 교회 운동에서 흔히 하는 것과 같이 교회의 부흥과 외면적인 발전을 바라고 벌이는 것이 영성운동이 아니다. 개인적으로 완덕에 도달하기 위해 정진 수도하며, 그리스도의 발자취를 따르며, 그리스도의 모습을 따르며, 철저한 고독과 침묵에 잠겨 묵상기도하면서 내면화에 주력하는 것이 영성운동이다.

"그의 신기한 능력으로 생명과 경건에 속한 모든 것을 우리에게 주셨으니 이는 자기의 영광과 덕으로써 우리를 부르신 이를 앎으로 말미암음이라"

"이로써 그 보배롭고 지극히 큰 약속을 우리에게 주사 이 약속으로 말미암아 너희가 정욕 때문에 세상에서 썩어질 것을 피하여 신성한 성품에 참여하는 자가 되게 하려 하셨느니라." 벧후 1:3,4

여기서 "생명"이란 우리가 그리스도 안에서 받은 새 생명을 말한다. 그리고 "경건"이란 우리가 받은 새 생명이 경건생활 속에서만 잘 유지되어 가는 것을 말한다. 영성을 살리는 생활을 하려면 무엇보다 경건이 필요하다. 바울은 디모데에게 "오직 경건에 이르기를 연습하라"딤전 4:7-8 고 했다.

예수 그리스도를 통해 받은 초자연적 새 생명은 하나님의 은혜로 주신 것이지만, 다른 모든 생명 현상과 마찬가지로 생명을 잘 살려 가려면 보살핌과 배양이 필요하다. 인간의 노력과 협력이 필요하다. 조심스레 배양하는 데서 생명은 무성히 성장할 수 있다.

영성생활의 목적은 완덕이다

영성은 내버려두고 보살펴 주지 않는데도 저절로 잘 유지되어 가는 것이 아니다. 영성은 땅에 묻어 간직되는 보화가 아니다. 인간의 협조와 노력이 있어야 활발히 성장한다. 자기의 영성은 자기가 애써서 배양해야 한다.

인간은 하나님이 흙으로 빚어 육체를 만드시고 그 코에 하나님의 입김(기운)을 불어넣어 만드신 존재, 하나님의 형상대로 지음을 받은 생령生靈이다. 사람은 영과 육의 복합체이지만 육은 그릇이요, 영성이 주체이다. 인간에게 있어서, 더구나 신앙인에게 영성은 존재의 본질을 이루는 생명의 원동력이다. 영성생활을 하려면 주어진 영성을 개발하면서 살아야 한다. 그것이 오늘의 영성신학이 목적하는 바이다. 주어진 영성을 개발하고 성장시키지 않으면 미개인이요 짐승이다.

그리스도 안에 얻은 초자연적 생명을 발달시키고 완전하게 하는 것이 영성신학의 유일한 목적이다. 영성생활의 최종 목표는 하나님과의 일치에 이르는 일인데, 하나님과의 일치와 완덕의 정도는 우리가 하나님의 은총을 입고 있는 정도에 의존한다.

이 세상에서 우리가 얻을 수 있는 것은 상대적 혹은 조건적인 완덕에 지나지 않는다. 그러나 부단한 노력으로 하나님과의 일치에 더욱 접근함으로써 영원의 직관 상태의 준비가 된다. 영성신학은 이 같은 상대적 완덕에 관해 설명한다. 이 세상에 있는 동안 성화 완성, 완덕에 도달하는 일은 불가능하다. 천국에 가서 하나님의 은총을 완전히 입을 때에야 비로소 그리스도인의 생명은 최후 절정에 도달할 수 있을 것이다.

"사랑하는 자들아 우리가 지금은 하나님의 자녀라 장래에 어떻게 될지는 아직 나타나지 아니하였으나 그가 나타나시면 우리가 그와 같을 줄을 아는 것은 그의 참모습 그대로 볼 것이기 때문이니." 요일 3:2

"그러므로 하늘에 계신 너희 아버지의 온전하심과 같이 너희도 온전하라." 마 5:48

"하나님의 뜻은 이것이니 너희의 거룩함이라 곧 음란을 버리고." 살전 4:3

"그러면 어떠하냐 우리는 나으냐 결코 아니라 유대인이나 헬라인이나 다 죄 아래에 있다고 우리가 이미 선언하였느니라."롬 3:9

"오직 주 예수 그리스도로 옷 입고 정욕을 위하여 육신의 일을 도모하지 말라."롬 13:14

그리스도인의 영성생활에 있어서 예수 그리스도는 우리가 본받을 성덕의 모범이시며 동인動因이시다.

"하나님이 미리 아신 자들을 또한 그 아들의 형상을 본받게 하기 위하여 미리 정하셨으니 이는 그로 많은 형제 중에서 맏아들이 되게 하려 하심이니라."롬 8:29

하나님의 구원의 원대한 계획은 선택된 신도들이 장차 당신의 독생성자 예수 그리스도의 형상을 닮도록 예정하셨다. 그러므로 우리가 예수를 본받고 예수같이 되는 것이 구원의 완성이요, 그리스도와 일치하는 것이 기독교 계시의 중심 교리이다. 우리는 예수 그리스도께서 보이신 모범을 본받을수록 완전해진다.

영성신학은 완덕을 지향하는 것이요, 영성생활의 목적은 완덕이다. 우리가 예수 그리스도와 합치하는 일이 성화의 기초이며, 영성생활의 본질이다.

어거스틴은 "하나님! 당신은 우리에게 당신을 사랑할 은총을 주시나이다. 또한 우리가 당신을 사랑할 때 하나님 당신은 우리가 당신을 더욱 사랑할 은총을 주시나이다"라고 말했다.

구원은 그리스도의 형상을 닮는 것이다

우리는 한편으로는 육을 절제하고 치면서 사랑에서 사랑으로, 거기서 더 큰 사랑으로, 그리고 더 세찬 사랑으로 성장해야 한다. 이것이 성화의 성장이다.

우리 자신의 인간성, 품성, 인격에는 아무런 변화가 없이 단지 하나님과 예수 그리스도의 외타적外他的 원조만 얻는 구원이라면 반가울 것이 없다. 우리의 영성에 아무런 변화를 주지 못하는 구원은 구원이라고 할 수 없다. 우리의 구원은 예수 그리스도의 형상이 되는 데 있다. 그리스도와 하나님은 우리 안에, 우리는 하나님 안에 합치하는 것이다.

완덕, 즉 인격 완성을 얻으려 열망하는 이는 예수 그리스도의 신비를 더욱 깊이 이해하려고 최선의 노력을 해야 한다.

> "성령이 친히 우리의 영과 더불어 우리가 하나님의 자녀인 것을 증언하시나니 자녀이면 또한 상속자 곧 하나님의 상속자요 그리스도와 함께 한 상속자니 우리가 그와 함께 영광을 받기 위하여 고난도 함께 받아야 할 것이니라." 롬 8:16-17

인간에 대한 하나님의 사랑은 인간이 예수를 믿어 구원을 얻고 인격 완성과 완덕을 이루어 그리스도의 형상을 본받게 하고, 장차는 인간이 하나님의 본성에 형상적으로 참예케 하고, 인간을 신화神化화하는 데 있다.

> "이로써 그 보배롭고 지극히 큰 약속을 우리에게 주사 이 약속으로 말미암아 너희가 정욕 때문에 세상에서 썩어질 것을 피하여 신성한

성품에 참여하는 자가 되게 하려 하셨느니라."벤후 1:4

예수 믿는 목적은 영성을 회복하여 성화되고 성성聖性을 이루며, 예수의 모습이 되는 데 있다. 하나님의 아들이신 그리스도의 형상을 받아 우리 자신도 외면적인 유사성뿐만 아니라 내적 유사성을 나타내야 한다. 궁극적으로 하나님의 아들의 신성神聖 가족으로서의 형상을 닮게 될 때까지 우리 안에서의 점진적인 변화를 나타낸다. 기독교 구원의 내용과 절정을 깨닫는 것은 실로 영광스러운 섭리이다.

하나님은 구원 얻는 자로 하여금 아들 예수 그리스도의 형상을 닮게 예정하시고, 그대로 실현하신다. 장차 우리는 예수와 같이 된다. 현세에서는 예수처럼 걷는 자가 되게 하시고, 오는 세상에 부활의 그리스도와 같은 영광 속에 들어가게 하신다.

"그는 만물을 자기에게 복종하게 하실 수 있는 자의 역사로 우리의 낮은 몸을 자기 영광의 몸의 형체와 같이 변하게 하시리라."빌 3:21

이것은 종으로서의 부르심이 아니라 아들로서의 부르심이다. 성 레오는 말하기를 "그리스도인이여! 그대는 하나님의 본성에 참여한 자로서의 그 품위를 깨닫고 천하던 옛날의 상태로 되돌아가고자 하지 말라"고 했다.

연못 속에 사는 장구벌레는 물 밑에서 살다가 물가 풀잎에 기어 올라가 얼마 동안 지낸다. 거기서 꼼짝하지 않고 붙어 있다가 때가 차면 껍데기를 벗어버리고 잠자리가 되어 푸른 하늘을 날아다닌다.

"생각하건대 현재의 고난은 장차 우리에게 나타날 영광과 비교할 수

없도다."롬 8:18

"우리가 다 수건을 벗은 얼굴로 거울을 보는 것 같이 주의 영광을 보매 그와 같은 형상으로 변화하여 영광에서 영광에 이르니 곧 주의 영으로 말미암음이니라."고후 3:18

영성 회복은 인간의 본질로의 회복

영성 회복이나 영성생활을 말하는 것은 성령충만이나 초자연적인 영을 얻는 일을 강조하는 말이 아니다. 인간의 본질적인 변화를 말한다.

인간은 천지창조의 태초부터 영성을 타고난 영성적 존재이다. 인간이 본래 구비하고 태어난 영성, 그것을 자영自靈 또는 인영人靈이라고도 부른다. 오늘날 기계 문명 속에서 세상과 육의 정욕에 깔리고 눌리고 유린되어 질식된 이 영성을 회생시키자는 것이다. 영성을 살려 가는 데 끊임없이 장애가 되고 지장을 주는 것은 마귀와 세상과 육신이다. 영성을 충실하게 하여 영적 사람이 되어 살자는 것이다.

"육으로 난 것은 육이요 성령으로 난 것은 영이니."요 3:6

영과 대립되는 것은 물질이나 세상이 아니라 육이다. 영성에 대립되는 것은 육성肉性, 즉 정욕이다. 세상이 원수라고 할 때도 그렇다. 세상은 육肉의 오물 구덩이다.

"육신을 따르는 자는 육신의 일을, 영을 따르는 자는 영의 일을 생각하나니 육신의 생각은 사망이요 영의 생각은 생명과 평안이니라 육신의 생각은 하나님과 원수가 되나니 이는 하나님의 법에 굴복하지 아니할 뿐 아니라 할 수도 없음이라 육신에 있는 자들은 하나님을 기쁘시게 할 수 없느니라 만일 너희 속에 하나님의 영이 거하시면 너희가 육신에 있지 아니하고 영에 있나니 누구든지 그리스도의 영이 없으면 그리스도의 사람이 아니라."롬 8:5-9

"너희가 육신대로 살면 반드시 죽을 것이로되 영으로써 몸의 행실을 죽이면 살리니 무릇 하나님의 영으로 인도함을 받는 사람은 곧 하나님의 아들이라."롬 8:13-14

"내가 이르노니 너희는 성령을 따라 행하라 그리하면 육체의 욕심을 이루지 아니하리라 육체의 소욕은 성령을 거스르고 성령은 육체를 거스르나니 이 둘이 서로 대적함으로 너희가 원하는 것을 하지 못하게 하려 함이니라."갈 5:16-17

"이 세상이나 세상에 있는 것들을 사랑하지 말라 누구든지 세상을 사랑하면 아버지의 사랑이 그 안에 있지 아니하니."요일 2:15

우리가 예수를 믿어 의롭다 함을 얻고 성령 안에서 성화되어 가면서 육의 욕정을 이기고, 세상의 유혹도 이기며, 참영성 회복이 가능하다. 예수 믿고 성화생활을 하면서 예수의 성심을 품게 되며 영성 회복이 가능하다.

우리의 영성에 도움이 되는 방법들을 살펴보자.

① 하나님의 현존 수업: 하나님의 현존은 다섯 가지의 형태가 있다. 무소부재無所不在, 임재내주臨在內住, 성사적聖事的 현존, 위격적 또는 실제적 현존, 그리스도의 인성이 말씀의 위격 안에 존재함, 즉

현현顯見 에 의한 현존 등이다.
② 양심의 성찰省察
③ 완덕에 대한 갈망
④ 하나님 뜻에 순종
⑤ 은총에 대한 충실성
⑥ 생활 계획: 심신 수련의 시간표
⑦ 영적 독서: 기도의 실천과 영성 교리 지식 습득에 효과가 있다.
⑧ 거룩한 우정: 관능적 사랑은 참된 우정이 아니다.
⑨ 영성 지도: 영성을 점차적으로 이끌어 가는 기술
⑩ 영성 표현은 구체적으로 기도, 실천생활, 속죄, 선교, 관상, 활동 전례적 개인적 운동이다.

성직자의 생활

"이는 힘으로 되지 아니하며 능력으로 되지 아니하고 오직 나의 영으로 되느니라."슥 4:6

인간적인 권세와 능력을 장담하고 다니지 말라.

"하나님이 한두 번 하신 말씀을 내가 들었나니 권능은 하나님께 속하였다 하셨도다."시 62:11

종교가, 성직자는 영성생활에만 전념해야 한다. 목회고 기독교 무슨 운동이고 밤낮 모여 앉아 회의나 하며 인간의 머리를 맞대고 계획하고 묘안을 짜내노라 하지 말라. 목회도 설교도 밤낮 책과 지식에 치중하는 일도 영성에 도움이 되지 못한다. 넓게 돌아다니지 말고 깊이 파고들라. 하나님과만 정당한 관계를 맺으라. 그럼 모든 일이 정당하게 된다.

　신학교에서 영성인이나 성자가 나오지 못한다. 서재에 있는 만 권의 책 틈에서 영성의 거룩함이 나오지 않는다. 목사, 목회자 중에 성자는 나오지 않는다. 권능은 하나님에게 속한 것인데, 너무 인간적인 것에만 의존하기 때문이다.

　성 베네딕트는 청년 시절에 공부하러 로마에 갔다가 집어치우고 스피아코 산 동굴 속에서 3년이나 기도하던 사람이다. 그의 영적 감화는 유럽 전체를 휩쓸어 버렸다. 그를 유럽의 아버지라고 부른다. 그의 영성의 영향력을 말해준다.

8. 영성 발전

육체의 연습

"육체의 연단은 약간의 유익이 있으나 경건은 범사에 유익하니 금생과 내생에 약속이 있느니라." 딤전 4:8

"육체의 연습"은 금욕적인 생활을 의미한다. "연습"이라는 말은 훈련, 수행, 운동, 연단, 수도의 뜻이다. "약간"을 야고보서 4장 14절에서는 "잠깐"이라는 시간적인 의미로 사용하기도 했다. 약간이라고 말하는 것은 경건훈련에 있어서 절대적인 유익과 비교하기 위한 상대적인 표현이지, 육체적인 연습이 필요 없다는 뜻은 아니다. 육체의 훈련도 놀라운 효과가 있다. 모든 생명체와 정신 능력은 계속 가꾸고 배양하고 훈련해야 발전한다. 육체의 기능은 훈련과 연단을 할수록 민활하게 발전한다. 성직자에게도 육체의 연습이 긴요하다.

인간 정신의 훈련도 놀라울 정도이다. 인간의 뇌세포는 1백 50억 개나 되는데 매일 10만 개씩 죽어간다고 한다. 육체는 기계와 같아서 계속 사용할수록 발달하는 것이다. 오른쪽 팔을 계속 사용하니 오른쪽 팔이 발달하는 것과 같다. 노인이 되면 기억력이 감퇴해 가고 잘 잊어버린다. 이는 뇌세포를 쓰지 않아 죽어가기 때문이다. 늙을수록 머리를 쓰고 책을 읽고 사색하면서 뇌세포를 활동시켜야 한다.

경건 훈련의 유익은 놀랍다. 이 세상 생활과 오는 세상에서의 생활에 관해 희망이 넘치는 약속을 확보할 수 있다. "경건"이란 성경의 가르침을 착실히 순종하며, 하나님을 섬기며 속념을 끊고 오로지 하나님의 뜻에만 순종해 사는 것이다. 하나님에 대해 엄숙하고 성실하게 사는 사람은 이웃 사람들에 대해서도 엄숙하고 성실한 자이다. "경건"이라는 말은 예수 그리스도께 대해 돈독한 신앙과 형제들에 대해 사랑이 넘치는 생활이니, 신앙과 도덕의 아름다운 내면적 조화를 말한다.

기독교인은 성경만 읽고 기도만 하면 다 되는 것이 아니라 육체적인 연습, 정신력의 수련, 도덕적 수행, 수도적 생활을 통해 영성훈련이 겸전해야 한다.

영성 발전의 단계

옛날부터 영성 발전의 문제를 연구하는 이들은 그리스도인의 영성이 세 단계를 거쳐 발전해 간다고 가르쳤다.

① 정화의 단계: 그동안 예수를 믿는다면서도 세속 교인으로 형편이 닿는 대로, 되는 대로 살던 죄에서 정화되어 같은 실수를 되풀이하지 않도록 심신을 강화하고 정화한다.

② 조명의 단계: 예수 그리스도는 믿음의 대상일 뿐만 아니라 본받을 모본이다. 예수를 믿을 뿐만 아니라 그리스도 예수를 옷 입고 그리

스도의 얼을 받아 그 조명 밑에서 그리스도처럼 생각하고 행동하는 일이다.
③ 일치의 단계: 우리 구원 목표의 절정은 이신득의 칭의로 다 되고 끝나는 것이 아니다. 어느 때 어느 곳에서나 하나님을 찾고 하나님의 현존을 생생하게 의식하며 주님과 일치하는 행복을 느끼는 것이다.

영성 발전의 감격

영성을 더욱 발전시켜라. 세상과 소유욕에서 이탈 수행하면서 육의 욕정을 절제하라. 영성이 매우 발전한 이는 성흔을 받기도 하고, 몸이 부양浮揚하기도 하고, 영음을 듣기도 하고, 영감 있는 설교를 해내기도 한다.

에녹은 3백 년 동안 하나님과 동행하다가 죽지 않고 승천했다. 모세의 영성은 얼굴까지 빛이 나서 수건을 쓰고 백성을 대했다. 엘리야는 동굴에서 기도하다가 영감이 물결같이 밀려오면 예루살렘의 성전 기둥에 기대고 서서 예언하면서 울었다. 사도 바울의 영성은 기도하다가 셋째 하늘까지 들려 올라가 신비한 영의 말씀을 들었다. 프란시스는 새들에게도 설교하고, 아빌라의 테레사는 몸이 허공에 떠오르고 그녀의 죽은 시신과 무덤에서도 계속 향기가 진동했다. 분도 라브르는 어두운 밤에도 기도하는 몸에서 빛이 나고, 아르스의 성자 비안네는 사랑의 설교를 할 때 몸이 강대 위로 떠오르고 변화산의 주님처럼 형상이 변하고 머리에는 후광이 빛났다.

한국인들이 자랑하는 방언, 예언기도, 입신 등의 내용과 수준은 참으로 유치한 것에 불과하다. 교회에 모여 야단법석을 떨고 무속적인 예배만 반복하면 영성이 사는 것이 아니다. 예배 교인의 영성은 사는 것이 아니다. 한국 교인들은 성경공부를 많이 하는데, 성경을 암송하고 통독을 한다고 영성이 사는 것이 아니다. 신학 공부를 하고 교리를 배운다고 영성이 사는 것도 아니다. 그것은 모두 다 지식에 속한 문제이다. 지식은 머리에 들어가는 것이다. 머리에 들어가는 것은 "의문"義文이다. "의문은 죽이는 것이요 영은 살리는 것"이다.

교회에서 성경암송대회를 할 때마다 일등을 하던 권사가 있었다. 예수 잘 믿어서가 아니라 총명이 있어서 그랬다. 그런데 교회 젊은이들이 지은 그 권사의 별명은 마귀였다. 가룟 유다는 예수님 곁에서 3년을 지내면서도 마귀였다.

그리스도는 영이시므로 그리스도인도 영성을 살려야 한다. 그래야 하나님과 동질이 될 수 있다.

우주는 영의 세계

우주는 물질의 세계가 아니라 영의 세계요, 영이 살아 진동하고 있는 우주이다. 만물의 기본 단위는 영자靈子요, 영은 비물질이기 때문에 하나의 순수한 파동이요 진동이다. 우리가 영성을 최대한 살리면 기도와 예배는 즉시 신의 응답을 받을 수 있다는 이론이다. 그러기 위해 종교의 용어인 하나님, 사랑 등을 영성을 진동시켜 불러야 한다.

우리가 세속에서 이탈하고 육의 욕정을 가라앉히고 영성을 배양하면,

우리의 순수한 염원은 영파念波를 이루어 일종의 인간념人間念의 에너지, 전자파 진동이 되어 신의 영과 동질이 되고, 우주 선율에 조화를 이루게 된다.

종교인이 가장 경건하게 부르는 종교적 용어는 마음의 염파가 되어 최대한 영을 진동시켜야 한다. 하나님이란 성호聖號를 영성을 최대한 살려 진동시켜 부르는 사람은 일초에 1조 8천억 주기로 진동시킬 수 있다고 한다. 그때 우리는 완전히 영이신 하나님과 동질이 된다고 한다.

말이나 노래가 순수하고 신령할 때, 거기에는 신비한 메아리 같이 진동하는 언령言靈이 따른다. 언령은 대 우주에 연결되고 실상계, 영의 세계, 신의 세계의 선율에 조화되고 공명한다. 영성이 순수해지면 영음을 느끼고 영음을 듣는다.

오늘 과학은 인체 주위에 영의 두루마기가 있는 것을 발견하고 천연색 사진을 찍었다. 그것을 오라靈衣라고 부른다. 옛 성인들은 그것을 볼 수 있었다. 각 사람마다 건강 상태, 마음 상태, 심성 상태에 따라 오라의 색이 달라진다. 성인들, 영적 수준이 높은 자들의 오라는 밝은 무지개색이라고 한다. 경건한 종교인의 오라는 자색이나 황금색이다. 혈기, 분노하는 사람의 오라는 적색이요, 위선자의 것은 어두운 붉은 색이다. 한 사람의 영의도 그의 마음가짐에 따라, 영성에 따라 변한다.

영성은 말만 가지고 하는 소리가 아니라 확실한 과학적인 사실이다. 신령한 자가 엎드린 자리에서는 영파, 즉 영적 진동이 일어난다. 성인의 인격에서는 거룩한 진동이 일어난다.

예배 때나 기도할 때나 찬양을 드릴 때 영성을 순수하게 길러 진동시켜야 한다. 지식을 찾지 말고 신의 영감을 기다리라. 조지 폭스는 단에 올라가 설교할 때 미리 준비한 원고가 없이 큰 성경책을 들고 올라가 직접 하나님으로부터 영감이 임하기를 기다렸다. 몇 십 분이고 영감이 진동할 때까지 강단 위를 왔다갔다 하면서 기다리다가 영감이 내리면 그때 그의 설교는 폭포와 같았다.

먼저 자신의 영성을 길러야 한다.

하나님의 일꾼이 되는 데는 일이 급하지 않다. 먼저 그대 자신의 영성을 살려야 한다. 영성이 죽은 자들은 남의 영혼을 살려내지 못한다. 오늘날 개신교의 신학교들은 목사 후보생들의 영성을 길러 주지 못하고 있다. 머리에 지식만 넣어 주고 있는 실정이다. 기독교, 특히 개신교회 성직자들은 자기의 영성을 배양하고 길러서 순수한 영성인이 되어야 한다. 그리고 나가서 남의 영성을 살려내는 데 힘을 써야 한다.

영성이라는 말은 "섞이지 않은 것" 즉 "순수한 것"을 말한다. 문란한 성생활은 영성을 말살시킨다. 성을 순결하게 간직해야 한다. 정당한 부부 사이라도 성이 문란해지면 사음邪淫이 된다.

> "사람이 땅 위에 번성하기 시작할 때에 그들에게서 딸들이 나니 하나님의 아들들이 사람의 딸들의 아름다움을 보고 자기들이 좋아하는 모든 여자를 아내로 삼는지라 여호와께서 이르시되 나의 영이 영원히 사람과 함께 하지 아니하리니 이는 그들이 육신이 됨이라 그러나 그들의 날은 백이십 년이 되리라 하시니라." 창 6:1-3

기계 문명은 인간 생활을 편리하게 하고 쾌락을 누리게 해주고 있으나, 그만큼 현대인의 영성은 죽었다. 바울은 예수를 믿기 전에 누리던 모든 것을 버리고 배설물로 여긴다고 했다.

세속적인 것, 지식에 대한 지나친 탐욕은 영성을 죽인다. 지식 탐구에 일생 파묻히는 것을 장하게 여기지 말고, 영성적 생활 태세를 확립해야 한다. 인간적인 방법, 수단, 기술만 의존해 살면 영성이 죽는다. 인간적인 테크닉을 쓰지 말고, 철저한 신앙인으로 하나님의 능력만 의지해야 한다.

영성생활의 대책

(1) 세속과 육의 욕정을 극복해야 한다. 영적 생활에는 두 개의 눈이 있다. 오른쪽 눈은 신의 세계, 영의 세계를 보는 눈이요, 왼쪽 눈은 물질계, 육을 보는 눈이다. 영의 세계를 보려면 물질계를 보는 눈은 감아야 한다.

(2) 성의 순결을 지켜야 한다. 육체의 본능은 다른 동물의 본능과 마찬가지로 식욕과 성욕이 있다. 본능의 충동대로 살면 짐승 생활이다.

(3) 교회생활로만 안심하지 말라. 예배 교인, 현실 교회의 생활로만 안심하지 말라. 그렇게 종교생활을 하는 것은 서기관과 바리새인들과 같은 외식이요 위선인 것이다.

(4) 개인적인 수도생활을 힘쓰라. 수도생활은 밭에 감추어진 보화와 같은 생활이다.

(5) 성무일과를 만들어 매일 쉬지 않고 정진하여야 한다.

(6) 기도, 고독, 그리고 침묵하라. 성인은 성경을 많이 아는 사람이 아니다. 설교를 잘하는 사람 또한 아니다. 그들은 말없이 서 있어도 전 세계가 감동을 한다. 특히 명상기도와 관상기도에 힘써야 한다. 트라피스트 수도회는 수도원 밖에 나오지 않고 병원이나 고아원, 학교, 본당 봉사도 하지 않는다. 그들의 일과는 종일 말을 하지 않고 절대 침묵 속에서 진행된다. 고독과 침묵 속에서 그들의 영성을 양육한다.

(7) 영적 독서를 하라. 성경은 역사적 환경이나 원문 해석보다 "얼"을 해석해야 한다. 장미의 아름다움을 현미경으로 분석할 수 없는 이치와 같다. 순교자와 성인전, 그리고 영성에 관한 서적을 많이 읽어야 한다.

(8) 의식주, 풍속, 유행을 따르지 말라. 특히 유행하는 복장, 지나치게 노출되는 옷이나 화려하고 값비싼 옷은 삼가야 한다.

(9) 삶의 주위를 광야로 만들라. 까를로 까레또는 대단한 활동가였으나 하나님의 음성을 듣고는 사하라 사막 속에 들어가 10년을 수도하였다. 어떤 사람이 편지로 물어보기를 "나는 도시를 떠나지 못하는 사람입니다. 이 세속 속에서도 어떻게 영성을 살릴 수 있는지 가르쳐 주시오"라고 했다. 그 질문에 신부는 답하기를 "그건 어렵다. 그러나 절망은 아니다. 이스라엘 백성이 애굽을 나와 젖과 꿀이 흐르는 땅 가나안 복지에 들어가려면 중간에 광야(사막)를 지나야 했듯이, 영성생활을 하려는 당신도 도시생활, 빌딩 숲 속, 자동차 홍수 속, 아스팔트 거리에서도 광야와 같은 생활을 하지 않으면 안 된다. 그러므로 자신의 생활 주위를 사막으로 만들라"

고 했다. 현실 생활의 장場을 영성의 도장道場, 사막으로 만들라. 도시 속의 사막을 만들라. 도시의 광야를 만들라.

9. 영과 진리로

신령과 진정

"하나님은 영이시니 예배하는 자가 영과 진리로 예배할지니라."
요 4:24

하나님께 드리는 참 예배에 있어서는 "어디서" "어떤 방법"으로 드리느냐가 중요한 것이 아니라 "무엇"으로, "어떤 태도"로 예배를 드리느냐가 중요한 문제이다. 하나님에 대한 신앙과 하나님에게 드리는 예배는 교파 여하가 문제가 아니요, 영산靈山 성지聖地 등 장소에 대한 문제가 아니요, 마음과 영의 문제이다. 예배는 인간적 방법, 기술로 하지 말고 진리의 영이신 성령의 인도와 감화와 감동 속에 영으로 드릴 수 있어야 한다.

하나님은 인간이 아니시다. 육체나 물질이 아니요, 순수 영이시므로 성전 건물, 예배 의식, 노래, 기도문, 향, 촛불 등이 꼭 필요한 것은 아니다.

이스라엘 종교에 있어서나 타 종교, 그리고 기독교에 있어서도 일정한 장소에 일정한 시각에 일정한 의식과 일정한 예배 용어로 일정한 사제와 제사장에 의해 드리던 습관적인 예배는 폐지되어야 한다.

우리에게 요구되는 것은 영성뿐이다. 우리가 어느 순간만이라도 영화靈化 되는 것, 인간성과 욕정, 불순을 벗고 순화純化되어 영이신 하나님과 동질이 되는 일이 긴요하다. 예수님은 예배와 아울러 영적 생활의 궁극적인 요소를 말씀하셨다. 그것은 신에 일치할 수 있는 영과 진리뿐이다.

하나님은 인격적인 영이시다. 영이신 신의 형상대로 지음받은 인간에게 있어서도 영은 인간성의 최고最高, 최심最深, 최귀最貴한 부분이다. 그러므로 신과 인간 사이의 사귐은 영靈 안에서 이루어져야 한다.

종교 제도, 의식, 방법 등은 큰 문제가 아니다. 종교 형식과 전통을 떠나 인간의 영의 내적 성전에서 영이신 신과 동질이 되어 예배드리고 기도할 수 있어야 한다. 오직 성령, 오직 진리만이 예수 그리스도의 종교이다. 오직 영과 진리만 되면 종교야 가톨릭이건, 동방 정교회이건, 프로테스탄트이건, 무교회이건 간에 마찬가지이다.

기독교인의 신앙도, 예배도 마음에서 오직 영과 진리로 해야 한다. 형식이나 성례전이나 전통 따위는 문제가 아니다. 따라서 진리가 아닌 것, 마음에서 우러나오지 않는 입술의 기도와 찬송과 설교와 선행은 하나님에 대한 모독일 뿐이다. 진정과 신령의 실패는 바로 기독교의 실패이다.

유럽 성지를 순방하던 어느 날 러시아 정교회의 예배에 참석한 적이 있다. 독경대에 나가서 큰 성경과 기도문을 읽는 금발 미녀가 있었다. 그녀는 교회에 들어오는 사람들을 일일이 쳐다보면서, 두 손으로는 머리를 손질하면서 "주여, 불쌍히 여기소서"를 입으로만 불러댔다. 성의

가 없는 모습이었다.

종교적 제의祭儀, 예전, 거룩한 예배 용어, 기도문, 향, 성가, 성수 등 이런 것이 제대로 하나님에게 드리는 참예배인 줄 아는 것은 어리석다.

영적인 일은 영적인 것으로

> "이러므로 우리가 영의 새로운 것으로 섬길 것이요 율법 조문의 묵은 것으로 아니할지니라." 롬 7:6

고린도후서 3장 6절에는 "율법 조문으로 하지 아니하고 오직 영으로 함이니 율법 조문은 죽이는 것이요 영은 살리는 것이니라"고 했다. 율법 조문은 문서나 편지 또는 책을 말한다. "율법 조문"과 "영"은 각각 다른 권위를 나타낸다. 율법 조문은 기록된 문자 율법 경전이고, 영은 복음을 생산하여 공포하는 성령의 역사이다.

> "영적인 일은 영적인 것으로 분별하느니라 육에 속한 사람은 하나님의 성령의 일들을 받지 아니하나니 이는 그것들이 그에게는 어리석게 보임이요, 또 그는 그것들을 알 수도 없나니 그러한 일은 영적으로 분별되기 때문이라…누가 주의 마음을 알아서 주를 가르치겠느냐 그러나 우리가 그리스도의 마음을 가졌느니라." 고전 2:13-16

"영적인 일은 영적인 것으로 분별하느니라"는 이 구절이 기독교 성직자의 표어가 되어야 한다.

영적인 영역은 영적인 사람이라야 이해가 된다. 영적 사상은 영적 언어로만 표현이 된다. 종교는 영의 세계이다. 종교에 봉사할 성직자에게 요구되는 것은 영성의 맑음이다. 인간의 속된 일을 영의 말로 설명하는 것이 부당한 것처럼, 영의 일은 인간적 용어, 철학적 용어를 사용해서 해득할 수 없다.

"육에 속한 사람"은 영성인이 못된 혈육인血肉人, 생래生來의 자연인 自然人이다. 육에 속한 사람은 아무리 심원深遠한 사상가요 철학자요 박학한 학자라도 하나님의 영의 일을 받지 않는다. 하나의 결정을 내릴 능력도 없다. 왜냐하면 그들은 사실을 깨달을 수가 없기 때문이다. 그들은 새롭게 된 영성이 아닌 동물적 본성으로 판단한다.

주의 마음, 영의 이치는 너무 높고 신묘해서 생래인生來人으로는 알 수 없다. 신령한 영성인은 하나님의 비밀이신 그리스도를 향해 "내가 믿는 분을 내가 안다", "나는 믿는다. 고로 나는 말한다"라고 할 수 있다.

영성인이 되기를 사모하라

종교인, 기독교인은 박학한 지식인이 되기를 갈망하기보다 신령한 사람, 영성인이 되기를 사모해야 한다. 될 수만 있으면 영이 되어야 하지만 일생을 줄곧 하나님과 동질화되어 산다는 것은 어렵다.

우리들처럼 세속에 파묻혀 사는 신자들은 높은 영성인, 신비가, 성자들처럼 언제나 육을 초월해 살 수 없다. 그러나 종교인으로서 영성생활을 아주 포기할 수는 없다. 에녹이 하나님과 3백 년을 동행한 것처럼 일생을 철저히 영성생활 속에 파묻혀 살지는 못하지만, 살아가다가 때때로 어느 기간만이라도 육과 세속을 끊고 가정을 밀리하고, 영성화하는 시간, 영이신 하나님과 나의 영이 동질이 되어 기도하는 기회를 가져야 한다.

하나님과 동질이 되기 위해, 즉 영성화하기 위해 육을 이기고 세속을 멀리해야 한다. 자신의 영성 상태야 어떻게 되었든지 많은 지식의 권위, 학위, 학벌, 그리고 신학적, 교회적, 성경적, 철학적으로 풍부한 지식을 가지고 종교가가 되겠다는 것은 잘못된 생각이다.

자연인은 인간의 자연성이 즐기는 일만 염두에 두고 추구하고, 거듭난 그리스도인은 하나님의 영이 기뻐하시는 일만 염두에 두고 추구한다.

> "육신을 따르는 자는 육신의 일을, 영을 따르는 자는 영의 일을 생각하나니 육신의 생각은 사망이요 영의 생각은 생명과 평안이니라 육신의 생각은 하나님과 원수가 되나니 이는 하나님의 법에 굴복하지 아니할 뿐 아니라 할 수도 없음이라." 롬 8:5-7

> "육체의 소욕은 성령을 거스르고 성령은 육체를 거스르나니…그리스도 예수의 사람들은 육체와 함께 그 정욕과 탐심을 십자가에 못 박았느니라." 갈 5:17, 24

육(肉)의 욕정은 그리스도인의 영성을 거스른다. 참기독교인의 생활, 그들의 신앙생활은 육을 쳐서 성령께 복종시키며 성령의 감화를 소멸시키지 않고 성령을 따라 사는 것이다. 사도 바울은 영성을 살리고자 영성생활에 장애가 되는 다른 모든 것을 버리고 배설물로 여겼다.

영성으로 살아야 한다.
인간은 경건하게 영성으로 살아야지 그렇지 않으면 짐승에 불과하다. 영성을 살리는 일은 간단하고 쉬운 일이 아니다. 우리 생활 속에 영의 역사役事가 진동하도록 살아야 한다.

성무일과에 따라 매일 자정에 운악산 기슭에 서서 하늘에 총총 빛나는 별의 바다를 바라보고 있노라면, 내가 지금 서있는 지구는 너무나도 어둡고 침침하다는 것을 뼈저리게 느낀다. 지구 자체는 죄악된 인간을 과중하게 싣고 너무나도 오염이 되고 타락한 땅이다. 냄새나는 땅이다. 저주받은 곳이다. 억조 천만의 별들 위에 계시며 별들을 지배하시는 하나님은 너무도 크시다. 여호와 하나님은 지구만의 하나님, 어느 교파만의 하나님이 아니시다. 우리가 속된 인간의 문자로써 하나님을 정의하고 교리 조문만으로 하나님을 정의하노라는 짓거리는 너무나도 어리석다. 인간의 문자 속에 우주의 하나님을 어떻게 정의할 수 있는가.

인간이란 오물통 속에 꿈틀거리는 더러운 구더기에 불과한 것이 아닌가? 더러운 냄새를 피우는 오물을 육신의 껍데기로 씌워 놓은 취피대臭皮袋일 뿐이다. 사지백체에 불순한 오욕이 끓는 짐승에 지나지 않는다. 그러나 이런 입장에서도 본능적 욕망의 충족을 위해 살지 말고, 어떻게든지 영성을 살려 회복해 보려고 노력해야 한다.

모든 사람 속에는 신의 성품을 닮은 영성이 잠재해 있다. 바보에게도 악한 사람에게도 신의 성품이 있으나, 육신의 불순한 욕정에 가리워져 있다. 잠재해 있는 미개발의 성질을 가리는 것을 "육신의 정욕", "안목의 정욕", "이생의 자랑"이라고 한다.

영성이라는 말은 신령하다는 말과 같다. 신령하지 못한 것은 속된 것이다. 속되다는 것은 세상적이요, 육신적이요, 정욕적이라는 말이다. 종교는 영성을 살리기 위해 가장 꺼리는 것이 세속의 피해와 육감의 욕정이다. 어떤 종교 단체에서는 악기를 일체 안 쓰고 전깃불도 안 켜고

차도 안 타며, 옷에 단추도 안 달고, 법관이 안 되고, 신문이나 텔레비전도 안 본다.

종교가 속되면 안 된다. 신은 영이신 까닭에 종교가와 성직자의 인격도 영과 동질화되어야 한다. 따라서 종교적 언어는 영의 진동을 일으켜야 하고, 종교가의 몸에서는 영의 감화력이 일어나야 한다.

기독교의 영성은 하나이지만 교파와 사람에 따라 다양하게 나타난다. 영성이 사는 데는 도덕적인 순결생활과 완덕과 신령하고 신비적인 현상이 따라야 한다. 아빌라의 테레사는 기도할 때 몸이 허공에 떠올랐으며, 성 프란시스가 가슴에 사랑이 진동하면서 제자 레오를 향하여 "레오야 너를 내게 달라"고 했을 때 레오의 몸이 허공에 창을 세운 길이만큼이나 떠올랐다고 한다.

신령한 사람들이나 성인의 몸에는 신비스러운 영靈의 능력이 있었다. 분도 라브르는 거지의 모습을 한 성자이지만 밤에도 몸에서 빛이 났다.

성인 성녀들은 거의 말을 하지 않는다. 설교를 한다거나 성경을 가르치지 않아도 그들로부터 감화를 받는다. 그러기 위해서는 모든 것을 끊고 밀실에 들어가라. 동굴에 엎드리라. 사막 속의 기도나 절벽 동굴의 기도는 놀랍다.

선다 싱은 말하기를 "기도에 의해서 설교보다 더욱 뛰어난 일이 이루어진다. 한 사람이 동굴 속에서 열심히 기도하는 일로 해서 많은 사람을 도울 수 있다. 감화력이 그로부터 나와서 넓게 멀리 퍼져 나가는 일은 흡사 무선 전신이 아무런 줄도 없이 신비한 진동을 통해서 멀리 말을 전해 주는 것과 같다"고 했다.

또한 그는 말하기를 "나무 뿌리의 끝은 아주 예리해서 거의 본능적으로 메마른 곳을 피하여 액체와 생명을 얻을 수 있는 데로 뻗어나간다. 기도생활을 하는 사람도 그릇됨이 없는 영적 직각력直覺力에 의하여 잘못이나 기만을 피해 모든 생명이 의지하고 설 수 있는 실재를 발견한다"고 했다.

지식을 탐하고 지식에만 몰두하고 있는 신학자에게는 이러한 일이 불가능하다.

기도를 많이 하는 이들은 밀실에서나 입산하여 동굴 속에서 기도하는 일이 영성을 얻는 데 큰 효과가 있다. 기도생활을 많이 하는 사람은 기도마다 같은 기도가 아니요, 기도마다 맛이 다르다고 한다. 침실에서나 서재에서 하는 기도의 맛이 다르고, 새벽 기도회의 강단 앞에서 하는 기도가 다르고, 산기도의 맛이 다르다. 특히 높은 산기도의 맛은 특별한데, 그중에서도 바람맞이 절벽 위에서 하는 기도의 맛이란 형언할 수 없다. 동굴 속에서 하는 기도의 맛 또한 다르다.

성경을 읽는 것도 느낌이 다르다. 영적 독서와 성경공부는 지식적으로만 파고들지 말라. 장미꽃을 현미경으로 감상할 수 없는 것과 같다. 성경을 현미경에다 대고 보듯이 너무 파고들고, 원어 풀이나 역사적 배경 등을 따지는 데서 고등비평과 신신학이 나온다.

영성인이 기도하고 엎드린 자리에서는 영의 파도靈波가 일어난다. 그 주위에서 영의 진동이 일어나 그 파문이 멀리 세상까지 영향을 끼친다.

영성 회복

오랜 세월 동안 어려운 병을 앓고 있는 환자는 오래 앓은 세월만큼 건강을 회복하는 데 시간이 걸린다. 영적으로도 오래 영성이 무시되고 유린되어 왔다면, 영성 회복도 하루 이틀 사이에 가능한 것이 아니다. 영성 회복을 위해 많은 노력을 해야 한다.

예수 그리스도께서 세우려고 하시는 하나님의 나라는 지상 천국, 유토피아 건설이 아니다. 그것은 공산주의자들의 꿈이었다. 예수께서는 "내 나라는 이 세상의 나라가 아니다"라고 하셨다. 예수님의 나라는 영의 나라, 전 우주, 전 역사를 망라해 세우시려는 영의 교회이다.

종교는 정치나 학문이나 예술이 아니요 영의 일이다. 우리의 봉사는 육에 대한 봉사가 아니라 영의 봉사이다. 속된 육의 욕정에 빠지면 해롭다. 청빈하고 순결하게 살아야 하고 탐욕, 애욕에서 이탈해야 한다. 수도자의 서원, 즉 청빈, 순결, 순명을 완성해야 한다.

요즘 개신교 목사들이 지나치게 지식과 수단 방법으로 나가고 영성을 무시하는 일은 근본적으로 잘못된 것이다. 결국 속되고 야비해진다.

성직자는 특히 명예욕과 돈과 여자를 언제나 경계해야 한다. 이것에 걸리면 영성이 죽는다. 재기 불능이다.

모세는 하나님을 만나러 나갈 때 이스라엘 백성에게 "너는 백성에게로 가서 오늘과 내일 그들을 성결케 하며 그들로 옷을 빨고 예비하며 제 삼일을 기다리게 하라…여인을 가까이 말라"출 19:10-15고 하였다. 사도 바울은 특별기도하는 동안에는 부부생활을 끊으라고 했다.

불교의 불사음계不邪淫戒에는 정식으로 부부가 되었다고 하더라도 때와 장소를 가리지 않는 성행위는 모두가 사음이라고 했다. 부부 사이의 절제 있는 성행위는 정음正淫으로 간주된다.

비 새는 지붕

영성을 기르지 못한 사람을 비 새는 지붕과 같다. 비 새는 지붕은 적은 비에도 주룩주룩 샌다.

개신교 지도자들과 교인들은 밤낮 신학과 교리만 따지지 말고, 이신득의한다는 것을 염불처럼 부르고 다니면 장한 줄 여기지 말라. 주일 성수하는 것과 십일조하는 것만 가르치지 말고 철저한 회개와 분명한 성화를 가르쳐 주어야 한다.

구원의 과정에 있어서 중생도 회개도 이신칭의以信稱義도 인간 품성의 성화를 위한 부제적副題的 사항이다. 구원의 완성은 성화의 완성, 성화 완덕에 이르는 데 있다. 신자들로 성인들과 순교자들, 본받을 자를 선택하여 본받게 할 것이다. 그래서 영성신학을 성인 학문, 완덕의 기술이라고 한다.

성인은 그리스도의 거울

성인은 그리스도의 거울이다. 성인을 본받는 일이 우리의 성화에 가장 효과적인 방법이다. 회개와 성화와 성인을 가르쳐 주지 않는 개신교는 세속화되고 야비해질 수밖에 없다.

성인을 만난 여인도 성화된다. 성인을 만난 클라라도 성녀가 되었다. 지금도 그녀의 무덤교회가 프란시스의 무덤교회 근처에 있다.

기독교 2천 년 역사에 있어서 영성생활을 말할 때, 수도원을 영성의 수원지라고 하고 있다. 개신교 지도자들은 영성생활을 위해 수도생활을 연구해야 한다. 신학교를 수도원화하고, 교회도 수도원화해야 한다. 교역자도 개인적인 수도생활을 하자.

밭에 감추어진 보화

수도생활과 수도원은 밭에 감추어진 보화이다. 그것은 종교개혁보다 더 큰 운동이다. 모든 성인들과 성녀들은 수도원에서 나왔다. 그래서 수도원은 영성의 수원지다.

수도원이 없이 교회만 가지고 영성생활 운동을 하기는 어렵다. 교회 목회자도 목회하면서 수도자가 되어야 한다. 어거스틴은 힙포 교회의 감독 노릇을 하면서 수도원을 세우고 수도생활을 하였다. 가톨릭 수도원과 함께 그리스 정교회 영성의 수원지인 아토스 수도원들과 정교회의 수도생활을 연구해야 한다. 가톨릭의 영성은 내적 생활, 기도, 겸손, 침묵, 이탈, 수도생활 청빈, 순결, 순명 등 특히 성체성사聖體聖事를 중요시한다.

개신교도들은 십자가를 끊임없이 쳐다보면서 "우리가 만일 미쳤어도 하나님을 위한 것이요…그리스도의 사랑이 우리를 강권하시는도다"고후 5:13-15라고 한 십자가의 보혈의 사랑의 강권함을 받는 은혜를 받아야 한다. 그리고 깊은 관상기도, 명상, 영적 독서를 해야 한다.

예배를 드리는 프로그램이 문제가 아니다. 예배인의 심성, 영성 마련이 문제이다. 그리스도의 교회와 성직자는 "하나님은 영이시니 예배자도 영과 참이어야 한다"는 하나님과의 동질화, 영성화를 위한 경건, 신령, 성화생활에 힘써야 한다. 자기의 품성과 생활, 그리고 교회와 예배의 영성화, 하나님과의 동질화에 노력해야 한다. 그러기 위해서는 현재 한국교회의 운영과 예배 방법에 새로운 대책이 필요하다. 인위적인 방법과 기술을 폐지하고, 성실하고 진실하고 순수해야 한다.

10. 개신교의 영성

영성

"평강의 하나님이 친히 너희를 온전히 거룩하게 하시고 또 너희의 온 영과 혼과 몸이 우리 주 예수 그리스도께서 강림하실 때에 흠 없게 보전되기를 원하노라."살전 5:23

바울은 다른 서신에서는 우리 인간을 구성하고 있는 것이 영과 육이라는 2분법을 말하고 있는데, 여기서는 이를 시정해서 새로 3분법 즉 영과 혼과 몸으로 되어 있다고 한 것은 아니다. 다만 자연인으로서의 인간은 영혼과 각혼覺魂과 육체를 가진 것을 뜻한다.

여기에서 영$\pi\nu\varepsilon\nu\mu\alpha$은 하나님의 성령이 아니요 인간 정신의 최고 기관인 사람의 영을 가리키고, 혼$\psi\nu\chi\eta$은 오관에 자극되는 것에 대하여 작용하는 마음의 부분, 각혼覺魂을 가리킨다. 다른 동물에게는 어느 정도 깨닫는 각혼은 있으나 영은 없다. 신자들은 여기에다가 하나님의 성스러운 영을 통해 새롭게 태어난 사람의 영을 가지고 있다고전 2:11; 롬 8:9-11.

바울은 인간을 영이니 육이니 가르지 않고 하나로, 분리되지 않는 전체로 생각했다. 바울은 영혼의 성화만 아니라 전인의 성화와 구원, 즉 인간의 몸과 영혼 모두의 성화를 위해 기도하는 것이다.

육아肉我는 진아眞我가 아니다. 그것은 가아假我, 파편적破片的 아我, 거짓아我이다. 영성이라는 것은 인간의 내면적, 정신적인 것을 포함하는 말이다. 양심, 이성, 가치 판단력, 참회심 등을 포함한다. 영성이 죽은 육체, 고깃덩어리 인간은 짐승일 뿐이다. 더구나 영성이 살지 못하면 그리스도인이 아니다.

18세기 영국은 너무도 인간 생활이 타락하여 "영혼은 다 썩어 버리고 본능만 활발하게 살아 있는 인간들"이라고 했다.

문명이 가장 발달한 시대를 사는 현대인은 인간의 영성을 상실한 세대이다. 현대 젊은이들을 오무병五無病 환자라 하는데, 이는 무력無力, 무책임無責任, 무관심無關心, 무감동無感動, 무례無禮한 자들을 말한다.

알베르 까뮈는 그의 저서 『이방인』에서 주인공 뫼르소를 자아 감각을 상실한 사람의 모습으로 그렸다. 그는 어머니가 죽었다는 소식을 듣고도 아무렇지도 않은 체 일하면서 여인과 성교한다. 어떤 사람을 총으로 쏴 죽였는데도 명백한 결심으로 한 짓이 아니었다고 한다. 이것은 현대인의 모습을 그린 것이다.

미래의 사람들은 무욕병無欲病의 환자들이 된다. 안방에까지 침범한 매스컴에 의해 "전쟁은 평화다. 자유는 예속이다. 무지가 힘이다"라고 세뇌된 대로 믿고 산다. 마지막 쾌락인 식욕과 성욕도 잃어버린다. 로보트 인간이 되고 만다.

T. S. 엘리어트는 "우리는 텅빈 인간들, 형태가 없는 모양, 색깔이 없는 그림자, 마비된 생명, 움직임이 없는 제스처"라고 했다.

이런 모든 것은 한마디로 말해서 영성이 죽었다는 이야기이다. 사람의 얼굴을 가진 짐승 떼들이다.

> "그들의 목구멍은 열린 무덤이요 그 혀로는 속임을 일삼으며 그 입술에는 독사의 독이 있고 그 입에는 저주와 악독이 가득하고 그 발은 피 흘리는 데 빠른지라 파멸과 고생이 그 길에 있어 평강의 길을 알지 못하였고 그들의 눈 앞에 하나님을 두려워함이 없느니라."
>
> 롬 3:13-18

오늘의 전체 인류는 개인적 인간성은 잃어버리고, 체제라는 비인격적 힘에 몰려가고 있다. 조직은 현대 문명인들을 꼼짝 못하게 통제하고 몰고 간다. 그래서 체제를 공룡이라 부른다. 체제는 그 자체의 동력과 역학을 지닌 무서운 비인격적 힘이다.

하나님과의 상호 관계의 생활

영성생활이란 인간이 인격적인 하나님과 상호 관계의 생활을 하는 것이다. 그러기 위해서는 육체보다 정신적인 면, 도덕적인 경건에 힘써야 한다. 매 순간 세상과 육의 욕정을 극복하면서 애써 살아가려는 성실성이 없이는 영성생활이 성취될 수 없다. 모태에서 난 자연인 그대로 있어도 영성이 사는 것이 아니다. 영성을 개발하고 육성하려고 노력하고 정진해야 한다.

> "육체의 소욕은 성령을 거스르고 성령은 육체를 거스르나니 이 둘이 서로 대적함으로 너희가 원하는 것을 하지 못하게 하려 함이니라."
>
> 갈 5:17

"육신의 생각은 사망이요 영의 생각은 생명과 평안이니라." 롬 8:6

종교 세계에서 영성생활이 죽으면 그것은 맛 잃은 소금과 같다. 눈 뜨고 못볼 추태이다. 미코니우스Myconius는 중세 로마교회 상태를 기록하면서 "성직 제도는 독신주의 제도였으나 공공연하게 신부들이 축첩을 하고 도박으로 세월을 보내고 자녀를 낳고는 소속 감독에게 속죄세를 정기적으로 납부했으며, 감독들은 자기 세력 과시와 지역 확장을 위해 옷 속에 칼을 차고 다녔다"고 한다. 말하자면 중세 암흑시대 로마교회의 영성은 죽었다는 이야기다.

한국 개신교의 영성의 좌표

오늘 한국 개신교회의 영성은 어떤가? 현재 장로교는 1백 40개 파로 분열하고, 신학교는 1백 65개 정도라지만 기타 소수 학교까지 계수하면 2백 개가 넘는 것으로 추정된다.

목사들의 타락상도 엄청나다. 어느 총회장은 양녀와 성생활하고, 이사장이 밤마다 과부집에 다니다가 잡혀서 심문받으면서도 미소짓고, 목사가 권총으로 살인 강도하고, 부도덕으로 인해 교인에게 배척받으면서 강단에서 안 내려오려고 버티고, 총회장 출마에 10억 원을 살포하고, 목사가 예배당 건물에 교인까지 붙여서 팔아먹고 도망간다고 한다.

이런 보도는 한마디로 한국 개신교의 영성이 죽었다는 말이다. 중세 로마교회의 암흑시대보다 더 썩은 한국교회의 실상이다. 한국 개신교가 말하는 부흥, 은사 운동, 소란스러운 집회, 방언, 예언, 신유 등을 영성이 살아 있는 증거라고 볼 수 없다. 인위적인 선동과 소란에 영성이 죽는다. 그런 것은 심령학이나 최면술이나 다른 종교에도 얼마든지 있는 현상이다. 그런 것보다 기독교인의 정신이 맑아야 하고, 양심이 깨끗해야 하고, 언행이 일치하고 진실해야 한다.

영성훈련의 길

지금 우리의 육체는 젊고 건강하고 좋은 세월을 만나 행복스럽게 살아가는데 영성이 어떻게 되어 가는가? 대부흥하며 교인의 인구는 1천 2백만 명에 이르고 교회의 수는 4만 개, 성직자의 수는 6만 명을 헤아리게 되는 한국 교계, 우리 개신교도의 영성이 과연 살아 있는가? 교역자들의 영성이 과연 살아 있는가? 남의 영성을 살려 주고 있는가?

영혼뿐만 아니라 육신도 영성화해야 한다.

헬라 철학의 이원론 사상에서는 육을 악으로 보았다. 기독교인들도 육을 원수로 보고 죄악시하여 학대한다. 그러나 성경에는 그리스도인의 영혼만 구원하는 것이 아니라 육신도 변화되고 부활한다는 사상이 있다. "몸의 부활"을 바란다.

바울은 데살로니가전서 5장 23절에서 영, 혼, 몸, 즉 인간 전인이 온전히 거룩하게 되고 흠 없게 보전되는 것, 영靈만 영성화되는 것이 아니라 육신마저도 영성화되기를 바란다. 영성화에 육도 포함시켜 말했다.

사람이 회개하고 예수 믿어도 육체 속에 오랜 세월 동안 쌓인 삶의 경험과 나쁜 습성들은 어느 정도 의지의 전환이 있어도 즉각적으로 따르지 않는다. 예수 믿고 신생을 결심해도 오랫동안 지녀 온 기질, 성질들을 그대로 보유하고 있다. 믿어 의롭다 칭함은 얻었어도 아직 성화와 성성聖性은 이루지 못했다는 것이다.

사도 바울조차도 회심하고 나서 "내가 선을 행하려 할 때 악이 함께 있도다 오호라 나는 곤고한 자로다" 하면서 자기가 원하는 것을 마음먹은 대로 할 수 있는 수준에 이르기를 바라고, 그러기 위해서 자기의 육체는 자기 영을 거역하지 말고 연합되게 하여야 한다고 말한다.

육과 영의 싸움은 하나님의 생명의 말씀이 들어옴으로써 영적 생활을 시작하는 모든 사람이 경험하는 일이다. 그 싸움은 어떤 이의 경우는 짧으나, 어떤 이의 경우는 매우 오래 걸린다. 예수를 믿으면 믿는 날부터 안주安住와 평안이 오는 것이 아니다. 예수를 믿는 때가 전투의 시작이다.

영성훈련

요한 번연의 『성전』聖戰에 사탄이 점령하고 있던 "맨 소울 성"man soul 을 임마누엘 군대가 쳐들어가 점령해서 주권은 회복했으나 패잔병 게릴라들이 계속 출몰한다고 했다.

영육의 싸움을 효과적으로 하기 위하여 영성훈련이 필요하다. 영성훈련이란 우리 영(영성)이 구체적으로 자아를 지배하도록 하기 위해서 성령이 안에서 역사하시지만 우리가 의식적으로 취하는 방법이요, 옛날부터 수도자 성인들이 오랫동안 사용해 오던 길이다.

영성훈련은 우리 육체 안에 숨겨진 죄의 습관들을 제거하는 일을 돕는 길이다. 믿기만 하면 저절로 성화된다는 주장은 잘못이다. 옛날 수도자들은 신자의 3대 원수라고 해서 마귀, 세상, 육신을 들었다. 육신을 원수로 보고 학대하고 굴복시키려고 노력했다. 바울도 "내가 내 몸을 쳐 복종하게 한다"고 했다.

모든 종교마다 금욕 고행이 따른다. 기독교인에게도 금욕 고행이 필요하나 육체를 학대하지는 말아야 한다. 육체를 쓰고 사는 날까지 육을 무조건 죄악시하지 말아야 한다. 육체 자체는 선도 악도 아니다. 다만 그릇일 뿐이다. 좋게 관리하면 좋은 그릇이다. 육을 잘 길들이면 육체도 성화된다.

인간의 영만 아니라 육신도 구원 얻는다. 이후에 보다 신령한 몸으로 부활할 육신이다. 그러므로 영만 아니라 육신도 영성화시키고자 노력해야 한다. 성인 성녀들은 육체가 죽어도 시체나 그가 사용하던 옷과 수건에서는 향기가 진동했다. 성녀 젬마 갈가니는 죽으면서 "내 영혼만 아니라 육체도 주께 바친 몸이니 내가 임종한 뒤 세속인이 손대지 못하게 해 달라"고 했다.

영성훈련의 장場은 수도생활이다.

수도생활과 수도원, 그리고 종교적 금욕 고행, 정진精進의 역사는 오래다. 주전 2세기경에 일어났던 유대교 엣세네파 수도자들로부터 주후 3-4세기경 이후부터 오늘날에 이르기까지 종교의 수도 단체들은 인간의 개인적 삶이나 교회 전반, 인류 문명에 무한한 영향을 끼치고 기여해 왔다. 수도원 운동은 종교개혁보다 큰 운동이었다.

그러므로 개신교는 편견과 고집을 버리고, 교회 예배만 반복하지 말고 수도생활의 양식이 오늘 신·구교 누구나 그리스도인 된 자에게는 영성훈련을 위한 가장 유익한 양식일 수 있다는 사실을 인정해야 한다.

개신교는 5백 년 동안 수도원이나 수도생활 없이 지내 왔다. 수도원이 없이, 수도적 고행과 금욕생활이 없이 지내니 세속화하고 타락한다.

수도생활은 영성훈련의 유력한 길인데, 그 방법은 주로 금욕과 고행이었다. 물론 개신교도들에게는 가톨릭적인 것을 무조건 배격하는 고집이 있지만, 세상에 종교치고 수도생활과 수도원이 없는 종교란 없다. 물론 개신교 나름대로의 영성훈련 방법이 따로 있을 수 있다. 그러나 아직 신통한 대안은 별로 없다.

기독교 2천 년 역사에 교회생활보다 더 깊고 철저한 종교생활은 수도생활 이외에는 없었다. 개신교 지도자들은 자기 교인들을 배나 지옥의 자식을 만들지 말고, 세속적인 교회를 만들지 말고 수도원적 교회를 만들자. 수도생활이라 할 때는 육신의 금욕 고행적인 방법이다. 개신교도는 믿음으로 의롭다 함을 얻는다고만 주장하고 그것으로 구원이 완성된 줄 알고 행실을 무시한다. 더구나 수도생활이라든지 금욕 고행을 이단시하고, "고행주의"라는 말을 무조건 경계하며 거부감을 담은 개념으로 생각한다.

더욱이 한국의 개신교가 고난을 배격하고 세상에서의 육신 축복만 강조하며, 과거 모든 역사적 고행주의는 일률적으로 "매저키즘"(被虐待淫亂病; 이성의 학대를 받을 때 쾌감을 느끼는 변태성욕환자)이란 낙인을 찍어 버리려는 태도는 큰 잘못이다. 모든 성인은 수도원에서 나왔다.

축복받은 좋은 삶

현대인들은 축복받은 좋은 삶이라 할 때는 으레 건강 무병하고, 잘 먹고 마시고, 몸 단장하고, 좋은 옷 입고, 성과 오락을 즐기고, 최고급 차를 타고, 매일 즐거운 파티를 하고, 유흥 도박과 사우나탕에 가는 것이라 생각하고 있다. 그렇다면 서울에서 가장 좋은 인생을 사는 자들은 압구정동의 오렌지족이다. 그러나 그곳은 영성이 죽은 지대이다. 종교인의 생활이 안락하고 잘 먹고 잘 입고 쾌락만 누리면 영성이 죽는다.

오늘 한국의 기독교인들도 새로운 귀족 떼로 등장하고 있다. 요새 젊은 교역자들의 꿈은 외국 유학하고 학위 얻고 세계 일주하고, 성지순례나 하고, 최소한 3백 명 정도의 교회를 맡아 목회하고, 예쁘게 생긴 사모님을 얻어 행복스럽게 사는 것을 축복 받은 삶이라 생각한다.

오늘의 세상이 극도로 악하고 타락하여 윤리 도덕이 더러워졌으므로, 그리고 우리 육체는 동물적 본능의 충동을 억제하지 못하므로 영성을 살리기 위한 방법은 수도생활에서 쓰는 금욕 고행과 정진생활이 효과적이다. 금욕 고행으로 공덕을 쌓아 천국 복락을 누리려는 생각은 잘못된 것이지만, 영성 회복을 위한 가장 유력한 방법은 성령이 주시는 힘 안에서 육의 금욕 고행으로 정진하는 것이다. 고행이 아니더라도 영성 수련을 해야 한다.

신자는 예수님과 바울의 생활을 진지하게 주목하고 본받아야 한다. 예수님도 바울도 엄격한 고행주의적 양식의 생활을 하셨다는 점을 알아야 한다. 물론 고행주의를 위한 고행은 아니었고 수도원주의를 위한 수도자는 아니었지만, 생활 양식에서 볼 때 가장 경건한 그분들은 금욕 고행자들이었다.

예수님은 40일 금식 후 집을 나온 순례자였고, 단벌 옷에 머리둘 곳도 없는 분이었다 마 8:18-22, 20:28; 요 13:4-17. 열두 사도를 파송하시면서 훈계하신 정신마 10장은 고행자의 탁발이었다.

사도 바울은 고행을 위한 고행주의자는 아니다. 그러나 영성생활을 위해 바울은 모든 것을 버리고 일생 독신으로 금욕 고행자로 지냈다. 바울은 믿음으로만 은혜로 구원 얻는다고 가르쳤지만, 그보다 더 많이 신자의 정진생활을 강조했다고전 9:24-27; 빌 3:7-14.

금욕 고행으로 죄 갚음하고 용서받는다든지, 공로를 쌓아 천국 가서 보응받고자 한다든지 하는 불순한 관념으로 악용하면 안 된다. 그동안 개신교가 금욕 고행에 대해 거부 반응을 보인 근본 이유는 이 점에 있었다. 수도원 운동이 개신교 안에서 영적으로 경건한 영성훈련의 한 양식으로 발전하지 못한 것은, 그것을 인간의 사죄, 상급, 공덕과 관련지어 생각했기 때문이다. 그러나 우리가 경건을 연습하는 데 있어서는, 영성훈련을 위해서는 이 방법보다 더 유력한 방법은 없다. 인간은 육과 영이다. 육에 대한 대책이 있어야 한다.

영성 회복은 곧 성화를 이루는 길

영성 회복이 곧 성화를 이루는 길이다. 고행이란 말이 너무 어렵게 들린다면 수련, 수도, 영성수련이라고 해도 좋다.

육체와 정신을 철저히 수련하지 못한 마음은 비 새는 지붕 같다. 조금만 비가 와도 어느새 주르륵 주르륵 샌다. 극장의 광고만 봐도 즉시 음욕이 발동하고, TV에서 예쁜 탤런트를 봐도 색정을 품는다.

개신교 3백 개나 되는 신학교 교육은 말이 아니다. 영성 회복 대책이

전무한 상태다. 천주교의 신학에는 고해 신부가 2명씩 배치되어 영성훈련을 전담한다. 개신교 교역자들도 수도생활과 절제 훈련과 금욕 고행을 해야 한다. 고행해서 손해될 건 없다. 고행했다고 그리스도께서 이루신 공로를 삭감하는 일이 아니다. 수도자적 생활과 훈련은 우리를 남보다 20배, 30배 능률이 있는 사람으로 만든다.

영성훈련, 성화생활을 위해 우리도 옛 성인들의 생활, 예수님과 바울의 생활을 본받아 실천해야 한다. 명백하고 가치 있는 목적을 가지고 영성훈련에 기여할 수 있게 적절한 훈련을 실천해야 한다.

우리가 소돔 고모라 속에 사는 롯과 같이 숨막히는 현대적 이데올로기의 속박 속에 살면서 받은 소명召命을 우리의 체험이나 받은 교육과 실존 속에 구체적이고 실천적으로 적용시켜 낸다는 일은 거의 불가능한 노릇이다. 받은 소명을 우리 삶 속에 어떻게 연결시키고 살려 나갈 수 있는지 막연할 뿐이다.

수도적 순결생활, 청빈생활, 겸손, 독신생활, 금식, 금욕, 자기부인, 침묵, 고독, 기타 수도자적 수행 덕목을 훈련하는 일을 나쁘다고 배격할 이유가 없다. 이신득의以信得義로 저절로 영성이 살고 성화되는 것이 아니다.

고행을 위한 고행을 피하라

수도원사에 보면 수도회끼리 고행을 경쟁하던 시대가 있었다. 남이 하는 고행보다 더 새로운 방법으로 고행하고 몸을 비참히 학대하는 일을 경쟁적으로 행했다. 육체를 지나치게 학대하는 것, 고행을 위한 고행은 피해야 한다. 그러나 그런 이들을 악평할 필요는 없다. 그들은 나름대로 그런 방법으로 영성생활에 뛰어난 효과를 받았기 때문이다. 그러나 일부 지나친 고행주의자는 수도적 고행을 전혀 다른 것으로 만들어 버렸다.

성 베네딕트는 영감 속에서 수도원 규칙을 만들 때 과거의 육체를 학대하던 수도 방법 대신 육체 노동을 강조했다.

개신교의 영성 문제

유럽의 역사가 중세에서 근세로 옮겨 가는 과정에서 일어난 2대 변동 운동은 문예부흥과 종교개혁이다. 문예부흥은 14세기에 이탈리아에서 시작되어 15-16세기에는 영국, 스페인, 프랑스까지 번진 운동이다. 르네상스의 정신은 중세 교회 권위의 속박에서 벗어나 기성 종교와 도덕을 무시하고 개인주의, 현세 생활의 행복을 찾고 그리스, 로마의 고전을 연구하려는 운동이다. 옛 에로스적 신조나 문예를 복구시키려는 운동이다.

문예부흥의 뒤를 이어 16세기에 일어난 종교개혁은 1천 5백 년을 내려오던 로마교회의 전승과 신앙, 그 잘못된 비기독교적인 허구를 근본적으로 흔들어 놓는 운동이었지만, 동시에 문예부흥의 바람을 안고 일어난 운동이기 때문에 인본주의적이고 세속주의에 기울어질 경향이 농후하다.

개신교는 인문주의에 뒤이어 일어난 산물이므로 휴머니티, 세속주의를 쉽게 받아들이는 경향이 짙다. 사실 그동안 개신교회는 이신칭의만

주문같이 부르짖고 신자의 행위, 선행, 수도, 금욕 고행을 배격해 왔으므로 영성을 몰랐고, 영성이란 용어도 쓰지 않았다. 지금도 교회에서 교인의 의무만 강조하고, 훈련은 자기네의 교파와 교인을 통제하기 위한 방법이다. 예배 반복과 성경공부에만 주력해 왔지 교인들의 회개, 변화 문제, 성화 문제, 영성훈련 따위는 거의 언급하지 않는다. 이런 것이 성경의 핵심적 교훈이란 사실이 무시되었다.

개신교의 구원의 원리

개신교의 근본 구원 원리인 "구원은 이신칭의로 말미암아 얻는 것이지 죽은 행위를 통해 얻는 것이 아니다"라는 주장은 특히 수도원과 금욕주의를 뿌리째 흔들어 놓았고 개신교 영성을 죽여 버렸다.

"믿음으로만", "은혜로만"을 강조한 마틴 루터의 개혁 정신은 개혁 당시 서구 전체 개신교의 모든 종파를 지배하고 석권했지만 그 후 개혁 시초의 열기가 사라진 뒤에는 개혁 정신도, 도덕적 생활도, 영적 영향력도 사라져 버렸다. 칼빈은 종교개혁 제2기의 막강한 지도자이다. 그의 예정론을 제대로 이해하는 개신교 목사는 많지 못하다.

개혁파 교회에서는 교인의 훈련을 그리스도인으로서의 완성보다 자기 파에 충성할 교인을 만들고 통제하기 위해서만 했다. 개신교는 이상한 종파이다. 종교이면서 도덕, 선행, 참회, 영성을 무시해 버리는 종교이다. 오늘 개신교회는 교회 건물과 반복하는 예배와 교리만 가지고 예수 믿는 일의 전부인 줄 짐작하고 있다. 예배보다 더 깊이 믿는 길인 수도의 길, 영성의 길을 몰랐고 말하지 않았다. 개신교는 인간이 예수 믿고 기본 구원을 얻을 뿐만 아니라 하나님의 은혜로 말미암아 마땅히 변화되어야 할 존재, 새 사람됨을 가르치지 않았다. 개신교는 예수께서 믿는 자에게 기대하셨던 회개, 중생, 성화의 변화된 존재가 어떤 모습이어야 하는지에 대해서는 적절하게 해답을 주지 못했다. 그냥 예수 믿으면 된다고 하고, 교회 예배에 참석 잘하고 십일조 잘 내면 잘 믿는 것이라고 하고, 확실한 중생, 철저한 회개, 현저한 성화를 말하지 않았다. 이신칭의만 강조하고 교인의 영성을 위한 훈련을 신생인 생명의 요소에서 제외시켜 버렸다. "믿기만 하면 된다. 믿기만 하면 성화된다. 회개, 선행, 수도는 필요 없다"고 가르친다.

엘톤 투루블라드라는 사람이 말하기를 "개신교에는 일반 교인들의 실천 생활 특성이라고 규정할 수 있는 독특한 특징이 없다"고 했다.

칼빈보다 3백 년 뒤에 나타난 감리교는 교인 훈련시키는 일에 있어서 은혜의 수단들을 "기관파"the Instituted와 "신중파"the Prudential 둘로 분리하여 기관파는 은혜의 수단으로 "기도, 성경, 독경, 성만찬, 금식, 그리스도인의 공동체"를 포함시켜 언급했고, 신중파는 "철야기도, 자기부인, 자기 십자가 지기, 하나님의 임재 연습" 등을 포함시켜 언급했다.

오늘 개신교도들이 구원 문제에 대해 개혁자들이 부르짖은 대로 "믿음으로만", "은혜로만"은 좋다. 그러나 5백 년 전 개혁자들이 이것을 부르짖을 때의 심정과 오늘 우리 말은 같은 말이라도 사정이 전혀 다르다. 마틴 루터는 에르푸르트 수도원에서 10년 동안 수도하면서 자기의 구원 문제를 고민하고 고민하던 끝에 구원은 "믿음으로만"을 깨달은 것이다.

오늘의 현상을 보자

이제 우리는 "믿음으로만"이라는 소리보다 현실 한국교회의 되어 가는 실제 현상을 보자. 과연 이대로 좋은가? 변질되고 세속화하고 타락한 이런 것도 종교라 하는가? 기독교라 하는가? 생선 시장의 썩은 냄새보다 한국교회 지도자들의 썩은 냄새가 더 독하다. 이신칭의만 일방적으로 주장하다가 오늘 이 꼴이 된 개신교는 사탄의 시험을 받고 있다. 모두가 급속도로 세속화하고 맛 잃은 소금이 되어 밖에 버리워져 한창 사람들의 짓밟힘이 되고 있다.

어느 음식점 주인인 교회 권사의 말을 들어보자. 천주교인과 개신교인들이 이 음식점에 와서 먹고 간 뒷자리가 전혀 다르단다. 개신교인들은 지저분하게 흘리고 쏟은 채 그대로 두고 가지만, 천주교인은 깨끗이 정돈하고 닦아놓고 간다고 한다. 천주교인은 개신교도처럼 성경을 많이 읽고 배우지는 않는다. 그러나 성경 정신의 요령, 기독교인의 성성聖性, 완덕, 영성을 배우고 실천한다. 개신교인은 평생 회개하는 일이 없지만 천주교인은 매주 고해성사를 한다.

교회 출석으로 예수 잘 믿는 줄로 생각하지 말라. 예배 반복으로 무마하려 하지 말라. 연보로 하나님을 무마하려 하지 말라. 교파로 구원 얻는 것이 아니다. 교인의 수로 덕을 보는 것이 아니다. 회개도 성화도 없이 영성이 죽은 사람들만 잔뜩 모인 것이 교회 부흥이 아니다. 그것은 에스겔 골짜기를 메운 해골 떼에 불과하다. 한 번도 회개하지 않는 교인, 중생重生 못한 교인, 성화 안 되는 교인들로 수만 명 교회를 채운 것이 진정한 부흥이 되겠는가?

특수 교회가 구원에 덕을 보는 것은 아니다. 큰 교회가 구원 얻는 데 유리한 것이 아니다. 교회주의를 버리라. 교파지상주의를 버리라. 교파주의는 큰 범죄이다.

예수 그리스도의 정신대로 살자

그리스도주의로 나가자. 예수 그리스도의 정신대로, 그 "얼"대로 살자. 그리스도 한 분에게만 영광이 돌아가게 하자.

신학교나 교회가 학생이나 교인들에게 교리, 신학, 신조, 성경, 예배 반복만 가르쳐 주고 훈련시켜 주면 할 일을 다한 것으로 아는 것은 큰 과오이다. 교리와 신학으로만 믿는 것은 온전하지 않다. 교리와 신학 속에 갇혀 있는 예수는 죽은 예수이다. 예수의 성심을 가져야 하고, 예수의 "얼"을 가슴에 품어야 하고, 영성이 살아야 한다.

기독교를 믿는 것이 아니라 예수 그리스도를 믿어야 한다. 기독교를 믿는 것이 아니라 진리를 믿어야 한다. 현재 기독교에는 진리가 아닌 것이 너무 많다.

기독교가 인류와 세계를 구원하는 것이 아니다. 변질되고 타락한 기독교는 나라를 망치고 세계를 망친다. 그런 교회는 신의 무덤이요 교회의 무덤이다. 그런 신학은 신의 죽음의 신학이다. 목사가, 선교사가 남의 영혼 구원하는 것이 아니다. 성경이, 정통 보수가, 복음주의가 사람을 구원하는 것이 아니다. 영성이 살아야 한다.

순수 기독교로 돌아가자는 소리가 높다. 변질되고 날조된 교계에 나사렛 예수, 원색의 예수를 재생시키자.

개혁은 비복음적인 것을 제하는 것

　개신교를 개혁해야 한다는 소리와 기독교 지도자에 대해 회개하라는 소리가 높다. 평신도의 회개만 필요한 것이 아니다. 목회자가 더 회개해야 한다. 목사, 장로, 권사가 되면 회개 안해도 좋은 것이 아니다.

　개혁의 첫째로는 우리 교회, 예배, 교인 주변에서 모든 비복음적인 것은 찾아내어 제거해야 한다. 오늘의 교회 제도, 예배, 풍속에는 비복음적인 것이 너무 많다. 변질되고 변조되고 날조된 기독교의 왜곡된 진리 부문을 찾아내자. 순예수, 원예수 회복 운동을 하자.

　문민 정부가 들어서고 부정부패 공직자를 척결할 때에 물의를 빚은 고위 공직자 가운데 기독교인이 다수로 나타났다. 우리나라 전 인구의 기독교인 비율이 4분의 1보다 많다. 기독교 신앙이 공직자들의 청렴성이나 양심에 아무런 역할도 못한 것이다.

　잠언에 "저는 자의 다리는 힘 없이 달렸나니 미련한 자의 입의 잠언 (종교 진리) 도 그러하니라"잠 26:7이라 했다. 한국 기독교회는 우리 사회의 부패를 막는 데 거의 실패하고 말았다. 누구보다 더 부끄러워해야 할 사람들은 한국 개신교 기독교인들이요, 특히 더 부끄러워해야 할 계급은 한국 개신교 지도자들이다. 기독교인이 비신자보다 더 도덕적으로 깨끗하지 못했다. 한국 개신교회는 양적, 수적 부흥에만 힘썼지 썩어져 가는 우리 사회에 빛도 소금도 되지 못했고, 오히려 세상에 앞장서서 썩었다. 교회는 사회의 도덕성을 살리는 데 아무런 역할도 하지 못했다. 교회는 유령들이 모인 흉가, 낮도깨비들이 들락거리는 망령들의 집합소인가?

　아! 그리스도의 "얼"이 죽은 종교이다. 종교가 선전하는 신앙과 도덕,

구원과 사회적 책임은 아무 상관관계 없는 넋두리나 거짓말이 되고 말았다. 교회가 세상에서 퍼부어져 오는 온갖 악평, 비판에 대비하려면 먼저 자체 내에서 뼈아픈 회개와 철저한 각성을 해야 한다. 우리는 지금 역사상 아주 중요한 전기를 맞고 있다. 이 중요한 시점에서 한국 기독교는 근본적인 자체 정화를 단행하여 썩은 부분을 도려내야 한다.

오늘 우리의 사회 개혁에 대한 요구는 곧 한국교회의 개혁이다. 한국 그리스도인의 회개를 요구한다는 인식을 해야 한다.

영성 회복 정진

"하나님의 아들들이 사람의 딸들의 아름다움을 보고 자기들이 좋아하는 모든 여자를 아내로 삼는지라 여호와께서 이르시되 나의 영이 영원히 사람과 함께 하지 아니하리니 이는 그들이 육신이 됨이라 그러나 그들의 날은 백이십 년이 되리라 하시니라." 창 6:2

본문의 "하나님의 아들들"을 천사들로 보는 해석이 있고, 또 한편으로는 경건한 "셋" 계통의 사람들을 가리킨다고 하는 이들이 있다. "사람의 딸들"을 "가인" 계통의 딸들로 보는 견해가 있다.

신앙의 순수성을 가장 쉽게 깨뜨리는 오인의 하나는 성교性交와 잡혼이다. 동정의 처녀성, 순결 속에 영성이 깃들고 있으나 동정성을 유린당할 때 육감적인 인간이 된다. 성의 타락은 인간 영성의 멸절이다.

"하나님은 영이시니 예배하는 자가 신령과 진정으로 예배할지니라." 요 4:24

신神을 섬기고 신과 사귀려는 종교인들 특히 기독교인들은 신神이 영靈이신 것처럼 영이 되어야 한다. 그리고 "참"과 "진리"가 되어야 한다. 하나님이 영이신고로 예배자도 하나님과 동질이 되어야 한다.

기독교인들에게 이보다 중요한 문제는 없다. 영이신 하나님과 동질이 되는 일만이 중요하다. 신령해져야 하고, 참된 사람이 되어야 한다. 우리의 인간성, 속성을 영화靈化시켜야 한다. 지성知性으로 하나님을 사귀지 못한다. 신학이건 교리이건 지식으로는 하나님과 생명적, 영적 사귐을 못해 낸다. 지성보다 영성을 회복해야 한다.

종교인은 지식보다 영성을 탐구해야 한다

십자가의 요한 성인은 "신앙은 지성의 밤이요 감성의 밤"이라고 말했다. 욕정도 죽이고, 육정도 죽이고, 지성도 제지할 때에 영성은 살아난다. 종교인은 지식 탐구보다 영과 영성의 탐구, 개발에 주력해야 한다. 종교적 학문, 신학 교리, 성경 탐구도 지식적 탐구에 치우쳐 학문 일변도로 파고드는 사람은 자기의 영성을 살리지 못한다. 육과 본능적 욕정과 세상과 지식 탐구가 인간의 영성을 가리고 덮고 있는 것이 현실상이다. 영성 회복을 위한 치열한 정신과 노력이 필요하다.

> "우리가 이것을 말하거니와 사람의 지혜가 가르친 말로 아니하고 오직 성령께서 가르치신 것으로 하니 영적인 일은 영적인 것으로 분별하느니라 육에 속한 사람은 하나님의 성령의 일들을 받지 아니하나니 이는 그것들이 그에게는 어리석게 보임이요, 또 그는 그것들을 알 수도 없나니 그러한 일은 영적으로 분별되기 때문이라 신령한 자

는 모든 것을 판단하나 자기는 아무에게도 판단을 받지 아니하느니라 누가 주의 마음을 알아서 주를 가르치겠느냐 그러나 우리가 그리스도의 마음을 가졌느니라."고전 2:13-16

영적인 것을 영적인 표현으로 설명한다. 신령한 것으로 신령한 것을 설명한다. 영적인 진리들을 영적인 사람들과 조화시킨다. 영적인 사상들을 영적인 말씀으로 결합시킨다는 뜻이다. 신령한 일, 영적인 일은 인간의 지혜의 말이나 철학적 용어가 적당치 않다.

생래生來 그대로의 사람, 영적이 아닌 사람, 자연에 속한 사람, 새 생명을 얻지 못한 사람, 영에 속한 영적인 사람이 아닌 사람, 영성이 죽은 사람은 참종교, 참그리스도의 일, 참성령이 주신 일을 받아들이지 못한다. 자연에 속한 사람은 하나님에게 속한 일들을 받아들이지 않는다. 영적인 것은 영적으로만 이해할 수 있을 뿐이다. 생래生來 그대로의 사람으로는 주님의 성심, 그리스도의 얼을 분변해 내지 못한다. 그러나 참그리스도인은 성령 안에서 그리스도의 성심, 얼을 가지고 있다.

텅 빈 인간들

영성이 죽은 사람들은 허깨비들의 거리, 텅 빈 인간들, 두뇌 조각이 짚으로 채워진 인간, 형태가 없는 모양, 색깔이 없는 그림자, 마비된 생명, 그리고 움직임이 없는 제스처이다.

영성이 죽은 종교인들 중에 "올바른 사람"은 없다. 한 사람도 없다. 깨닫는 사람도 없고 하나님을 찾는 사람도 없다. 모두가 비뚤어져 쓸모없게 되었다. 선한 일을 하는 사람은 없다. 단 한 사람도 없다.

"깨닫는 자도 없고 하나님을 찾는 자도 없고 다 치우쳐 함께 무익하게 되고 선을 행하는 자는 없나니 하나도 없도다 그들의 목구멍은 열린 무덤이요 그 혀로는 속임을 일삼으며 그 입술에는 독사의 독이 있고 그 입에는 저주와 악독이 가득하고 그 발은 피 흘리는 데 빠른지라 파멸과 고생이 그 길에 있어 평강의 길을 알지 못하였고 그들의 눈 앞에 하나님을 두려워함이 없느니라 함과 같으니라."롬 3:11-18

"…여러 사람들이 그리스도의 십자가의 원수로 행하느니라 그들의 마침은 멸망이요 그들의 신은 배요 그 영광은 그들의 부끄러움에 있고 땅의 일을 생각하는 자라."빌 3:18-19

인간 실존은 영원한 영의 세계로 가는 나그네이다. 세속에 빠지지 말고 육에 매이지 말아야 한다. 속성과 육은 낡은 옷을 벗듯이 빨리 벗어 버려야 한다.

세속은 영혼의 함정

영성 회복에 전력을 다하자. 세속은 영혼의 함정이다. 세속을 경계하고 멀리해야 한다. 신학이니 철학이니 너무 지성에 빠져 들어가서도 안 된다. 지성이 영성을 살리지는 못한다.

성인전을 읽고 성인의 생활을 따르며, 종교적 덕성을 기고 "얼"을 살려야 한다. 지성보다 영성을, 육감보다 영감을 살려야 한다. 철학자나 신학자들의 하나님으로 믿지 말자. 학자나 신학자들을 찾아다니기보다 성인을 찾자.

바울은 회개한 직후 혈육과 의논하려고 예루살렘에 있는 사도들을 찾아가지 않고 아라비아 사막에 들어가 영성을 먼저 살렸다.

성 안토니의 영성은 세속의 소유 일체를 버리고 산과 무덤, 버려진 성채와 사막에서 끊임없이 마귀의 시험을 겪으면서 무르익은 것이었다. 사람들은 그를 하나님의 벗이라 불렀다.

이집트 사막의 수도 교부들, 갑바도키아 절벽에 동굴을 뚫고 수도하던 이들, 아토스 성산에서 수도하는 이들의 영성, 시리아 주상의 성자 시므온의 영성, 거지 성자 분도 라브르의 영성. 직업적인 제사장에게는 오지 않던 하나님의 영감이 그들에게는 흘러넘쳤다.

은둔, 고독, 침묵, 금욕, 고행, 청빈, 순결, 참회, 이것이 영성수련하는 길이다. 모든 성인 수도자는 하나님이 청빈 속에 계시다고 가르쳤다. "심령이 가난한 자가 복이 있나니 천국이 저희 것"이라는 것을 일깨워 주었다. "마음이 청결한 자는 하나님을 볼 것"이라는 것을 보여 주었다. 하나님은 고독과 침묵 속에 계신다고 그들은 말한다.

한국교회 부흥

한국은 종교 성업의 나라이다. 어디나 교회 간판만 달면 교인이 모인다. 한국 개신교의 부흥은 세계 선교의 기적이라고 한다. 일본이나 대만교회 목사들은 한국교회의 부흥을 부러워하고, 그 원인을 연구하고 모방해 보려고 애쓰고 있다.

전 세계에서 가장 큰 50개 교회 중 23개가 한국에 있고, 세계 10대교회 가운데 첫째로 큰 교회가 한국에 있다. 개교회 교인 재적수가 70만

명이라면 일본의 총 기독교인 수를 능가한 것이다.

한국 기독교인이 1천 2백만 명인데 일본은 25만 명에 불과하다. 1991년도 한국 개신교 통계로는 교회수가 3만 6천 개이고, 교역자의 수는 5만 6천 명이다. 실제 예배에 출석하는 수는 6백만 명에 달한다고 한다. 신학교는 2백 개가 있다고 하는데 무인가無認可 신학교를 일일이 셀 수가 없어서 그 정확한 수는 알 수 없다고 한다. 이들 신학교에서 해마다 5천 명에서 1만 명 이상이 졸업한다.

한국교회는 일본이나 싱가포르 등 아시아 어느 나라에서도 찾아볼 수 없는 독특한 교회요, 특수한 책임을 맡고 있는 교회이다.

해방 후 한국교회는 성장에 불이 붙었는데, 그 부흥의 표준은 "얼마나 많은 신도를 확보하고 있는가", "얼마나 많은 액수의 연보를 하는가", "얼마나 웅장한 교회를 짓는가" 하는 것이다. 이것은 모조리 겉껍데기의 허풍 부흥이다. 이제는 이러한 부흥조차 더 이상 되지 않는다. 1992년도 한국교회의 성장률은 0.6퍼센트라고 한다. 실제로는 감소하고 성장이 둔화된 것이다. 지방에 있는 교회가 문을 닫은 숫자는 3백 개에 달했다. 대부흥한다는 한국교회도 과거 유럽에서 전성을 이루다가 지금은 죽어버린 유럽의 교회와 같은 운명에 처하고야 말 것인가?

한국교회에는 새로운 귀족 떼들이 생기고 "권세 있는 자의 교회", "지배자의 교회", "더 많이 가진 자의 교회"로 화化하여 가고, 중산층의 노리개가 되어 가며, 빈민貧民은 밀려가고 있다.

죽은 교회는 건물과 교인 숫자만 자랑하지 능력을 나타내지 못한다. 1천 2백만 신도를 거느리고 있다는 한국의 거대한 기독교가 짊어진 사명이 무엇인가? 짊어지고 가는 십자가가 무엇인가?

10. 개신교의 영성

한국교회는 그것을 의식하지 못하고 개교파 지상주의와 개교회주의로 자기 교회 교인 수 불리기에 혈안이 되어 있고, 갖은 명목으로 연보 짜내기에 별별 수단을 다 쓰고 있다.

어느 유력한 월간지의 설문 조사 통계에 의하면, "한국교회의 개혁이 어떻게 일어나야 하는가?"라는 물음에 "점진적으로 개혁되어야 한다"는 대답은 83%, "처음부터 끝까지 개혁되어야 한다"는 대답은 14%였고, "그냥 둬도 좋다"라고 응답한 자는 한 사람도 없었다. 한국교회는 종교개혁이 일어나야 한다는 말이 된다.

한국교회의 갱신 방법에 대해서는 "목회자 자신이 새로워져야 한다"는 대답이 47%이고, "교회 밖을 향하여 관심을 쏟아야 한다"는 답이 19%였고, "목사의 목회 방향, 목회 철학을 새롭게 해야 한다"는 답이 16%였으며, "평신도들이 변화되어야 한다"는 답이 17%에 달했다. 그리고 응답자의 대다수는 "목사들이 말이나 설교보다 행동과 삶으로 실천해야 된다"고 주장했다.

또한 오늘날 한국 개신교 교역자들이 존경받지 못하고 있는 이유는 언행불일치, 독재성, 권위적인 것에 있다고 했다. 일본의 예언자로 평을 받는 우찌무라 간조가 기성 교회에 대해 이렇게 평했다: "그리스도는 교회를 세웠다고 할 수 있고 세우지 않았다고 말할 수도 있다. 우리는 교회의 참과 거짓을 판별해야 한다. 오늘날 소위 교회라 부르는 교회-교황이나 추기경을 두고 감독이 있고 장로가 있고 신학자가 있고 교회 헌법이 있고 신앙 조문이 있으며 정부나 정당 조직 비슷한 단체-세력 확장을 꾀하고, 자기네 주장을 여론화시켜 그런 방법으로 민중을 구원한다는 그런 것을 교회라고 부르는데, 그런 것은 그리스도께서 세우신 교회는 아니다."

지금은 기독교회의 변질과 부패 타락을 전 세계가 지적하고 교회의 개혁, 교역자의 반성과 회개를 모두가 부르짖고 있는 때이다. 교회란 필요악必要惡일 뿐이다. 이성을 잃은 성직자들의 교회, 물량적으로 비대한 교회나 개교회의 세력 확장, 팽창주의, 세속화 등이 팽배해 있다. 그중 가장 좋지 않은 것은 같은 기독교인들끼리의 교파 싸움이다.

지금은 말해야 할 때이다. 목사들의 눈치 보고, 교인들의 눈치나 보고 망설이고 주저할 때가 아니다.

> "크게 외치라 목소리를 아끼지 말라 네 목소리를 나팔 같이 높여 내 백성에게 그들의 허물을, 야곱의 집에 그들의 죄를 알리라."사 58:1

파수꾼이 "벙어리 개같이 짖지 못하면"사 56:10 하나님은 그 죄를 파수꾼에게서 찾으실 것이다.

한국교회는 영성이 살아나야 한다. 2차 세계대전 중 나치 독일이 유럽을 짓밟고 유린할 때 독일 대학은 나치스에 굴복했고, 독일 언론은 벙어리 개같이 짖지 못했다. 그러나 독일교회만은 그렇지 않았다. 교회 일부는 나치스에 굴복했지만, 그중에 본 회퍼와 같은 위대한 목사가 있었다. 니묄라 목사는 나치스에 붙잡혀 감옥에 끌려가면서 "하나님을 대적할 자 누군가?"라고 했다. 그 후 8년이 지나 히틀러가 망하고 감옥문이 열려 나올 때 그는 다시 말하기를 "하나님의 은혜를 감당해 낼 자가 누구인가?"라고 했다.

오늘 한국교회는 대각성해야 한다. 무작정 교인이 많이 모이게 하고 교회 건물이나 크게 짓는 것이 교회의 부흥이 아니다. 철저히 회개하고 분명히 중생하고 성화되어 가야 참교회이고 참기독교인이다. 과연 어떠한 기독교를 만들어가고 있느냐가 중대한 문제이다. 나사렛 예수, 복음서의 원색의 예수, 예수의 "얼"이 살아야 참교회이다. 순수 예수의 정신 그대로 살려 가야 그리스도의 교회이지, 예수 색깔이 변색하고 퇴색하고 진리가 왜곡되고 변질된 기독교는 예수 그리스도의 교회가 아니다.

개신교는 목사들이 제 마음대로 교회를 만들어 간다. 내 편리에 따라, 내 취미에 따라 내 나름대로의 기독교를 만들고 다니지 말라.

하나님 죽음의 신학, 민중신학, 해방신학, 정치신학, 흑인신학, 포스트 모더니즘, 종교다원주의, 유행신학은 한때 지나가는 바람일 뿐이다. 성경을 양심과 이성으로 다시 보자. 현실의 이곳에는 비복음적인 것으로 모조리 꽉 차 있다.

복음서를 다시 보자. 마태복음 10장 1-15, 12절에 제자들을 파송하시면서 하신 말씀이 바로 예수님의 마음이다. 이러한 예수님의 "얼"을 가지고 한국교회를 다시 조명해 보자. 무저항, 인욕忍辱의 정신, 애적愛敵의 정신, 순결의 정신, 은밀한 정신이 바로 예수님의 정신이다.

신학과 교리로만 예수를 믿으면 완전한 것이 아니다. 나사렛 예수의 "얼"로 믿어야 한다. 개신교 교인의 훈련도 성경 통독이나 암송식의 성경공부보다는 예수의 "얼"을 심어 주고, 얼사람이 되어 예수님의 성심聖心으로 행동하고 실천하게 해야 한다.

요즈음만 교회가 변질되고 부패하고 타락한 것이 아니라 어느 시대이든지 그랬다. 구약 예언자 시대도 그랬었다. 이사야는 하나님의 음성을 대변하여 잘못된 예배를 경고했다.

"너희가 내 앞에 보이러 오니 이것을 누가 너희에게 요구하였느냐 내 마당만 밟을 뿐이니라 헛된 제물을 다시 가져오지 말라 분향은 내가 가증히 여기는 바요 월삭과 안식일과 대회로 모이는 것도 그러하니 성회와 아울러 악을 행하는 것을 내가 견디지 못하겠노라." 사 1:12-13

헛된 예배는 하나님이 거절하신다.

"너희가 손을 펼 때에 내가 내 눈을 너희에게서 가리고 너희가 많이 기도할지라도 내가 듣지 아니하리니 이는 너희의 손에 피가 가득함이라." 사 1:15

바리새인의 기도같이 위선적인 헛된 기도는 하나님이 안 들으시려고 눈을 가리고 귀를 막으신다고 했다. 한국교회의 예배는 하나님에게 올라가는 예배인가, 사람들을 기쁘게 하는 예배인가?

"내가 너희 절기들을 미워하여 멸시하며 너희 성회들을 기뻐하지 아니하나니 너희가 내게 번제나 소제를 드릴지라도 내가 받지 아니할 것이요 너희의 살진 희생의 화목제도 내가 돌아보지 아니하리라 네 노랫소리를 내 앞에서 그칠지어다 네 비파 소리도 내가 듣지 아니하리라." 암 5:21-23

기독교인들의 총회이고, 부활절의 연합 예배이고, 주일 성수이고, 성가대이고 모두가 가증스럽다는 것이다.

"만군의 여호와가 이르노라 너희가 내 제단 위에 헛되이 불사르지 못하게 하기 위하여 너희 중에 성전 문을 닫을 자가 있었으면 좋겠도

다 내가 너희를 기뻐하지 아니하며 너희가 손으로 드리는 것을 받지도 아니하리라."말 1:10

십일조 헌금도 감사 헌금도 가증스럽다는 것이다. 차라리 그 많은 교회문을 닫을 자가 있었으면 좋겠다는 하나님의 노여움이시다.

직업적인 제사장과 돈만 탐하는 제사장에 대해서도 말씀하셨다.

"너희 제사장들아 이제 너희에게 이같이 명령하노라 만군의 여호와가 이르노라 너희가 만일 듣지 아니하며 마음에 두지 아니하여 내 이름을 영화롭게 하지 아니하면 내가 너희에게 저주를 내려 너희의 복을 저주하리라 내가 이미 저주하였나니 이는 너희가 그것을 마음에 두지 아니하였음이라 보라 내가 너희의 자손을 꾸짖을 것이요 똥 곧 너희 절기의 희생의 똥을 너희 얼굴에 바를 것이라 너희가 그것과 함께 제하여 버림을 당하리라."말 2:1-3

여기에서 "너희 복을 저주하리라"는 말씀은 제사장, 즉 목사가 손을 들어 축도하는 손에서 복이 내리지 않고 저주가 내리리라는 것이다. 그리고 거짓된 성직자의 얼굴에는 절기 희생 짐승의 똥을 발라 주겠다는 것이다. 종교가, 성직자라는 것이 도리어 그들의 수치가 될 것이다.

참예언자는 국가와 민족의 죄악을 책망해 바로잡아주어야 하듯이, 오늘 한국교회도 교인들의 잘못을 고쳐 주려 하지 않은 채 무사안일주의로 지내서는 안 된다.

"그들이 내 백성을 유혹하여 평강이 없으나 평강이 있다 함이라 어떤 사람이 담을 쌓을 때에 그들이 회칠을 하는도다."겔 13:10

과거 수십 년간 교회를 핍박하던 일본 세력은 물러가고 종교를 박해하던 무서운 공산주의도 무너지고, 이제 한국교회는 1천 2백만 신도로 대부흥하고 서울에 교회수가 다방보다 더 많은 오늘날이 태평성대인 줄 알고 있다. 기독교 귀족 떼들이 사치하고 연락하며 흥청거리고 오만방자를 다 떨다가는 프랑스나 러시아의 멸망한 교회와 같이 우리도 결국 멸망한다. 지금 오만방자하고 기고만장한 한국교회를 회개시켜야 한다.

"크게 외치라 목소리를 아끼지 말라 네 목소리를 나팔 같이 높여 내 백성에게 그들의 허물을, 야곱의 집에 그들의 죄를 알리라." 사 58:1

한국교회가 냉철히 자신을 반성하고 개혁되고 변모되지 못한다면, 오늘 인간 생활이 과학과 편리와 향락과 범죄의 절정에 이른 시대 속에서 교회는 장차 더 이상 존재할 수 없게 된다.

한국교회의 병

불교 조계종 이성철 스님이 종정 자리에 오르면서 불교계에 던진 경고는 "오늘의 절간은 도둑놈들의 소굴이다. 중놈은 딱딱 목탁을 치며 부처를 팔아먹는 도둑놈들이다"라고 했다.

오늘 한국교회도 마찬가지다. 해마다 각 노회 총대 상대로 수억 원을 뿌려 매수하는 일이 통례화되었다. 전에는 총회장 입후보 출마 선거비로 1억원 정도 뿌렸지만 요즈음은 5억 이상 10억 원을 살포한다. 그 막대한 돈을 출마한 목사는 자기 교회의 영광이니 교회보고 대라고 한다. 교인들보고 십일조 도둑질해 먹지 말라고 협박하다시피 짜낸 연보로 그런 부정 선거에 쓰는 것이다. 교회에서도 부흥사도 기도원에서도 아무렇게나 축복을 남발하여 무한정으로 연보를 거둬서는 대부분 교회를 치장하고 호화로운 교회 행사에 사용한다. 먹고 마시고 호화판 호텔 집회를 경쟁한다. 성도들이 피땀 흘려 벌어서 낸 눈물의 십일조를 목사 자신의 호주머니에서 나오는 돈인 양 물 쓰듯 쓴다. 이는 천벌 받을 노릇이 아니겠는가?

어느 교회는 설교는 불과 십여 분인데, 헌금봉투를 한 아름 안고 나와 일일이 호명하면서 축복해 주는 시간이 대부분이라고 한다. 예배 시간에 설교보다 연보에 치중해서 일일이 광고해 주고 축복해 주는 것은 비복음적이다.

한국 프로테스탄트는 교단으로는 연합하지 못하고, 개교회주의로 나가고, 양적 팽창에 몰두하고 있다. 세속화와 물신物神주의가 지배하고 있다.

근자에 와서는 샤먼적 부흥사나 기도원 집회뿐만 아니라 개 교회 예배에서도 무질서하고 소란스러운 박수와 춤과 열광적인 분위기를 조성하는 데 신경을 쓰고, 재즈 같은 노래와 춤과 율동을 하는 예배가 있는가 하면, 무분별한 안찰 행위와 축복성회, 은사집회, 성신 폭발 성회를 빙자해서 그 대가로 헌금을 강요한다. 전국 교회로 번져 가며 불건전한 부흥집회가 성행한다.

또한 한국교회는 명분이 없는 분열이 악순환되고 있다. 누가 말하기를 분열은 세계적으로 공인된 한국교회의 "트레이드 마크"라고 했다. 허울 좋게 연합한다는 구실로 모여서는 또 새로운 분열을 한다. 일치하자는 운동 단체가 분열하고 있다.

복음이 가르치는 진선미와 거룩을 외면하고, 썩은 사회의 부패 타락 풍조에 편승해서 세속화하고 순결을 잃고 양심이 마비되었다. 기독교인들의 이 같은 윤리적 타락상은 한국교회가 예배나 반복하고 연보나 짜내고 믿음으로 구원 얻는다는 기복신앙이나 선전하고, 예수의 "얼"이 빠지고 정신적 기반이 형편없다는 것을 드러낸다. 모래 위에 세운 한국교회이다.

기독교인에게서는 종교인이라는 특성을 찾을 길이 없고, 맛 잃은 소금같이 버려져 세상 사람들에게 손가락질을 받는 처지가 되었다. 이제 기독교인을 존경하는 사람은 한국에 없다. 기독교인이 되기 전에 먼저 인간다워야 하고, 사람 구실부터 해야 한다. 삼강오륜부터 배워야 하며, 효孝부터 먼저 배우고 예수를 믿어야 한다.

한국교회 병의 하나는 대형화, 거대화, 배금주의, 팽창주의이다. 예수께서는 제자들을 "적은 무리"라고 부르셨다. 어디든지 "두 사람이 땅에서 합심하여 무엇이든지 구하면…두세 사람이 내 이름으로 모인 곳에는 나도 그들 중에 있느니라"마 18:19-20고 하셨다. 오늘 한국교회에는 하나님의 뜻과 그리스도 정신은 제쳐놓고 인간적 야망으로 대형 교회, 특수 교회를 만들고자 자기파 세력의 팽창을 이루고자 수단과 방법을 가리지 않는 반그리스도 정신이 전체 교계에 퍼지고 있다. 기독교라면 순수해야 한다. 모든 반기독교적인 요소를 제거해 버리고 순수해야 한다. 교회주의로 나가지 말고, 교파 지상주의를 버리고, 그리스도주의로 나가자.

외면적 교회 부흥 발전만 애쓰지 말고 내면적 질실質實을 다져 가자. 그동안 한국교회의 부흥은 속이 텅텅 빈 채 바람만 잔뜩 불어 넣은 고

무풍선과 같은 부흥이었다. 이제는 더 부흥도 안 된다. 더 불어넣으면 터지고 만다. 그동안 교회마다 강조한 교인들의 의무 감당은 예배 출석, 십일조 연보, 배가 전도 등이었다. 그것도 좋으나 그보다 더 교인들을 철저하게 회개시키고 현저한 성화생활을 잘 지도하고, 그리스도의 "얼"을 넣어 주자. 무저항 정신, 인욕 정신, 청빈 정신, 순결 정신, 은밀 정신, 하좌下座 정신, 시시비비是是非非의 정신을 심어 주자. 성경공부도 좋으나 그보다 성경 말씀대로 실천하는 생활을 강조하고 실행시켜야 한다.

어느 목사는 "고난 참여나 좁은 문과 십자가 질 것을 설교해야 하지만, 그런 설교를 하면 교인들이 교회에 나오지 않는다"고 했다. 많은 교인들이 교회에 나오지 않아도 된다. 한 사람의 진실된 교인을 놓고도 바른 기독교를 말해 주어야 한다. 교인들이 듣기 좋아하는 설교만 하다가는 비기독교가 되어 버린다. 배나 지옥의 자식을 만든다.

너무도 탈선하는 한국교회의 분열, 무질서, 난동, 변질, 세속화를 보면서 주님의 분노를 느낀다. 누가 이렇게 만들었는가? 목회자들이 책임을 져야 한다. 한국 교인들이 나쁘다면 그건 모두 교역자의 책임이다.

"목자들은 어리석어 여호와를 찾지 아니하므로 형통하지 못하며 그 모든 양 떼는 흩어졌도다." 렘 10:21

"많은 목자가 내 포도원을 헐며 내 몫을 짓밟아서 내가 기뻐하는 땅을 황무지로 만들었도다." 렘 12:10

이 예언자의 비통한 부르짖음이 곧 오늘 한국교회 지도자를 보는 탄식이다. 기독신문에 대서특필하여 전면에 쓰기를 "오늘 한국교회 목회자 탈선이 위험 수위를 넘었다"면서 교역자들의 호화 생활과 성추행 범죄를 고발했다. 교역자들의 자질 문제, 윤리 문제에 대한 시비가 점점 높아지고 있다. 목회자들의 전반적인 개혁을 부르짖고 있다. 목회자들의 꼴은 약장수 같기도 하고, 씻김굿하는 무당 같기도 하다. 목회자들의 문제는 곧 한국교회의 문제이다. 한국교회의 악순환과 모순의 근원은 목회자들에게 있다.

한국교회 목회자들의 병폐

권위주의적인 양태: 여론 조사에 의하면 한국 사회의 가장 비민주적인 계층의 순위가 정치인, 관리, 군인 다음으로 목사이다.

안일 태만한 목회 풍토: 준비를 충분히 하지 않는 설교는 비논리적이고 일관성이 없다. 한번 해먹은 설교를 재탕 삼탕해 먹기 일쑤고, 목사 안수 받으면 아예 책과는 결별하는 눈치라고 한다.

목회자 자질 문제: 목회자의 세 가지 유혹은 돈, 명예, 여자라 하는데 윤리성 문제가 점점 심각해 간다. 이성 문제와 성추문이 너무 많고 부흥사들의 스캔들이 많다. 돈 문제에 있어서도 교회 재산을 사유화하려는 행패가 심하고, 목사들의 외화 해외 도피, 자녀들의 도피 유학, 교계 인사들이 이중 국적을 가지고 사는 일, 목사들의 독재성, 정치인과의 골프치기 등으로 목회자의 영적 자질이 떨어지고 있다.

성직자다운 교양과 위엄이 없다: 성직자가 도덕성 상실의 표본이라는 지탄을 받고 있다.

언행 불일치: 목사들의 약속을 믿을 수 없다. 예수께서 바리새인의 말

은 믿어도 그 행위는 본받지 말라고 하셨는데, 요즈음은 목사들의 설교도 믿을 수 없다.

한국교회 교역자들의 인격과 자질이 저질이라는 문제가 바로 한국교회가 망할 가장 근본적인 요소이다. 그러나 젊은 세대, 신학생, 젊은 교역자들에게서 꿈과 이상과 아름다운 비전을 가진 이들을 의외로 많이 만난다. 희망적이다. 그러나 그들에게 기도가 부족하고 영성이 신선하게 살아 있지 못함이 유감이다.

파수꾼에게 토죄한다고 했다. 파수꾼은 목사와 성직자들이다. 모든 책임은 교역자들에게 있다. 한국교회를 세속화시키는 것도 목사들이요, 한국교회를 분열하게 하는 것도 목사들이다. 개인적 출세 성공욕에 날뛰어 학벌, 학위, 지식을 찾노라 하지 말라. 교역자의 권위가 무엇인가? 성직자의 리더십이 무엇인가? 지도력인가? 아니면 지식이나 학벌인가? 성직자로서의 인격과 양심과 진실성을 목숨보다 더 소중히 여겨야 한다.

교역자는 전적으로 자기를 희생시켜야 한다. 학위, 학문, 지식만 탐구하노라 하지 말고 인격과 영성을 살리려고 애써야 한다. 순결한 도덕생활, 신비롭고 신령한 영적 탐구를 하며, 성령의 은사를 바라라. 직업적인 제사장이 되지 말라. 영감에 넘치는 예언자로 나서라. 구약 시대의 대표적인 종교가로 제사장과 선지자를 들 수 있다. 제사장은 세습적이요 직업적인 종교가였다. 그들에게 하나님의 묵시와 영감이 거의 내리지 않았다. 그러나 선지자들은 끊임없는 하나님의 영감 속에 살았다.

한 자루의 초에 불을 붙이면 모든 초마다 점화할 수 있다. 한 선지자가 잠을 깨면 그 시대 모든 백성의 잠을 깨울 수가 있다. 한 방에 있는 거문고가 울기 시작하면 모든 방마다 거문고가 공명을 일으켜 함께 울린다.

정치적인 개혁의 바람을 타고 교회 자체의 개혁을 부르짖으며 그 개혁안이 몇 가지 발표되었다. 깨달아야 하는 것은 개혁이 목적이 아니요 영성을 살리는 것이 목적이 되어야 한다. 한국교회의 개혁이나 갱신이 과연 성공할까? 개혁한다고 모두가 영성이 사는 것이 아니다.

종교는 언제나 지도자와 교역자들이 문제였다. 잘되고 못되고 하는 것 모두가 지도자의 책임이다. 기독교의 지도자들과 교회 목회자들은 지나치게 지식에 치중하지 말고, 학위와 학벌을 소중히 여기지 말고, 하나님에게만 매달리라.

성 프란시스의 놀라운 영성이 유럽에 새 운동을 일으키다가 그의 교단에 들어왔던 여러 지식층 제자들 때문에 프란시스의 "청빈"의 이상은 뒤집어지고 말았다. 그의 후계자로 알려진 엘리야는 프란시스를 존경하는 체하면서 스승의 청빈, 단순, 순결의 이상을 완전히 뒤집어 놓고 말았다.

개인적 출세와 성공을 바라고 지식을 탐하고 학위를 탐해서 미국, 독일까지 가서 가져오는 것이 무엇인가? 딴 소리만 하고 있다. 새로운 신학이나 유행신학, 새로운 지식을 목회자의 권위로 삼으려 하지 말자. 유행신학에 흔들리지 말라. 한동안 바르트 신학 바람을 일으킨 것도 목사들이요, 하나님 죽음의 신학을 부르짖은 알타이저 역시 신학자였다. 신신학과 고등비평으로 한국 교계를 갈라놓은 것도 목사들이요, 해방신학, 민중신학, 민중 메시아를 들여온 것도 목사들이며, 시한부 말세론으로 사회에 파문을 일으킨 자도 목사였다.

바울은 다메섹에서 회개한 후 예루살렘에 혈육과 의논하고자 하여 사도 베드로를 찾아가지 않고, 아라비아 사막 속에 들어가서 3년 동안 기도를 드렸다. 거기서 일어난 영풍靈風이 기독교 2천 년 역사에 최대의 영성에 있어서 영향을 끼쳤다.

사막으로 가라

사람이나 학자들을 찾아가지 말고 아라비아 사막으로 가라. 깊은 산에 들어가라. 거기에는 신령한 영풍靈風이 있다. 모세와 엘리야는 호렙 산에서, 예레미야는 동굴 속에서, 안토니는 이집트 콜짐 산에서, 베네딕트는 스피아코 산에서, 마하리시와 선다 싱은 히말라야 산에서 그들의 영성을 길렀다. 그런 속에서라야만 영성은 연단받는다. 영성은 윤리적 경건과 신비적이고 신령한 생활 속에서 산다.

학문 탐구보다 영성을 살리라

교역자는 학위고 유학이고 사람을 찾아다니기만 하지 말고 밀실이나 동굴 속에서 기도와 명상에 깊이 침몰하는 생활을 갈망하고 힘써야 한다. 의문은 죽이는 것이요, 영은 살리는 것이다. 기독교인이 권능을 얻는 원칙은 지식에 있지 않다.

"이는 힘으로 되지 아니하며 능력으로 되지 아니하고 오직 나의 영으로 되느니라." 슥 4:6

종교가의 감화력과 지도력은 그의 인격과 영성이다. 엘리야는 불의 예언자라 한다. 그는 산꼭대기에 앉아 있는 사람왕하 1:9이요 몸에 털이 많은 사람이라 했다. 예레미야는 굴에 엎드려 기도와 영감에 도취해 살았다.

기독교의 영성은 하나이나 다양성을 띤다. 여러 수도회에 따라 영성의 양상이 차이가 있다. 그래서 천주교의 영성, 정교회의 영성, 개신교의 영성이 각각 특색이 있을 것이지만, 누구나 영성생활과 영성 회복을 갈망하여 세상을 이기고 바울처럼 자기 몸을 치며 금욕과 고행과 절제를 하면 종파의 구별 없이 영성 충만은 마찬가지이다. 신·구교 차이가 없다. 비안네 신부는 자기 몸을 쳐 피를 흘림으로써 영성을 산 신부요, 썬다 싱은 개신교도로 영성이 충만한 사람이었다.

화 있을진저

6.25사변 때 인민군이 서울에 침입했다고 하니 전남 광주에서 목회하던 교회 목사들은 교회의 장교 가족을 통해 그것을 알고 장교의 가족들과 함께 교회를 버리고 제일 먼저 부산으로 도망쳤다. 수도원에 40일 금식기도한다고 와서 3일 만에 응답받았다면서 하산한 목사가 있다.

마태복음 23장에 예수께서 유대 바리새인과 서기관을 보고 "화 있을진저"를 일곱 번이나 거듭하셨다. 바리새인과 서기관은 오늘의 목사와 신학자들에 해당한다.

> "이스라엘의 파수꾼들은 맹인이요 다 무지하며 벙어리 개들이라 짖지 못하며 다 꿈꾸는 자들이요 누워 있는 자들이요 잠자기를 좋아하는 자들이니." 사 56:10

> "그러나 칼이 임함을 파수꾼이 보고도 나팔을 불지 아니하여 백성에

게 경고하지 아니하므로 그 중의 한 사람이 그 임하는 칼에 제거 당하면 그는 자기 죄악으로 말미암아 제거되려니와 그 죄는 내가 파수꾼의 손에서 찾으리라." 겔 33:6

기독교를 망치는 자는 남이 아니다. 교회 지도자 자신들이다. 교역자는 국가 민족과 그리스도 교회의 파수꾼이 아닌가? 우리가 꿈꾸는 자요, 누운 자요, 잠자기 좋아하는 자요, 벙어리 개같이 민족의 위기, 교회의 죄를 경고하여 나팔을 불지 못하면 민족이 망할 때 프랑스와 러시아 교회가 망할 때처럼 교역자가 먼저 심판을 받는다.

성인이여 오소서

오늘 역사적 변천기에 처해 신음하고 있는 한국교회가 요구하고 기다리고 있는 지도자는 어떤 인물인가?

학벌과 지식이 종교 지도자의 권위라고 생각하지 말라. 기독교 2천년 역사에 가장 큰 영향을 끼친 성인 베네딕트는 평신도로 스피아코산 동굴에서 기도하던 청년이다. 프란시스도 평신도로 걸식교단의 거지 떼 같은 제자들을 거느리고 돈과 학문을 배격하고 나섰다. 그는 유럽교회 역사를 변하게 했다.

성인 한 사람이 일어나면 시대가 변하고 수백 년 내려가며 큰 영향을 끼쳐 기독교를 새롭게 해주지만, 그런 성인이 함부로 나지는 않는다. 5백 년에 한 사람, 1천 년에 한 사람 날까말까 한다.

성인이여, 오소서. 성인이여, 오소서.

영적 지도력이 탁월한 높은 인격, 영성이 살고 리더십이 강한 목회자들이 일어나야 한다. 그것이 지금 한국교회가 고대하고 있는 교역자상이다. 그러려면 첫째, 강한 소명감을 가진 사람이어야 한다. 실력이 모자라 갈 데 없어 신학교에나 가서 그럭저럭 목사가 된 교역자는 천만 명이 있어도 한국교회를 살리지 못한다.

기도하는 소명자

이사야는 국가의 위기 속에 성전에서 기도하다가 하나님 영광을 보고 부르시는 소명을 들었다.

> "내가 누구를 보내며 누가 우리를 위하여 갈꼬 하시니 그 때에 내가 이르되 내가 여기 있나이다 나를 보내소서." 사 6:8

프란시스는 성 다미아노 성당 십자가 앞에서 기도하다 "프란시스야, 내 성전은 퇴락했다. 내 성전을 수축하여라"는 주님의 음성을 들었다.

영적으로 강력한 지도자가 되고 영성이 살리면 철저한 기도자가 되어야 한다. 형식적인 기도는 집어치워야 한다. 기독교사를 변동시킨 위대한 인물들은 기도에 침몰했던 사람들이다. 기도자가 엎드린 영장靈場에는 성령만 역사하시는 것이 아니다. 사탄도 집요하게 함께 역사한다. 두 신神이 동시에 역사한다. 그 시달림 속에서 기도하는 영의 능력을 얻는다. 영성이 익는다.

성 안토니가 기도할 때는 사탄이 친구로, 여자로, 돼지로 나타나 괴롭게 했다. 그 시달림 속에서 그의 영성은 연단을 받았다.

아르스의 성자 비안네는 끊임없이 사탄의 시험을 겪었다. 사탄은 그의 기도실 문을 쉬지 않고 두드리고 기도하는 곁에서 물장난을 쳤다.

통회하는 생활

영성이 살아 감화력이 있는 목회자가 되려면 끊임없이 자기를 반성하고 자기의 잘못을 세세하게 깨닫고 끊임없이 통회하는 자가 되어야 한다. 성 어거스틴은 일생 동안 세세하게 자기의 죄를 고백하여 참회록을 눈물로 썼다.

이집트의 사막 교부 마카리우스나 아르센은 사막에서 수도하면서 서로 만나면 아무 말도 하지 않고 "웁시다. 이후에 지옥에 떨어져 원통하게 눈물을 흘리기 전에 어서 이 세상에서 눈물을 다 짜냅시다"라고 하면서 모래밭에 얼굴을 대고 하염없이 통회하였다고 한다.

악화는 양화를 구축한다

악화는 양화를 구축한다는 말은 우리 기독교에도 적용이 되는 말이다. 부패한 기성세대는 건전한 새 세대를 구축한다. 직업적 종교가인 제사장은 언제나 하나님의 선지자와 대립되고 적대 행위를 취하여 하나님의 선지자를 박해했다. 아모스 선지자가 이스라엘의 멸망을 예언할 때, 벧엘의 제사장인 아마샤는 왕에게 아모스를 모함하고 이스라엘에서 몰아내려고 했다 암 7:10-17.

순교자 주기철 목사가 신사 참배를 거부하고 감옥에 갇혀 있을 때 평양 노회는 주목사의 목사직을 제명하기로 하고, 대표로 최지하 목사를 감옥에 파견했다. 이 소식을 들은 주목사는 "내 목사직은 하나님으로부터 받은 것이니, 하나님이 그만두라고 하시면 그만두겠소"라고 했다.

영성 고갈의 현실

에스겔 선지자는 환상 중에 해골 골짜기를 보았다. 골짜기에 뼈가 많았다.

"뼈가 심히 많고 아주 말랐더라." 겔 37:2

이는 오늘 한국교회의 영성이 고갈한 모습이다. 교인수가 1천 2백만 명, "심히" 많다. 그러나 그들 영성은 "아주 말랐다."

"주 여호와의 말씀이니라 보라 날이 이를지라 내가 기근을 땅에 보내리니 양식이 없어 주림이 아니며 물이 없어 갈함이 아니요 여호와의 말씀을 듣지 못한 기갈이라 사람이 이 바다에서 저 바다까지, 북쪽에서 동쪽까지 비틀거리며 여호와의 말씀을 구하려고 돌아다녀도 얻지 못하리니 그 날에 아름다운 처녀와 젊은 남자가 다 갈하여 쓰러지리라." 암 8:11-13

오늘 한국 기독교인들은 영성 기갈 상태다. 심령이 비척거리고 있다. 1천 2백만 기독교인이 4천만 국민의 부정부패를 막지 못한다. 오늘 한국 개신교가 세속화되고 부패 타락하고 변질되어 가는데, 6만 명에 달하는 교역자가 속수무책이다. 교회 지도자들은 누운 자요, 잠자는 자요, 자기만 먹이는 목자요, 영성이 죽은 자들이다.

영성의 위기는 바리새화와 학문화하는 것이다.

신앙의 위기는 한편으로는 형식화하는 일(바리새화)이요, 또 한편은 지식화(신학화, 학문화)하는 일이다. 지나치게 학문화하고 신학화하고 철학화하고 교회화하면 결국은 영성을 죽이는 일이다.

하나님은 학벌, 지식, 수완이 좋은 인물보다는 영성인을 들어 쓰신다. 종교를 신학으로, 철학으로, 교리로만 믿는 줄 아는 것은 어리석은 일이다. 학벌이나 학위 따위를 얻으려 말고 밀실 동굴에 엎드려 영력靈力을 얻으려 하자. 나사렛 예수의 제자가 돈, 학위, 명예를 탐한다는 것은 어리석다.

목회를 기술이나 방법으로 하려는 것은 가증스러운 일이다. 사회의 기업 경영 면에서나 성공했을 각종 수단꾼들이 목사가 되어서 교회도 하나의 기업이요 목사도 먹어야 산다는 교회주의 목회 철학으로 교회를 경영하며, 인간적이고 세속적인 방법과 기술로 교회를 부흥시켜 놓았다. 그러나 내면은 텅텅 비어 있다.

속이 텅 빈 한국교회의 내면을 영성으로 채우고 다지는 운동을 하자. 인간적인 야비한 방법을 회개하라. 기독교라는 종교의 원칙으로 돌아가자. 영성이 살고 능력을 얻는 방법이 있다면 무엇이겠는가?

"이는 힘으로 되지 아니하며 능으로 되지 아니하고 오직 나의 신으로 되느니라 큰 산아 네가 무엇이냐 네가 스룹바벨 앞에서 평지가 되리라." 슥 4:6-7

"힘"으로, "능"으로는 인간적인 운동을 말한다. 인간적인 이즘 학설, 인간적인 운동은 하나님이 가증히 여기는 바이다.

"하나님이 한두 번 하신 말씀을 내가 들었나니 권능은 하나님께 속하였다 하셨도다." 시 62:11

인간들이 때묻은 손을 휘저으며 방법과 수단을 쓰는 동안 하나님은 비웃으시며 내버려두신다. 인간적인 야비한 방법을 집어치우라.

영성이 사는 일

"주의 신" "권능"을 얻는 것은 곧 우리의 영성이 사는 일이다. 영성을 얻어야 참 기독교와 참지도자가 된다. 영성을 위해 서재보다 밀실로 들어가라. 영성을 살리기 위해 입산하여 동굴에 엎드리라. 학벌이나 지식을 찾지 말고, 영성을 살리고자 갈망하라. 바깥 활동에 뛰어다니지 말고, 기술과 방법을 배우려 하지 말고, 내면 생활의 깊이를 파고들라.

성인들이 기도하러 들어간 동굴은 도자기를 굽는 가마와 같다. 프란시스는 아씨시 스바지오 산 동굴 속에 엎드려 세월 가는 줄 모르고 기도하다가 십자가 보혈의 감격이 바다의 조수와 같이 가슴에 밀려오는 체험을 얻었다. 유럽의 아버지라 불리는 베네딕트는 로마 근처 스피아코 산 절벽 동굴 속에 3년 엎드려 신을 부르며 기다렸다. 예레미야는 골고다의 굴에 엎드려 기도하다가 하나님의 세미한 음성을 들었다. 바울은 회개한 직후 아라비아 사막 속으로 물러가 3년을 엎드려 기도했다.

표면적인 교회 부흥이 아닌 내면화를 하자. 영성화하자. 인간의 깊이가 신의 깊이와 만나는 곳이다. 심층의 기독교가 되자.

우물을 파겠으면 한 우물만 파라.

슈바이처는 젊은 청년에게 충고하기를 "우물을 파겠으면 한 우물만 파게. 그리고 물이 나오도록 파게"라고 했다.

한국 기독교를 유럽의 교회나 러시아의 교회처럼 만들지 말고, 서구적인 장식을 제거하자. 내면화, 영성화시켜라.

기독교 부흥, 교회 갱신, 새로운 개혁, 영성운동 등을 인간의 권력과 계획, 설계도, 기구로 해내려고 하는가? 하나님의 일을 인간적인 지식, 기술, 방법, 테크닉으로 하려고 하지 말라. 하나님은 인위적인 테크닉을 증오하신다. 인간적인 방법을 써서 성공한 것 같아도 그것은 하나님의 일이 아니다. "오직 나의 신으로 되느니라"는 말은 "내 영을 받아야 된다"는 말이다.

예수께서는 3년 동안이나 제자들을 가르치시고 훈련시키시고 승천하시면서 "갈지어다. 빨리 나갈지어다!"라고 말씀하시지 않았다. "예루살렘을 떠나지 말고 아버지의 약속하신 것을 기다리라… 성령이 너희에게 임하시면 너희가 권능을 얻고 예루살렘과 유다와 사마리아와 땅끝까지 이르러 나의 증인이 되리라"행 1:4-8고 하셨다.

하나님의 강권으로 세우신 예언자

이해타산으로 자원해서 교역자가 되려 하지 말라. 자기는 원하지도 않는데 하나님이 억지로 끌어내어 세우시는 종이 되어야 한다.

선지자 아모스는 아마샤가 예언 활동을 금지시키며 추방하려 할 때 대답하기를 "나는 목자요 뽕나무를 재배하는 자로서 양 떼를 따를 때에 여호와께서 나를 데려다가 여호와께서 내게 이르시기를 가서 내 백성 이스라엘에게 예언하라 하셨나니"암 7:14-15라고 했다.

억지로 된 예언자, 하나님이 강권적으로 몰아 내세운 예언자이다. 모세는 하나님이 그를 애굽 바로 왕에게 보내려 하실 때 계속 못 가겠다고 회피했지만, 하나님은 기어이 그를 애굽 바로에게로 보내셨다. 인간의 선택이 아닌 하나님의 소명이란 것은 이런 것이다.

사도 바울은 자기가 회개하고 싶어 회개한 것이 아니요, 예수믿고 싶어 믿은 것이 아니다. 그는 기독교인들을 체포하러 다메섹으로 가던 도중 강권적으로 회개당했다. 바울의 소명도 그의 자원이 아닌 강권적인 소명이었다. 그리고 더구나 하나님이 바울을 그렇게 부르신 것도 그에게 뛰어난 무엇이 있었기 때문이 아니다. 그는 체구도 왜소하고 구변도 졸변이었다. 모든 점에 있어서 하나님의 종이 될 자격이 미달이었다.

자기의 자랑스러운 인물, 학위, 학벌, 지식, 구변, 수완, 노래 등을 장담하고 하나님의 일을 해내리라는 생각에서 나서지 말라. 순수해야 한다. 하나님은 인간적인 것, 인간이 자랑하는 것을 가지고 나서서 하나님 일 하노라는 것을 원치 않으신다. 인간적으로 무능한 사람, 차라리 학벌도 지식도 없는 이, 버림당한 이를 골라 세워 일을 시키시면서 오직 하나님의 능력으로 하신다는 사실을 나타내려 하신다.

아르스의 성자 비안네는 너무 무식하여 늙어서야 겨우 사제가 됐다. 그러나 하나님은 그를 귀히 사용하셨다. 비안네가 사랑에 대한 설교를 할 때는 그의 몸이 설교대 위에 떠올랐고, 변화산상의 예수님처럼 변화하고 머리엔 후광이 빛났다.

한 알의 밀이 땅에 떨어져 죽어야

주께서 한 알의 밀이 땅에 떨어져 죽어야 많은 열매를 맺는다고 하셨다. 종교 지도자, 교역자가 우선적으로 해야 할 일은 자기를 죽이는 일이다. 철저히 자기를 죽여야 한다. 개인적 출세 성공욕을 버리라. 자기에게 무슨 뛰어난 점, 장점이 있어 그것으로 그리스도의 사명자로 봉사하겠다고 장담해도 하나님은 멸시하신다. 그런 자랑스런 것은 미련 없이 버려야 한다.

모세는 말더듬이요, 바울은 왜소한 키에 졸변이요, 밀튼은 소경이요, 단테는 고향에서 쫓겨난 부랑자요, 프란시스는 무식쟁이에다 위궤양과 말년에는 소경이 되었고, 하천풍언은 기생의 사생아로서 폐병 환자요, 분도 라브르는 거지이며, 이용도 목사는 폐병 환자요, 길선주 목사는 소경이었다.

내 가정, 내 교회, 내 교파만 위한다는 생각은 버려야 한다. 바울은 모든 것을 철저히 버렸다. "그리스도를 위하여 다 해로 여기고, 모든 것을 잃어버리고 배설물로 여기며, 그리스도 십자가 외에 다른 것을 알지 아니하기로 작정하였다"는 심정으로 나가야 한다 빌 3:7-9.

동양 최초의 선교사 자비어는 순교자의 유골을 안고 다녔다. 개인은 완전히 희생되고 그리스도의 영광 하나만 바라고 살아야 한다. 목회에 있어서도 교회주의를 지양하고 그리스도주의로 목회해야 한다. 물량적 비대, 팽창주의, 거대화, 세속주의를 버리라. 학문 위주의 지식주의도 버리라. 영성을 살리려면 가난해지고 단순해지고 지식을 버려야 한다. 내 한 교회만 잘되고 부흥하면 된다고 생각하지 말고, 내 교파만 바르다는 생각을 하지 말고 전체 기독교, 전 세계 신・구교, 기타 모든 기독교와 그리스도의 영광을 위해 활동해야 한다. 개신교만 잘 믿고 천당 가는 줄 아는 독선과 배타주의를 버리라. 예수 그리스도는 개신교도들만 위해 십자가에 달리시지 않았다.

모든 잘못을 반성하여 회개하라. 교역자의 개인 생활도, 오늘날 교회도 개혁해야 한다. 바리새인과 같이 바다와 육지로 두루 다니며 교우

하나를 얻으면 자기보다 배나 지옥의 자식을 만들지 말라. 쓰레기를 갈퀴로 긁어모으듯이 무차별 대량 전도를 하지 말고, 이삭 줍듯이 한 사람씩 전도하자. 교인 숫자만 늘리려 하지 말고 한 사람 한 사람 분명히 거듭나고 철저히 회개하고 성화되도록 가르쳐 주자.

대형 교회나 큰 교회가 갖는 의의도 있겠지만, 교회당만 크게 짓지 말자. 노틀담 성당은 2백 년간 건축한 호화 대성당이지만 이제는 관광지가 되어 버렸고, 웨스트민스터 사원은 3천 명의 영국 명사들이 묻힌 공동묘지가 되어 버렸다. 우리 한국교회가 아무리 큰 교회라도 바른 교역자가 일어나지 않고 영성이 죽어 버리면 그렇게 되고 만다.

나는 예언자가 아니다. 인류 역사의 미래에 대해 예언할 영감이 없다. 나는 토인비가 인류 문명의 흥망성쇠의 법칙을 연구해 보고 현대 문명이 앞으로 어떻게 될 것이라고 한 그런 선견지명은 없다. 그러나 나는 유럽 백인들의 기독교가 전성을 이루다가 오늘에 와서 쇠망해 나가는 것을 본다. 러시아교회가 쇠망한 것을 본다. 그것을 미루어 나는 오늘 한국교회가 이렇게 물량적 비대주의와 팽창주의와 세속주의와 배금주의로 나가면 머지않아 유럽교회의 말로처럼 되어 버린다는 것을 예언할 수 있다.

> "주 여호와의 말씀이니라 그 날에 내가 해를 대낮에 지게 하여 백주에 땅을 캄캄하게 하며 너희 절기를 애통으로, 너희 모든 노래를 애곡으로 변하게 하며 모든 사람에게 굵은 베로 허리를 동이게 하며 모든 머리를 대머리가 되게 하며 독자의 죽음으로 말미암아 애통하듯 하게 하며 결국은 곤고한 날과 같게 하리라." 암 8:9-10

교역자도 교회도 지금 멸망할 위기에 처해 있는 줄 자각하고 영성 회복 운동을 하자. 영성 회복 운동은 그냥 성령 충만만 받겠다는 운동이 아니다. 성령과 아울러 도덕적으로 순결하고 경건하고 바르게, 교리적으로 똑바르게, 육과 세속을 억제하여 끊고, 영적으로는 신령하게 살려는 운동이다.

예수께서는 "하나님은 영이시니 예배자들도 신령과 진정으로 예배해야 한다"고 가르치셨다.

학벌을 찾지 말고 지식을 탐하지 말고, 인간적 방법과 기술을 버리고 영성을 살리려 하자. 세상과 육을 이탈하고 쳐서 성령께 복종시키는 생활을 하며, 거짓 꾸민 것과 인위적인 것을 버리고 진실해지자. "참"이 되자. 예민한 양심과 진실을 가지고 거짓을 버리자.

"살리는 것은 영이니 육은 무익하니라 내가 너희에게 이른 말은 영이요 생명이라." 요 6:63

우리는 경성하여 애써 영성 회복을 사모하고 노력해야 한다. 예레미야는 예루살렘 서북문 밖 골고다에서 주야로 엎드려 기도와 영감에 도취해 살았다. 하나님의 영감이 넘칠 때 그는 미친 사람처럼 예루살렘 성전에 가서 성전 기둥에 기대 서서 "너희 이 문으로 들어가는 자들아" 하면서 눈물을 비 오듯이 흘리면서 그 유명한 성전 설교를 했다.

종교가, 성직자는 영성이 살아야 한다. 모든 선지자, 성인 성녀는 수도자처럼 살았다. 신령한 것만 사모하고, 세상을 이탈하고, 가난한 생활에 만족하고, 육을 억제하고 죽이며 순결하게 도덕적으로 신령하게 살려고 노력했다. 바울은 자기 몸을 스스로 친다고 했다. 그렇기 때문에 모든 성직자는 수도자처럼 살아야 한다. 존 웨슬리도 나이 50세가 되도록 결혼도 않고 수도자처럼 살았다. 그래서 영성생활 회복이 가능했다.

수도원은 영적 수원지

오늘 개신교회도 영성 회복 운동과 수도원에 관심을 두어야 한다. 어느 정도라도 수도원화해야 한다. 오늘 한국교회의 현실은 물량적 비대화, 팽창주의, 세속주의, 배금주의, 프리섹스 등 이 팽배해 있다. 이렇게 나가면 전체 신도들은 도덕률 폐기론자들이 되고 영성이 멸절하고 만다. 교회를 수도원화할 수 있다. 수도원은 영적 수원지이다.

기독교가 세계와 인류를 구원하는 것이 아니다. 변질되고 세속화하고 타락한 기독교는 세계를 망치고 나라를 망친다. 그런 신학, 교리는 신神 죽음의 신학이다. 그런 교회는 신의 무덤이다. 목사, 신학자, 선교사가 남의 영혼을 구원하는 것이 아니다. 영성이 살아야 남을 구원한다.

성인은 말할 줄도 모르고 성경을 가르칠 줄도 모르지만, 그들은 잠자코 서 있어도 세계에 감화를 끼친다.

주전 8백 년전 남왕조 유다의 최대의 예언자 이사야는 하나님 앞에 범죄한 이스라엘은 적군에게 끌려가 멸망하지만, 하나님이 숨겨두셨던 남은 자가 돌아와 새 시대, 거룩한 새 민족 성민의 씨가 된다고 말했다.

"이스라엘이여 네 백성이 바다의 모래 같을지라도 남은 자만 돌아오리니 넘치는 공의로 파멸이 작정되었음이라."사 10:22

하나님이 어디다 숨겨 보존해 두셨던 남은 자들이 돌아와 새 시대 건설의 씨앗이 된다는 뜻이다. 남은 자가 돌아오리라!

제4부

실천하는 영성

11. 영성생활

하나님의 형상 회복

어거스틴은 "하나님은 천지창조의 과정에 있어서 인간 이외의 다른 피조물에 대해서는 '있으라'(되어지라)고 선포하셨지만, 인간을 창조하실 때는 '우리의 형상을 따라 우리의 모양대로 사람을 만들고'라고 하셨다"고 말했다.

인간을 창조하실 때에는 삼위일체 하나님이 역사하셔서 삼위일체 하나님의 형상을 따라 창조하셨다. 그것은 육체적인 면이 아니다. 영성적인 면이다.

이와 같이 천지창조의 태초부터 하나님은 인간에게 초자연적 은총을 입게 하셔서 인간을 하나님 닮은 초자연적 상태에까지 끌어올려 놓으려고 계획하셨다. 하나님은 인간을 자연적 상태에서 초자연적 상태로 끌어올린 것으로 만족하지 않으시고 거룩함을 이루는 은총까지 주셨다.

인간은 일단 타락했지만 하나님은 단념하지 않으시고 보혜사 성령을 통하여 타락한 영성을 살리려, 성성케 하시고자 계속 애쓰신다.

"하나님의 뜻은 이것이니 너희의 거룩함이라." 살전 4:3

그러므로 그리스도 신자들은 단지 믿는다는 것, 이신득의로만 안심하고 있을 것이 아니라 거룩하신 하나님 자녀로서의 신분에 어울리게 완전에 도달코자 노력해야 한다. 불완전 속에 눌러 앉아 만족하고 있어선 안 된다.

하나님은 인류를 구원하시려고 전력을 다하신다. 독생 성자 그리스도를 성육신시키어 인간 세상에 보내사 십자가에 달려 피 흘려 대인 속죄케 하시고 저를 믿는 자를 의롭다 인정하시는 이신득의의 구원의 길도 하나님의 은총이지만, 하나님이 자기 형상대로 지으신 그 형상, 원상을 회복시켜야 구원의 완성이다.

보혜사 성령을 보내사 약한 인간에게 초자연적 생명의 근원인 거룩함을 이루는 성성의 은총을 주시고, 이로써 인간을 하나님 자신을 닮은 것, 그리스도의 형상을 본받아 하나님과 일치한 것이 되게 하시려는 것이 하나님의 구원의 속셈이다.

"이로써 그 보배롭고 지극히 큰 약속을 우리에게 주사 이 약속으로 말미암아 너희가 정욕 때문에 세상에서 썩어질 것을 피하여 신성한 성품에 참여하는 자가 되게 하려 하셨느니라."벧후 1:4

"하나님이 미리 아신 자들을 또한 그 아들의 형상을 본받게 하기 위하여 미리 정하셨으니 이는 그로 많은 형제 중에서 맏아들이 되게 하려 하심이니라."롬 8:29

"그런즉 사랑하는 자들아 이 약속을 가진 우리는 하나님을 두려워하는 가운데서 거룩함을 온전히 이루어 육과 영의 온갖 더러운

것에서 자신을 깨끗하게 하자."고후 7:1

"오직 너희를 부르신 거룩한 이처럼 너희도 모든 행실에 거룩한 자가 되라 기록되었으되 내가 거룩하니 너희도 거룩할지어다 하셨느니라."벧전 1:15-16

· 인간의 궁극적 목적은 이런 상태까지 이르러 신과 일치하는 데 있다. 사람은 본래 영성적 동물이긴 하지만 타락한 인간의 영성 회복은 인간 자체에 잠재해 있는 능력, 깨달음의 힘으로는 안 된다. 영성생활과 영성 회복은 그리스도께서 보내신 보혜사 성령의 역사로만 가능하다. 기독교는 어디까지나 초자연적 종교다.

우리가 믿어 의롭다 함을 얻고, 성령을 통해 거룩하게 하시는 성화의 역사 속에 놓이고, 거룩함을 온전히 이루게 하시는 성성의 은총 속에 우리 영혼이 하나님의 생명에 참예하는 상태는 마치 태아가 태내에서 모체와 하나의 생명안에 결합되어 같은 심장 고동으로 뛰는 것과 같다.

성성 은총의 상태는 삼위일체의 영상映像이다. 작열한 철이 불과 같은 성질이 되고 그 속에 섞인 여러 가지 불순물이 제거되듯, 성령의 성화 역사 속에서 인간 영혼의 불순물은 성총의 불에 태움을 입고 하나님 생명을 닮게 된다.

성화 구원 역사 속에 성성을 이루는 것은 이 세상에서 완성되는 것이 아니다. 오는 세상에 가서도 성성의 은총은 현세보다 한층 더 크게 자유로워 결국 하나님과 "얼굴과 얼굴을 대하여 보는"데까지 이를 것이다. 하나님의 영광, 그 진선미를 보고 경탄할 것이다.

영성신학

종교인들의 영성을 개발하고 육성하려는 것이 영성신학이다. 영성생활의 성격과 본질을 규명하고 그리스도인의 성화 방편과 완덕에 이르는 길에 대한 이름과 방법을 연구하는 학문이다. 그래서 영성신학은 영혼 정화의 길이다.

일반 기독교 교의신학이 다루는 문제와 영성신학이 다루는 문제는 다르다. 조직신학이나 교의신학은 이론적인 것이지만 영성신학은 그런 신학과 교리적 문제는 다루지 않는다.

본래는 윤리신학과 신비신학으로 나뉘어 따로따로 연구해 오던 것을 근래에 와서는 영성신학 하나 속에 이것들을 포함시켰으므로 영성생활의 원리와 방법을 탐구할 때에는 윤리신학과도 밀접한 관계 속에 있다. 윤리와 신령(신비)은 영성의 두 가지 요소다. 그래서 영성신학은 그동안 다른 여러 가지 명칭, 즉 수덕의 길, 신비의 신학, 성인 학문, 영적 학문, 완덕의 기술 등으로 불려 왔다.

그리스도인의 영적 생활은 우리 영혼의 신적 생명을 완성시키기 위해 율법적 명령에서만 아니라 인간의 자유의지로서 하되 적극적인 덕의 진보를 위해서는 수덕, 신비신학을 배워야 한다.

영성신학을 이루는 원천은

① 성경: 사색적 설교, 윤리적 설교
② 성인: 성인들 모방, 성인은 그리스도의 거울이다.
③ 전승: 성경에는 기록되어 있지 않은 교부와 신학자들의 가르침
④ 신앙과 경험에 조명받은 맑은 이성

⑤ 성령: 성령 충만, 카리스마적 은사, 신비적 영감 계시 등 모든 것이 성령 안에서 되어져야 한다.

영성신학의 목적은 성화생활과 완덕을 얻는 방법을 배우는 데 있으므로 윤리 면의 실천적 학문이다.

우리가 세례 받고 믿을 때 얻은 그리스도적 생명, 초자연적 생명을 더욱더 발전시키고 완전케 하는 길과 방법을 가르치는 것이 영성신학의 목적이다. 자기를 쳐서 복종케 하고 끊임없이 참회하며 영성생활을 실천함으로 하나님과의 일치에 더 가까이 이르려는 것이다.

우리 그리스도인은 모든 것이 하나님의 은총으로 되어지는 것이라 해서 자기의 영성훈련도 성령께 일임하고 한가하게 살아서는 안 된다.

성령의 역사는 빈사 상태의 중환자가 먹지도 않고 일어나지도 않는데 영양주사만으로 연명시키듯 하지 않으신다. 성령은 성경 말씀과 영적 지도자와 성인들을 통해서 가르치시면서도 우리로 하여금 각각 자유의지로 영성생활을 실천케 하시는 것이다.

성인들은 말이 아니라 실천생활 속에서 자기 모본을 통해 수덕생활을 가르쳤다. 수덕은 이론이 아니라 실제 학문이다. 그리고 율법적으로 하는 것이 아니라 자유의지로 하는 것이다.

성경에서는 우리 그리스도인보고 온전하라[마 5:48], 하나님의 뜻은 거룩이다[살전 4:3], 옛사람을 벗으라[골 3:9], 그리스도로 옷 입으라[롬 13:14]고 했다. 구원은 영성을 회복하는 데 있다.

고통하는 의로운 영

"무법한 자들의 음란한 행실로 말미암아 고통 당하는 의로운 롯을 건지셨으니(이는 이 의인이 그들 중에 거하여 날마다 저 불법한 행실을 보고 들음으로 그 의로운 심령이 상함이라) 주께서 경건한 자는 시험에서 건지실 줄 아시고 불의한 자는 형벌 아래에 두어 심판 날까지 지키시며." 벧후 2:7-9

불법과 음란 부패로 가득 찬 시대에 도시 속에서 날마다 보고 듣는 것이 더러운 것이니 아무리 잘 믿노라는 신자의 영성이라도 순결을 보존하기가 어렵다. 경건하게 살려는 이, 성인들에게 있어서 이 더러운 세상에 산다는 것은 극심한 고통이다.

우리가 지금 사는 이 시대는 종교적으로 도덕적으로 말이 아닌 시대다. 이 세상 풍속, 유행, 주의, 사상을 좋아하는 사람은 참그리스도인이 될 수 없다.

18세기 이전의 영국 사회를 평하여 "국민들의 영혼은 온통 썩어 버리고 동물적 본능만 활발하게 살아 있는 시대"라고 했다. 국왕은 많은 여자를 거느리고 연락에 빠져 세월을 보냈고, 귀족 계급은 음주 도박으로, 불량배들은 떼를 지어 다니며 거리에서 부녀자들을 농락하는 것이 상습이었다. 종교계도 타락하여 성직자들은 돈만 알았다. 영국 사회 구석구석이 부패해 썩어 갔다.

이것이 오늘 한국 사회 꼴이 아닌가! 오늘 한국 사회상을 똑바로 보라! 소돔 고모라보다 열 배는 더 썩었다.

중고등학생들이 음란 만화나 음란 비디오를 본다. 생전 처음 만난 남녀가 이름도 서로 대지 않은 채 하룻밤 사귀고 헤어지고, 여자들이 남자가 시중드는 술집에 다니고, 외국 관광객을 기생파티로 선전해 유치하고, 불량 청소년들이 어린 여중생을 납치해 윤간하고, 혼외정사가 유행이고, 미혼모가 득실거리고, 성직자들까지 타락한다.

우리도 소돔 고모라, 썩은 거리 속에 사는 영이다. 날마다 보고 듣는 것이 불법이요 퇴폐다. 매일 보고 듣는 풍속, 유행이 모두 영성을 말살시키는 것들이다.

본능적 욕정이 충동하는 육신을 쓰고 사는 짐승들의 세계, 모든 것이 음란하고 자극적이고 타락한 현대 물질세계, 이승, 썩은 땅, 그리고 세속화한 오늘의 종교계 속에 살면서 육신의 생명보다 더 귀한 순수 영성을 살리는 일은 지극히 어려운 일이 아닐 수 없다.

아! 한국 성직자들도, 종교계도 타락한다. 고통하는 롯이 되자. 아! 오늘 기독교회와 지도자들의 영성이 말살되고 있다. 인간이란 천사와 악마 사이로 왔다갔다하는 동물이라는 말이 맞다. 사도 바울도 "내 속 곧 내 육신에 선한 것이 거하지 아니하는 줄을 아노니 원함은 내게 있으나 선을 행하는 것은 없노라… 오호라 나는 곤고한 사람이로다 이 사망의 몸에서 누가 나를 건져내랴"고 했다 롬 7:18, 24. 완전한 인간은 한 사람도 없는가 보다. 불완전한 것이 인간의 운명인가!

하나님의 목적은 우리를 하나님 닮게 하고, 거룩하게 하고, 완덕을 이루게 하고, 영성을 살리는 데 있다.

영성생활 혁신

"하늘에 큰 이적이 보이니 해를 옷 입은 한 여자가 있는데 그 발 아래에는 달이 있고 그 머리에는 열두 별의 관을 썼더라 이 여자가 아이를 배어 해산하게 되매 아파서 애를 쓰며 부르짖더라 하늘에 또 다른 이적이 보이니 보라 한 큰 붉은 용이 있어 머리가 일곱이요 뿔이 열이라 그 여러 머리에 일곱 왕관이 있는데 그 꼬리가 하늘의 별 삼분의 일을 끌어다가 땅에 던지더라 용이 해산하려는 여자 앞에서 그가 해산하면 그 아이를 삼키고자 하더니 여자가 아들을 낳으니 이는 장차 철장으로 만국을 다스릴 남자라 그 아이를 하나님 앞과 그 보좌 앞으로 올려가더라 그 여자가 광야로 도망하매 거기서 천이백육십일 동안 그를 양육하기 위하여 하나님께서 예비하신 곳이 있더라 하늘에 전쟁이 있으니 미가엘과 그의 사자들이 용과 더불어 싸울새 용과 그의 사자들도 싸우나 이기지 못하여 다시 하늘에서 그들이 있을 곳을 얻지 못한지라 큰 용이 내쫓기니 옛 뱀 곧 마귀라고도 하고 사탄이라고도 하며 온 천하를 꾀는 자라 그가 땅으로 내쫓기니 그의 사자들도 그와 함께 내쫓기니라."계 12:1-9

"해를 입은 여자"는 신구약과 교회를 통한 하나님 나라를 의미하고, "여자가 낳은 아들"은 그리스도를 대표로 하는 하나님나라의 자녀들이다. 사탄은 그 본질에 있어서 하나님 자녀를 적대하는 것이고, 그 사실이 지상에 나타난 것이 현재의 교회 모습이다. 여자가 광야로 도망쳤는데, 이 세상이 광야다. 광야는 고난과 시련의 도장이다. 세상에서 교회는 전투의 교회다.

> "용이 자기가 땅으로 내쫓긴 것을 보고 남자를 낳은 여자를 박해하는지라…땅이 여자를 도와 그 입을 벌려 용의 입에서 토한 강물을 삼키니 용이 여자에게 분노하여 돌아가서 그 여자의 남은 자손 곧 하나님의 계명을 지키며 예수의 증거를 가진 자들과 더불어 싸우려고 바다 모래 위에 서 있더라."계 12:13-17

하늘에서 쫓겨 내려온 사탄은 전력을 기울여 교회를 박해하기 시작한다. 교회에 대한 사탄의 박해가 멎을 날이 없다. 몇몇 신도들이 그 박해를 입어도 하나님의 교회는 오늘날까지 광야 속에서 양육받고 있다. 성령이 강림하셔서 교회를 만드신 일에 대해 사탄은 전력을 다해 방해하려고 한다.

기독교 2천 년 역사를 통하여 사탄은 여러 가지 방법을 써 가며 하나님의 교회와 하나님 자녀들을 없애 버리려고 노력해 왔다. 로마의 네로 황제와 기타 황제들을 통하여, 또는 타 종교를 통하여, 혹은 공산주의를 통하여 사탄은 교회 안에 침투해 들어왔다.

오늘 우리는 인류 역사의 큰 변동기, 놀라운 시대에 살고 있다. 세계와 인류는 21세기로, 역사의 새 국면에 접어들고 있다. 과거 반세기 동안 전 세계에 두려움을 안겨 주고 무자비한 투쟁과 피의 숙청을 자행하던 공산주의가 전 세계적으로 얼음 녹듯이 무너지고 있다. 그동안 사탄은 공산주의를 통해 기독교를 박해하고 전멸하려고 했다. 세계는 3차 대전의 공포에서 당분간 풀려날 것 같다. 소련의 수백 곳의 군수공장은 이제 무기를 생산하지 않기로 했다.

좋은 세월을 만나 기독교는 다시 일어난다. 기독교의 복음은 이미 동남아로, 남미로, 아프리카로 들어갔고 지금은 중공에도, 북한에도 들어가고, 모스코에도 선교사가 들어가 있다. 좋은 세상이 돌아왔다. 그러나 이때 우리는 좋아라 하기보다 다시 긴장해야 한다.

"그들이 평안하다, 안전하다 할 그 때에 임신한 여자에게 해산의 고통이 이름과 같이 멸망이 갑자기 그들에게 이르리니 결코 피하지 못하리라." 살전 5:3

계시록 12장 13-17절을 보면 하늘에서 미가엘 천사에게 쫓겨 지상에 내려온 붉은 용은 여자의 남은 자손, 예수의 증거를 가진 자들과 싸우려고 바다 모래 위에 섰다고 했다.

"파수꾼이여 밤이 어떻게 되었느냐 파수꾼이여 밤이 어떻게 되었느냐 파수꾼이 이르되 아침이 오나니 밤도 오리라." 사 21:11-12

이것은 "너희가 아침이 오는 줄 아느냐? 천만에 아침이 오는듯 밤이 오리라"는 뜻이다. 지금은 잠시 기독교가 오랜 겨울잠에서 깨어나 황금시대가 닥쳐왔지만, 이것은 또한 기독교에 전에 없는 위기가 닥쳐온 것이다.

기독교의 새로운 적은 공산주의가 아니라 기독교 자체이다. 사탄의 세력은 유형적 교회 안에 침투했고, 교회 안에 니골라 당과 발람의 무리와 이세벨이 들어와 날치고 있다. 재림주가 계속 생기고, 이단 사교가 판을 치고, 강단에 화염병을 던지는 신학생이 생기고, 폭력배 두목 노릇하는 목사가 생기고, 살인 강도 목사가 생겼다.

기독교를 망치는 것은 언제나 기독교인 자신들이다. 집 안에 도둑이 있다. 공산주의보다 더 무서운 적은 기독교이다. 루터가 종교개혁을 일으킨 것도 기독교의 타락상을 보고서였다.

한국 기독교는 해방 전보다 해방 후에 형편없이 썩었고, 해방 직후보다 요즈음은 말로 형용할 수 없이 타락하고 부패했다. 오늘 기독교인들의 영성은 완전히 죽었다. 형편없는 교인들, 수많은 타락한 성직자, 수많은 세속화되고 변질한 교회들을 본다. 영성이 죽은 시대다. 오늘 교회의 사악과 부패가 진정한 기독교가 발전하는 길을 가로막고 있다.

물이 포도주로 변하듯

지금은 교인수를 늘리거나 피상적인 외적 교세 확장이나 교파 교회 부흥, 큰 성전 건축, 선교사 파송보다 기독교 대각성 운동이 일어나야 한다. 영성 운동, 그리스도의 얼을 살리는 본질적 각성 운동이 일어나야 산다. 장돌뱅이 같은 예수쟁이들이 교회에 모이지 말고 예수의 얼을 받은 그리스도인, 몸사람이 아닌 얼사람이 모여야 한다. 예수 믿고 우리도 예수가 되는 운동이 일어나야 한다. 물이 포도주로 변하듯 예수 믿는 자마다 인간 혁신이 되어야 한다. 변화가 오지 못한다면 기독교는 무용한 종교다.

큰 교회당을 경쟁적으로 짓고 싸우며 교세 확장이나 하는 기독교 운동을 중지하고 그리스도인의 양심 회복 운동, 이성 회복 운동을 하자. 성경공부나 열심히 하면 예수 잘 믿는 일이고 천당 가는 것이라 선전하지 말고 나사렛 예수의 "얼"을 내 가슴에 받아 "얼사람"이 되는 운동을 전개해야 한다. 이제 본질적인 그리스도 운동, 예수의 얼 운동, 수도원 운동, 그리고 기독교인의 대회개 운동을 일으키자.

화 있을진저

예수께서는 "서기관들과 바리새인들이 모세의 자리에 앉아 있다"마 23:2고 하시면서 "화 있을진저"를 일곱 번이나 반복해서 퍼부으셨다. 현대 교회는 7백 번이나 화 있다. 모든 종교가들이 자기 정체를 숨기고 안전한 보신책으로 뒤집어쓰는 탈은 정통주의다. 처세술에 능한 종교가들의 호신술은 정통, 보수, 복음주의 그늘에 숨는 일이다. 그러나 아무리 법통이요 정통 복음주의라도 이성과 양심을 잃은 자들의 정통은 죽은 정통이다.

기독교가 잘못되어 가는 모든 책임은 지도자들, 성직자들이 져야 한다. 목사들이여, 예배만 보면 되는 줄 아는 교인들을 왜 만들었는가? 예배만 볼 줄 아는 그리스도교인, 구두 기도만 잘하는 그리스도교인, 설교만 듣는 그리스도교인은 필요 없다. 양심인, 이성인이 참그리스도인이다. 양심과 이성을 잃은 자는 기독교인이 아니다. 인간이 아니다. 바울은 디모데전서 1장 19절에서 "양심을 버린 자의 믿음은 파선한 것"이라고 했다.

성직자에게는 사람들을 바로 지도해 바른 신앙을 갖고 영성생활을 하게 만들 의무가 있다. 뿐만 아니라 그러기에 앞서 자기 자신을 깊이 반성하면서 날카로운 양심을 다시 찾고 성화생활을 힘쓰고, 자기 영성을 살려야 할 의무가 있다.

성직자들의 생활에 일대 혁신이 일어나야 한다. 일이나 업적보다 먼저 그리스도인 자신의 영성을 살려야 한다. 너와 나의 순수 영성을 살려야 한다. 기독교 본래의 길을 바로 찾자. 원예수, 본질적 기독교, 순수 예수 운동을 하자. 기독교가 기독교 되게 하자.

깊은 생각 없이 무모하게 대교회를 꿈꾸지 말고, 개인적 출세 성공을 바라지 말고, 팽창주의와 거대화주의도 버리라. 큰 것보다 작은 것을 바라라. 예수께서는 제자들에게 "적은 무리여"라고 하셨다. 수만 명 모인 대교회보다 두세 사람이 모인 곳에 더 은혜가 있고 영성이 산다.

"너는 기도할 때에 네 골방에 들어가 문을 닫고 은밀한 중에 계신 네 아버지께 기도하라 은밀한 중에 보시는 네 아버지께서 갚으시리라." 마 6:6

"두세 사람이 내 이름으로 모인 곳에는 나도 그들 중에 있느니라." 마 18:20

한국 기독교는 반성해야 한다. 이런 성전은 헐라 하신다. 새로운 그리스도인이 일어나야 한다.

주여!
주는 어디에 계시나이까?
가난한 자 곁에 계시는 하나님,
고독한 수도자에게 영감 주시는 하나님,
화려한 교회, 큰 교회보다 적은 무리 속에 오시는 하나님,
우는 자, 배고픈 자를 위로하러 오시는 하나님이시다.

"이 세상이나 세상에 있는 것들을 사랑하지 말라 누구든지 세상을 사랑하면 아버지의 사랑이 그 안에 있지 아니하니." 요일 2:15

"육체의 소욕은 성령을 거스르고 성령은 육체를 거스르나니 이 둘이

서로 대적함으로 너희가 원하는 것을 하지 못하게 하려 함이니라."
갈 5:17

"영적인 일은 영적인 것으로 분별하느니라 육에 속한 사람은 하나님의 성령의 일들을 받지 아니하나니…" 고전 2:13-14

성인, 수도자, 영성인의 특징은 신 안에, 기도속에 깊이 침몰해 사는 일이다. 경건, 영성을 훈련하라고 하셨다.

"오직 경건에 이르기를 연습하라." 딤전 4:7

잊혀진 길

개신교가 잊어버린 주요한 기독교 운동 하나가 있다. 그것은 기독교 2천 년 역사와 같이 자라온 운동, 곧 수도원 운동이다. 이것은 종교개혁보다 더 큰 운동이다. 예수 믿고 빛과 소금이 되려면 누구나 수도 정진의 길을 걸어야 한다. 위대한 성인 성녀, 위대한 영성인은 모조리 수도인들이었다.

종교는 말로, 설교로, 성경공부만으로 안 된다. 그대로 실천하며 살아야 한다. 각 사람마다 타고난 성질이 다르지만, 누구나 전력을 다해 자기를 죽이며 영성을 살려야 한다.

이신득의만 부르짖으면 다 되는 것이 아니다. 성화생활 속에 자라나야 한다. 기독교는 신성불가침의 종교가 아니다. 신도들이 바로 믿지 않아 영성이 죽으면 기독교는 망한다. 영성이 죽은 교회는 세계에서 제일 큰 건물이라도 죽은 교회다. 영성이 죽은 목사는 아무리 활동이 민

첩하고 아는 것이 많아도 심령이 죽은 목사다. 예수께서는 활동을 잘하는 마르다보다 주의 곁을 떠나지 않고 영성을 살리는 마리아를 칭찬하시면서 "선한 편을 택했다"고 하셨다.

가톨릭 활동의 기수인 까를로 까레또에게 예수님은 "너는 나와 함께 사막으로 가자. 나는 너의 활동을 원하지 않는다. 활동보다는 너의 기도를, 그리고 사랑을 원한다"고 말씀하셨다.

유대교 바리새파는 영성이 죽었다. 교인 하나를 얻으면 배나 지옥의 자식을 만들고 마는 외식하는 위선자들이었다. 많은 교회, 세속 속의 교회는 영성이 죽었다. 지상의 역사 속의 교회란 하나의 인간 집단이다. 으레 그 속에는 세속과 타락이 따르기 마련이다.

유럽의 교회는 죽었다고 한다. 큰 교회 건물들은 관광지나 공동묘지로 화하고, 박물관 속의 기독교가 되어버렸다. 그러나 아직도 유럽에 복음적인 순수한 것이 남아 있는 구석이 있는데 그것이 수도원이다.

과거 수도원의 영향은 절대적인 것이었다. 수도원은 아직도 살아 있고 또 살 가치가 있는 것이다. 유럽의 도시나 지명에는 "뮌스타"란 어미가 붙은 곳이 많다. 이런 곳들은 과거 수도원이 있던 곳이다. 오늘 소용돌이치는 탁류 속에 새로운 물줄기, 새로운 숨구멍을 뚫어 줄 희망적인 길은 수도원을 통한 영성 운동이다.

모든 성자와 신비주의자는 수도사다. 개신교 성직자들도 이름만 성직자라 하지 말고 개인적으로 수도생활을 하자. 그래야 성직을 감당해 낸다. 누구나 수도자 생활을 해야 한다. 영성적, 수도적 생활 신조를 세우고 성무일과를 작성하여 엄격히 지키자.

수도적 성화 완덕을 이루려면 주님을 향한 사랑의 열망 속에 살아야 한다. "오직 사랑 안에서 참된 것 참된 생활 을 하여 범사에 그에게까지 자랄지라 그는 머리니 곧 그리스도라"엡 4:15고 했다.

기복신앙을 정리하고 이익 종교는 버리라. 영적 유기체의 머리 되신 그리스도의 고난에 대응적으로 참예해야 한다. 주님의 희생적 사랑에 나도 희생적 사랑으로, 주님의 눈물에 나도 눈물로 대응해야 한다. 특히 기도생활의 깊이를 발전시켜야 한다. 새로운 기도, 오직 기도와 회개로 주를 다시 찾아야 한다.

중세 암흑시대에 르네상스와 루터의 종교개혁이 일어나 근대사회 새 시대를 불러온 것처럼, 오늘 한국과 세계의 기독교가 새로운 암흑시대로 접어들고 있는 이때 우리는 새로운 영성 부흥 운동과 교회 갱신 운동을 일으켜야 한다.

영성생활을 위한 권면

(1) 현재의 교회 예배, 교파, 목회를 완전한 것이라 보지 말 것. 행사, 일, 인간 중심의 예배를 반성할 것
(2) 서재보다 밀실에 잠복할 것. 세상 지식만 아니라 신학, 교리 등 이론적인 것에 치우치지 말 것
(3) 성인, 수도자들처럼 성무일과를 짜서 엄격히 실행할 것
(4) 생활 신조를 세울 것
(5) 세속을 멀리할 것
(6) 인생관을 세워 기를 것. 매일 죽음을 명상하고, 매일 회개하고 참회생활을 하라. 인간의 육신은 완전 해체되어 없어져 무가 되고 만다.

(7) 성인전 연구. 존경하는 성인을 선택해 모방할 것. 수도생활 연구, 고독, 침묵, 이탈 수행

(8) 깊은 기도생활

(9) 침몰. 이현필은 "예수 잘 믿으려면 물에 퐁당 빠지듯 믿으라"고 했다.

(10) 예수 그리스도의 "얼"의 화신, 얼사람, 또 하나의 예수가 되자.

영성을 살리는 목회를 하자. 현실의 우리나라 정세는 정치가 무력하여 나라의 혼란을 수습하지 못하고, 교육이 땅에 떨어져 청소년을 버리고, 종교마저 맛 잃은 소금이다. 절망 상태이다. 기독교 지도자들! 어떻게 할 셈인가.

새 기독교를 세우자. 강력한 기독교, 기독교인이라면 누구나 긍정해 주는 "얼"이 찬 사람, 영성이 산 사람이 되어야 한다. 기독교는 영적 종교다. 기독교인은 영성인이 되어야 한다.

영성적 신령인이 기도하는 자리에선 영의 물결이 일어난다. 영의 사람이 기도할 때 그의 기도는 날이 선다. 영성의 날이 선다. 그렇게 드린 기도는 모두 응답이 된다.

기독교인은 모든 종교적 진리와 신령적 어휘들을 죽은 말, 사어로 부르지 말고, 육의 목구멍 소리로 부르노라 말고, 영성으로 최대한 영으로 진동시켜 내야 한다. 죽은 종교, 사어死語를 반복하는 죽은 예배를 드리노라 말고 영성이 산 성령인들의 산 예배가 되자. 십자가와 그리스도의 보혈도 신학적으로, 교리적으로만 알려 하지 말고 내 영성을 진동시켜 쳐다보자. 2천 년 전 골고다의 십자가가 아니라 오늘 지금 이 순간

내 가슴에 뚝뚝 떨어져 오는 보혈을 바라보자.

12. 영성생활의 대책

영성을 살리는 일

20세기 기계 문명 속에 인간의 육신적 생활은 매우 편리하게 되고, 온갖 병을 극복해 가고, GNP는 상승하여 먹는 데 입는 데 걱정이 없고, 쾌락을 마음껏 누릴 수 있고, 수명은 길어지고 있다. 그러나 이런 현대 문명 속에 인간 생활이 근원적으로 파멸의 위기에 직면하여 있는 것은 인간 영성에 치명적인 타격이다.

오늘 시대는 인간의 영성을 말살시키고 있다. 오늘의 종교들도 세속화하고, 변질되고, 타락하고, 형식화되어 영성이 죽어 버렸다. 육의 평안, 욕정의 쾌락, 성의 해방, 그것이 곧 영성의 자살이다. 현대 기독교는 세속화되었고, 특히 성생활은 무절제하다.

기독교인의 목적은 육신 생활이 축복받자는 데 있지 않다. 영성을 살리는 데 있다. 예배만 부지런히 반복하여 보는 것이 기독교인이 되는 것이 아니다. 그건 예배 교인일 뿐이다. 영성이 살아나야 하고, 성화를 이루어 가야 하고, 완덕을 이루어야 한다. 그러기 위해서는 우리의 영성을 살릴 수 있는 모든 방법을 구체적으로 연구하고 실천해야 한다. 그것은 오늘날의 교회생활만 갖고는 불완전하다.

"그의 신기한 능력으로 생명과 경건에 속한 모든 것을 우리에게 주셨으니 이는 자기의 영광과 덕으로써 우리를 부르신 이를 앎으로 말미암음이라 이로써 그 보배롭고 지극히 큰 약속을 우리에게 주사 이 약속으로 말미암아 너희가 정욕 때문에 세상에서 썩어질 것을 피하여 신성한 성품에 참여하는 자가 되게 하려 하셨느니라." 벧후 1:3-4

교회와 교인들의 생활의 경건이 무너진다는 것은 영성의 전멸을 의미한다. 무턱대고 성경만 매일 몇 시간씩 통독한다고 영성이 사는 것이 아니다. 어떻게 영성이 사는 데 유익되게 성경을 보아야 하겠는가를 연구해야 한다. 아무렇게나 기도만 한다고 영성이 사는 것이 아니다. 기도를 어떻게 영성생활에 효과 있게 할 수 있는가를 연구해 봐야 한다.

인간은 영과 육의 복합체이다. 이승에서 육신을 쓰고 사는 동안 그 속에 있는 영은 탄식하고 신음하고 있다. 육의 세력과 욕정이 강성하고 횡포하기 때문에 영은 질식하고 있다.

"사람의 일을 사람의 속에 있는 영 외에 누가 알리요 이와 같이 하나님의 일도 하나님의 영 외에는 아무도 알지 못하느니라 우리가 세상의 영을 받지 아니하고 오직 하나님으로부터 온 영을 받았으니 이는 우리로 하여금 하나님께서 우리에게 은혜로 주신 것들을 알게 하려 하심이라." 고전 2:11-12

여기서 세 가지의 영을 말했다. "사람의 속에 있는 영"과 "세상의 영", "하나님의 영"이다. 하나님의 영은 성령을 말한다.

주와 합하는 자는

"주와 합하는 자는 한 영이니라." 고전 6:17

주님과 합하는 사람은 그분과 하나의 영을 이룬다. 신자는 그리스도와 영적 일체의 관계 속에 들어간다. 사도 바울은 갈라디아서 2장 20절에 "이제는 내가 산 것이 아니요 오직 내 안에 그리스도께서 사신 것이라"고 했다.

성령은 그리스도인의 의화義化와 성화聖化의 원동력이다. 영과 대립이 되는 것은 물질이 아니라 육이다. 구원은 천당보다 먼저 동물적, 본능적, 육의 욕정에서의 구원이다.

> "내가 이르노니 너희는 성령을 따라 행하라 그리하면 육체의 욕심을 이루지 아니하리라 육체의 소욕은 성령을 거스르고 성령은 육체를 거스르나니 이 둘이 서로 대적함으로 너희가 원하는 것을 하지 못하게 하려 함이니라…." 갈 5:16-21

영성 회복, 영성을 살리기 위해서는 무엇보다 먼저 육을 억제해야 한다. 육의 동물적 본능과 욕정을 죽여야 한다. 영성이란 동물적 본능, 육의 욕정에 깔려 질식되고 있던 우리의 영혼이 자각하고 개화하여 그리스도를 사랑하며 닮아가는 가운데서 완덕을 이루고 하나님과의 일치에 이르려 하는 생활을 말한다.

바울도 자기를 쳤다. 성화란 우리 옛사람의 육의 기운을 거세去勢해 가는 일이다. 그러므로 성화 완성은 이승에서는 어렵다.

이 세상은 고통과 죄가 꽉 차 있다. 산다는 것이 바로 고통生卽苦이다.

고해와 같은 세상이다. 사회생활도 괴롭고, 목회생활도 고통이다. 이런 고장에서 인간 구원, 영성을 살리는 성화생활을 위해서는 모든 고통의 원인인 "나"自我, 육(욕정), 세상, 현세 등에서 이탈하고, 자기포기, 자기희생, 완덕을 노력해야 한다.

영성을 살리려면 현실 속에서 우리 삶이 언제나 성화, 완덕, 인격 완성을 향해 나가는 과정에 있어야 한다. 신앙인은 현세에서는 완전한 사람이 아니다. 다만 완전을 향해 나아가는 과정에 있는 사람이다.

내면의 전쟁

"내가 이미 얻었다 함도 아니요 온전히 이루었다 함도 아니라 오직 내가 그리스도 예수께 잡힌 바 된 그것을 잡으려고 달려가노라 형제들아 나는 아직 내가 잡은 줄로 여기지 아니하고 오직 한 일 즉 뒤에 있는 것은 잊어버리고 앞에 있는 것을 잡으려고 푯대를 향하여…달려가노라."빌 3:12-14

내면적 싸움을 갖지 않는 신자는 영이 죽은 신자다. 참그리스도인은 결코 편안할 수 없다. 안심할 수 없다. 순간순간 내면적인 싸움이다. 언제나 성령을 순종하여 그 뜻에 일치하여 성부 하나님에게 나아가는 삶이 곧 영성생활이다.

"하나님이 이르시되 우리의 형상을 따라 우리의 모양대로 우리가 사람을 만들고…."창 1:26-27

우리는 그리스도 안에서 성령의 도우심을 힘입어 그리스도 안에 나타난 하나님의 모습을 닮아가려고 한다. 성령의 임재하신 역사 안에서 인격적 교제를 통해 잃어버린 옛 모습, 하나님의 형상대로 지음받은 원래 모습을 회복해 가는 삶이 영성생활이다.

내적 생활

종교적 발전에는 외면적인 활동과 내면적 깊이를 탐색하는 두 가지 면이 있다. 성경 속에서 적절한 예를 들자면 누가복음 10장 38-42절의 베다니 가정의 이야기다.

> "예수께서 한 촌에 들어가시매 마르다라 이름하는 한 여자가 자기 집으로 영접하더라 그에게 마리아라 하는 동생이 있어 주의 발 아래 앉아 그의 말씀을 듣더니 마르다는 준비하는 일이 많아 마음이 분주한지라 예수께 나아가 가로되 주여 내 동생이 나 혼자 일하게 두는 것을 생각하지 아니하시나이까 저를 명하사 나를 도와 주라 하소서 주께서 대답하여 가라사대 마르다야 마르다야 네가 많은 일로 염려하고 근심하나 그러나 몇 가지만 하든지 혹 한 가지만이라도 족하니라 마리아는 이 좋은 편을 택하였으니 빼앗기지 아니하리라 하시니라."눅 10:38-42

두 여성의 성격에는 각각 대조적인 특징이 있다. 마르다는 외향적, 활동적, 사무적, 구체적 성격의 여성이고, 마리아는 내면적, 명상적, 신비적, 영성적 여성이었다. 마르다는 넓게 배려하고 사람들 눈에 나타나고, 마리아는 깊이 직감하는 성격으로 업적이 눈에 뜨이지 않는다.

이런 두 가지 방면의 활동과 두 가지의 종교 지도자가 다 필요하나, 예수께서는 마르다의 활동적인 것보다 마리아의 고요하고 내면적인 태도를 칭찬하여 "마리아는 이 좋은 편을 택하였으니 빼앗기지 아니하니라"고 하셨다.

세속적 의무를 감당하지 못하는 경우가 있더라도 세속적 의무를 초월해서라도 오직 하나님의 나라와 그 일을 탐구하는 태도가 "이 좋은 편을 택하는 일"이다. 예수께서는 분명히 예수님의 곁을 떠나지 않고 자기의 내면적 깊이를 탐구하는 마리아 편을 지지하셨다.

영성생활은 자기 내적 생활을 찾고 깊이 파고드는 생활이다. 외적 활동이 있기 전에 내면생활의 깊이를 파고드는 생활이다. 외면적 활동도 해야 하지만 먼저 내면적 생활의 깊이를 충실히 해야 한다.

독일 신비주의자 요한 타울러는 예수께서 "깊은 데로 가서 그물을 내리라"눅 5:1-6하신 "깊은 데"는 지력知力의 깊이가 아니요, "심정의 깊이"라면서 "인간 심령 속의 신의 내재"를 가르쳤다. 자기 내면의 깊이를 파고들어간 곳이 신의 깊이와 만나는 곳이라면서 인간 속에는 지음을 받은 소지素地와 지음을 받은 것이 아닌 소지素地가 있다고 했다. 이것은 신성의 심연深淵이다. 마음의 정점에 신적 불티가 있어 그것으로 신을 체험한다고 가르쳤다.

기독교 신비주의자들은 시편 42편 7절을 신비주의의 신조처럼 사용한다.

"주의 폭포 소리에 깊은 바다가 서로 부르며 주의 파도와 물결이 나를 엄몰하도소이다."시 42:7

깊음이 깊음을 부른다. 누가복음 5장 4절에 예수께서 시몬 베드로보고 "깊은 데로 가서 그물을 내려 고기를 잡으라" 하신 대로 시몬이 깊은 데로 가서 그물을 내리니 그물이 찢어질 정도로 많은 고기가 잡혔다. 깊은 데는 심령 내면의 깊이다. 영성의 깊이다.

내적 생활이란 말은 곧 영성생활을 의미한다. 그것은 초자연적 생활이요, 심층적 신앙생활이다. 신비적 삶으로 들어가는 것이다. 신비로운 생활과 거의 동의어이다. 영성생활의 바탕 위에서 초자연적 생활과 신비적 삶에 들어간다. 그것이 기독교적 성성聖性이다.

먼저 자신의 영성이 살아야

어느 젊은 교역자가 오늘 한국 사회의 부조리, 정치적 부정을 개탄하면서 자기가 그동안 참여해 왔던 기독교인의 사회 참여, 민중신학 등의 문제로 질문했다. 나는 그에게 타 종교에서 말하는 보살정신을 말해 주면서 먼저 자리自利을 위해 보리菩提의 진리를 파악해야 하고, 그 후에 나가서 이타利他의 길, 중생을 교화하는 사명에 나서야 한다고 말했다.

먼저 자기를 영성적으로 살리고 나서야 한다. 무엇보다 시급한 것은 자기의 영성을 살리는 일이다. 수도생활에 정진하는 수도원은 여러 계통이 있는데, 그중 트라피스트 수도사는 외부적인 일에 일절 관계하지 않는다. 학교, 병원, 고아원 봉사, 본당 봉사 등은 하지 않고 다만 자기 개인의 인격 완성을 위해 침묵과 고독 속에 하나님 안에 깊이 침몰하려고 한다.

동양의 맹자는 "사람이 자성自省하면 자기 마음속에 내려가게 될 것이다"라고 했다. 그렇게 하면 그때 자기의 참본성을 발견하게 된다. 그

본성 안에서 하나님과의 관계를 발견하게 될 것이다.

　사람의 가장 깊은 곳에서 샘솟는 하나님을 향한 구도적 갈망의 원천은 사실 그분에게서 오는 갈망이다. 그분이 주신 갈망이다. 하나님은 이미 오래 전부터 우리를 기다리고 계시기 때문이다. 인간 내부에 지니고 있는 영성적 풍요로움을 신앙과 사랑 안에서 그 근원을 파헤쳐 내 생활을 적셔야 한다.

　참된 삶의 터전인 내적 영역을 버리고 지나친 행동주의로 헐떡거리고 돌아다니는 마르다 같은 기독교인들이 빚어 내는 내적 공백을 우리는 깨달아야 한다. 영성생활이란 삶의 승화이며 완성이다.

　21세기를 위해 준비한다는 한국 기독교 지도자 모임의 성공을 바란다. 그러나 기독교인들은 외적 활동보다 내적 깊이를 더 파야 한다. 내적 깊이를 파고드는 길이 하나님과 사람 사이에 이루어질 수 있는 가장 친밀한 관계에 도달할 수 있는 길이다.

　요사이 목회자들은 목회를 인격과 영성으로 하지 않고 기술로, 방법으로, 수단과 요령, 지식으로 하려고 한다. 그것은 밑 터진 웅덩이에 물을 붓는 것과 같아서 물이 고이지 않는다.

　영성의 깊이를 길러야 한다. 참그리스도인은 만드는 것이 아니라 낳는 것이다. 인격으로 영성으로 낳는 것이다. 외부적 활동을 1년 하기 위해서는 10년을 꼼짝 않고 엎드려 있으면서 내부적, 영성적 준비를 해야 한다.

　호렙 산에서 엘리야를 부르시던 하나님의 음성은 신비스럽고 세미한 목소리였다. 그것은 지나친 도시의 소음, 지나친 활동, 소란한 예배 속에서는 못 듣는다. 그 음성은 사막 속에서, 동굴 속에서, 고독과 침묵 속에서 들려온다. 하나님의 부르심은 신비스럽다. 그 부르심은 신앙의 어둠 속에서 들려오기 때문이다. 또한 그 목소리는 아주 가늘고 조심스러워 내적 침묵이 요구된다.

선다 싱은 신비적 체험이 너무도 많은 성인이다. 그는 언제나 한적한 산 구석에서 은밀히 소리 없이 장시간 기도를 하곤 했다. 그는 "조용한 곳으로 찾아 들어가시오. 그때 당신은 주께서 말씀하시는 음성을 들을 것입니다"라고 말했다.

정관靜觀은 영성적 자유를 얻으려는 이에게 열려 있는 하나의 길이다. 내적 해방의 근원을 찾아 자신 안에서 일하시는 하나님의 은총을 깨달을 수 있는 것이다. 정관 속에서 하나님은 점차 당신의 현존을 드러내 보이시고, 그 현존이 점점 성장해 가는 신비로운 여정이다. 기독교인의 경우 이런 정관 속에서 느끼는 존재 관념은 공空이나 무無가 아니라 "스스로 계시는 분", 절대자의 표식이다.

깊은 기도

내적 생활, 영성생활에서 가장 중요한 것은 기도다. 기도는 내적 생활의 기본 바탕을 이루는 것이요, 내적 생활의 혼이요 숨결이다. 신앙한다는 것과 기도한다는 것은 똑같은 것이 아니다. 신앙생활을 한다면서도 기도가 없을 수 있다. 기도가 없는 신앙은 능력이 없다. 영감이 없다.

무엇보다도 우리는 기도의 사람이 되어야 한다. 충분한 기도, 철저한 기도는 그리스도인 생활에서 가장 귀한 것이면서 동시에 가장 어려운 일이다. 따라서 최대의 노력을 기울여야 하고, 최대의 시간을 배정해야 한다.

기도 없이 영성생활은 불가능하다. 끊임없는 기도 속에서 우리는 하나님에게 보다 가까이 나가며, 하나님의 현존 안에서 영성생활을 해낸다. 우리의 신앙생활의 모든 일에 있어서 힘이 없는 이유는 기도가 없기 때문이다. 기도하는 시늉은 하나 깊은 기도가 없기 때문이다.

성인 성녀들의 공통점은 끊임없이 기도생활에 침몰해 살았다는 점이다. 갈멜 수도사들은 아침에 한 시간, 오후에 한 시간씩 묵상기도를 하고, 그밖에도 성무일과聖務日課, 로자리오 기도 등 매일 4-5시간을 기도한다.

기도의 사람이 되어야 한다. 기도는 기도대로, 일상 생활은 생활대로 따로 구분하지 말고, 생활 자체가 기도화해야 한다. "항상 기도하라"는 말씀은 24시간 엎드려 있으라는 말씀은 아니지만, 어느 때나 기도하는 마음으로 살라는 뜻이다.

기도의 종류

기도는 단순하지 않다. 기도의 종류도 여러 가지가 있다. 구송기도(음성기도), 염도念禱, 잠심기도潛心祈禱, 화살기도射禱, 묵상기도meditation, 정감의 기도affective prayer, 단순함의 기도prayer of simplicity, 주부적 관상기도infused contemplation, 정적의 기도prayer of quiet, 일치의 기도prayer of union, 순응 일치의 기도prayer of conforming union, 변형 일치의 기도prayer of transforming union 등이 있다.

예수기도

기도 중에 "예수기도"가 있다. 이는 "주 예수 그리스도 하나님의 아들이시여, 죄인인 나를 불쌍히 여기소서", 혹은 "살아 계신 하나님의 아들 주 예수 그리스도시여, 죄인인 저를 불쌍히 여기소서"라는 기도문이다.

이 짧은 한마디 속에 기독교 신앙의 중요한 요소가 다 포함되어 있다. 예수기도는 단순성, 유용성, 복합성, 예수 이름의 능력이 있고 지속적으로 반복할 수 있는 너무 좋은 기도이므로, 그리스 정교회 전반과 가톨릭에서도 널리 퍼지고, 개신교도들 사이에도 예수기도를 이용하고 있는 이가 많다.

예수기도는 추리적인 것이 아니다. 복음 전체를 집약한 것이요, 우리를 하나님과 대면하게 해주는 기도적 신앙고백이다. 병약한 사람이나 노인들과 같이 오랜 시간 기도하기 어려운 이들도 쉽게 할 수 있는 기도다. 처음에는 한 번에 10-15분 정도 계속 반복하면서 예수께 대한 경외심과 사랑으로 바치기 시작하다가 횟수를 처음에는 3천 번에서 점차 6천 번으로 늘리고, 다시 1만 2천 번으로 늘리라고 한다. 이 기도를 많이 실행해 보기를 권면한다.

헤시키아

예수님의 추상追想: hesychia은 동방교회에 있어서 영성의 핵심이다. 무념無念: amerimnia, 용의用意: nepsis, 주의注意: prosoche, 망상망념妄想妄念; logismoi, 경계 등이 있는데, 이들은 마음의 고요를 회복하는 방법이며 동시에 그 결과로서 기도의 소극적인 측면이다. 적극적인 측면에서 볼 때 "예수님의 추상"은 하나님과의 친교요 또한 지속적인 기도의 실천이다.

노력하는 기도에서 저절로 작용되는 기도로

기도할 때 자신은 침묵을 지키고 기도가 말을 하도록 해야 한다. 표현되는 기도에서 침묵의 기도로, 내가 노력하는 기도에서 저절로 작용되는 기도로, 나의 기도에서 그리스도 안에서 바치는 기도로 넘어갈 수 있다.

기도에 있어서 중요한 것은 마음과 정신을 다 바쳐 하나님 눈 앞에 서되 생명이 다할 때까지 밤낮 없이 하나님 앞에 서 있는 일이다.

기도는 곧 하나님이다. 기도는 내가 하는 것이 아니라 내가 참여하는 것이다. 기도는 원칙적으로 내가 하는 것이 아니고, 하나님이 내 안에서 하시는 것이다. 거기까지 이르러야 한다. 내 사랑하는 예수 그리스도의 현존과 임재를 24시간 내 숨결 속에, 내 보행 속에 늘 부르고 사랑하여야 한다.

우리가 이승에서나 저승 가는 길목에서나 부를 이름은 "예수", "예수 십자가"밖에 없다. 예수 이름밖에 없다. 밤에 자다가 잠시 깨는 순간에도 "예수여"를 부르라. 계속 부르라.

주부적 관상기도

주부적 관상기도는 기도 중에 최고의 기도다. 다른 모든 기도는 이 주부적 관상기도를 하기 위한 준비에 지나지 않는다고 한다. 내가 하는 기도가 아니라 성령으로부터 받는 기도이다. 인간이 하는 모든 일은 불완전하다. 예배도 인간 중심이고, 기도도 불완전하다.

로마서 8장 26절에 "우리가 마땅히 빌 바를 알지 못하나 오직 성령이 말할 수 없는 탄식으로 우리를 위하여 친히 간구하시느니라"고 했다.

우리의 기도는 우리를 위한 예수님의 기도에 동참하는 일이다. 히브리서 7장 25절에 "이는 그가 항상 살아서 저희를 위하여 간구하심이니라"고 했다. 성령께서 우리 기도를 예수님 기도에 합치되도록 인도하신다. 로마서 8장 34절에 "예수시니 그는 하나님 우편에 계신 자요 우리를 위하여 간구하시는 자시니라"고 했다.

그러므로 가장 깊은 기도는 내가 기도하는 것이 아니라 내가 기도를 받는 것이다. 우리가 내적 기도생활에 나아갈 때 우리 안에 계시는 성령의 활동이 더욱더 중요하게 된다.

> "이와 같이 성령도 우리의 연약함을 도우시나니 우리는 마땅히 기도할 바를 알지 못하나 오직 성령이 말할 수 없는 탄식으로 우리를 위하여 친히 간구하시느니라 마음을 살피시는 이가 성령의 생각을 아시나니 이는 성령이 하나님의 뜻대로 성도를 위하여 간구하심이니라." 롬 8:26-27

우리의 영적 연약함이나 육신적 연약함에 대하여 우리와 함께 무거운 짐을 분담해 도와주시는 이가 성령이시다. 우리의 탄식은 우리 것으로 끝나는 것이 아니요, 성령께서 우리와 함께 탄식하시고 신음하시면서 우리의 불완전한 기도를 도와 병행 기도하시며 바로잡아 주시고 혹은 중보의 기도를 하시며 우리를 도우신다. 깊은 기도는 우리가 하는 것이 아니다. 도리어 우리는 기도를 받는다. 기도의 영을, 영감 있는 기도를 받는 것이다.

참 기도는 어렵다

참 기도는 어렵다. 입이나 말이나 생각이 기도하는 것이 아니라, 지존하신 하나님 앞에 나아가는 기도자로서 내적 생활의 핵심을 이루는 마음과 정신과 양심을 하나님 뜻 안에서 올바르게 가지면서 기도해야 하는 고로 기도는 어렵다. 소위 청산유수와 같은 일사천리의 유창한 기도는 사실 잘하는 기도가 못된다.

기도하는 방법에 세 가지가 있다.
① 우리 영혼에서 자연스럽게 흘러나오는 자신의 기도 말.
② 기도문을 읽으며 기도하는 일.
③ 성령의 감동의 깊은 체험에서 나온 성인들의 기도. 인간이 만든 것이 아니라 성령께서 그들 생활과 마음에 불어넣어 주신 기도이다.

많은 기도는 많은 능력을 얻는 열쇠

철학 교육과 신학 교육을 상당히 받고, 많은 경험을 쌓고, 인격이 존경받을 만하고 또는 지난날 선행한 업적이 대단하다고 해도 그런 것, 자기의 것, 인간적인 것을 장담하고 있어서는 능력을 얻지 못한다. 우리는 성령께만 매달려야 한다.

많은 기도는 많은 능력을 얻는 열쇠이다. 오랜 시간의 기도, 많은 기도를 통해서만 우리에게 닥쳐오는 유혹을 이겨내고 승리를 얻는다. 그리스도인으로서 매일의 일과에서 기도 시간, 성경 읽는 시간을 충분히 배정하지 않는 것은 큰 죄이다.

기도는 어려운 일이다. 중노동 같다고 했다. 예수께서는 밤중에 친구의 집에 가서 떡 세 덩이를 달라고 하는 사람의 비유를 말씀하시면서 "간청하는 기도"를 드려야 한다고 가르치셨다. 끈질긴 기도를 해야 한다. 목적 있는 기도를 하다가 그 기도를 중단하는 일은 금물이다.

조지 뮬러는 고아원을 경영하면서 기도로만 운영해 갔다. 일생 동안 기도하고 응답받은 일이 수만 가지나 된다. 어느 날은 수백 명 고아들이 저녁 먹을 식량이 없었는데도 기도만 하였다. 그런데 저녁 식사 때가 되니 어느 자선가가 빵 한 트럭을 보내왔다. 어느 여성이 다이아몬드 반지를 고아원에 보내온 때도 고아원 살림이 꽉 막혔을 때이다. 뮬러는 보내온 다이어몬드 반지로 그의 기도실 유리창에 "여호와 이레"라고 새겼다.

일본 사람 석정십차石井十次는 의과대학에 다니다가 뮬러의 간증 설교를 듣고는 공부하던 의료 관련 서류를 마당에 수북이 쌓고 불태워 버렸다. 그가 기도하던 기도실의 다다미에는 무릎 꿇었던 자리가 우묵하게 패여 있었다. 그는 3년간의 기도 일기책을 늘 가지고 다녔다. 그의 기도는 길게 잡아 3년 안에는 다 응답되기 때문이다.

> "항상 기도하고 낙심하지 말아야…하물며 하나님께서 그 밤낮 부르짖는 택하신 자들의 원한을 풀어 주지 아니하시겠느냐 그들에게 오래 참으시겠느냐." 눅 18:1-7

기도의 본질적인 목적은 우리의 소원 성취를 위한 간구라기보다는 기도 시간을 통한 하나님과의 만남에 있다. 기도할 때에 하나님의 현존을 전혀 느끼지 못한다 해도 하나님은 항상 사랑을 베푸시는 분이고 늘 존재하심을 기억하면서 믿음으로 하나님 앞에 나아가야 한다. 기도는 하지 않으면서 기도할 가치가 없다든가 하나님은 나 따위의 기도를 들으시지 않는다고 생각하는 것은 유혹이다. 죄 짓고 나서 더 기도해야 한다. 낙심이 될 때가 더 기도가 필요한 때이다.

나의 심령이 건조하여 메마를 때에는 감정에 의해서가 아니라 이성에 의해서 행동해야 하고, 기도의 감동과 감격이 없을 때는 강한 의지로 기도를 결행해야 한다. 충실함과 결심으로 기도를 밀고 나가야 한다. 기도 많이 하는 사람의 영성이 산다.

고독과 침묵

영성의 사람들은 하나님 안에 침잠해 사는 사람들인 고로 세상적으로는 고독했고 침묵한 분들이었다. 엘리야는 고독한 침묵의 예언자였다. 예레미야도 고독한 침묵의 예언자였다. 세례 요한도 고독했고 침묵의 예언자였다. 예수 그리스도는 고독하셨고 침묵의 사람이었다. 예수께서는 중요한 일의 전후에는 언제나 한적한 곳으로 물러가 침묵 속에 하나님과 함께 지내셨다.

> "그 때에 예수께서 성령에게 이끌리어 마귀에게 시험을 받으러 광야로 가사 사십 일을 밤낮으로 금식하신 후에 주리신지라."마 4:1-2

> "예수께서 들으시고 배를 타고 떠나사 따로 빈 들에 가시니 무리가 듣고 여러 고을로부터 걸어서 따라간지라."마 14:13

광야와 사막은 고독과 침묵의 쓸쓸한 곳이다. 그러나 하나님의 사람들은 그 속에서 놀라운 영성을 길렀다. 이집트 사막 속에 깊숙이 들어가 일생 수도하던 교부들이나 갑바도키아 광야에서 수도하던 수도자들은 부러울 만큼 놀라운 영성생활을 했다.

종교인들의 내적 자유는 고독 속에서만 성장할 수 있다. 한적한 장소를 모르고, 고요한 자리를 찾지 못하는 삶에서는 영성을 살릴 수 없다.

오늘 기독교인들이 그들의 자아의식을 오직 사회적 활동 속에서만 찾으려 한다면, 그들이 얻을 것은 육신적으로 매끄러운 처세도를 익히는 것뿐이다. 그러나 영성을 살리지는 못한다. 그런 생활을 하는 사람은 소유욕만 커져, 늘 방어 태세로 경계하며 살아간다.

고독 속에 찾아오시는 님

고독 속에 우리를 찾아오시는 님, 침묵 속에 우리에게 들려오는 또 하나의 영음! 누군가가 우리에게 말하기 훨씬 전에 고독 속에 우리에게 말씀하시는 분의 음성을 듣는다. 누군가가 우리를 도우려고 하기 전에 벌써 우리를 낫게 해주신 분의 음성을 듣는다.

내면의 고독과 침묵은 결국 하나이다. 인간은 하나님 앞에 서 있는 고독한 실존이다. 대부분의 성인 성녀들의 생활은 고독과 침묵이었다. 빈 몸으로 홀로 사막 깊숙이 은거하며 거기서 하나님에게 보다 더 가까이 나아가는 것이 그들의 삶의 목적이었다. 성인 수도자들의 권면을 들어보라.

"홀로이신 분 앞에 홀로 서십시오. 고독 안에 확고히 서십시오. 그러

면 당신은 마음속에 오신 그분을 만나게 될 것입니다."아빌라의 테레사

우리도 예수님처럼 기도하기 위하여 고적한 곳을 찾아가야 한다. 거기서 말씀을 받고 힘을 얻고 영성을 살리자. 고요한 장소와 기도할 충분한 시간을 얻지 못할 정도로 다사스럽게 행동하는 사람은 영성생활을 해내지 못한다.

침묵의 광야

스케테에서 수도하고 있는 모세 교부를 찾아와서 교훈을 청하는 사람이 있었다. 그때 모세 교부는 그를 향해 퉁명스럽게 "그대의 암자에 돌아가 들어앉으시오. 그 암자가 그대에게 모든 것을 가르쳐 줄 테니"라고 했다.

영성생활의 영장靈場인 사막과 광야에 못 가는 사람은 스스로 자기 안에 고독과 침묵의 광야를 만들라. 내적인 사막에서 인간 누구와도 말고 오직 홀로 외로운 자기를 발견할 것이요, 하나님만을 향해 열망하는 마음의 부르짖음을 하나님 현존으로만 채우려 하자.

고독이란 것은 견디기 어려운 일이다. 사막의 수도자들도 견디다 못해 수도하던 암자에서 뛰쳐나와서 누군가 인간을 만나서 무엇인가 도움을 청하고 싶어지는 때가 있다고 한다. 어떤 젊은 수도자는 고독을 참지 못해 사막에서 뛰쳐나가 알렉산드리아에 가서 창녀 집에 묵은 일도 있었다. 사실 마귀보다 더 무서운 것이 억제하지 못하는 자기 자신이다.

철저히 고독과 침묵 속에 살라. 고독을 즐기라. 비록 수도원이나 공동

체 안에서 산다 할지라도 장소에 안심하지 말고 은자隱者로서 자기 실존의 내적 황무지를 개척해야 한다. 옛 수도자들은 고독을 노래했다. 수도자라는 말 "모나코스"는 혼자 사는 사람이라는 뜻이다. 고독한 영성생활의 감격을 노래한다.

오오! 은혜로운 독거獨居여!
오오! 고독의 축복이며!
오오! 행복한 고독!
유일한 행복!

내가 운악산에 들어온 지도 벌써 15년 가까이 된다. 쓸쓸한 가을 저녁, 저무는 석양이 뉘엿뉘엿 넘을 때면 사람의 그림자가 끊어진 수도원 언덕 위에 외로이 서서 멀리 서울 하늘을 바라보며 두고 온 교회, 떠난 교우들, 따로 사는 자녀들을 그리워하며 눈물 지을 때가 한두 번이 아니었다.

때 저물어
날 이미 어두우니
구주여 나와 함께하소서
내 친구가 나를 위로 못할 때
날 돕는 주여 함께하소서

깊은 밤 자정 기상 시간을 알리는 종소리에 소스라쳐 일어나 산자락 우거진 숲 속에 홀로 들어가 서서 창백한 달을 쳐다보고 별들을 바라보며 있노라면 밤새 쉬지 않고 우는 소쩍새 소리가 들려온다. 명읍鳴泣하듯 지절대는 계곡의 물소리를 들으며 투명한 달빛 아래, 그리고 투명한 숲 그늘로 투명한 영들이 말없이 오고가는 것을 느낄 수 있다. 그 무렵 나는 완전히 육이 아니고 영성이 되어 버린다.

하나님은 침묵이시다

구약의 시인은 하늘과 우주와 별들을 관찰하면서 "하늘이 하나님의 영광을 선포하고 궁창이 그의 손으로 하신 일을 나타내는도다 날은 날에게 말하고 밤은 밤에게 지식을 전하니 언어도 없고 말씀도 없으며 들리는 소리도 없으나 그의 소리가 온 땅에 통하고 그의 말씀이 세상 끝까지 이르도다"라고 했다 시 19:1-4.

천공의 억억만 별들은 침묵 속에 있다. 우주의 운행은 침묵 속에서 진행되고 있다. 하나님은 침묵이시다. 어느 때나 성부 하나님은 침묵 속에 말씀하시며, 신의 음성을 듣는 이도 침묵 속에서 듣는다. 하나님의 말씀은 성대를 진동하여 나오는 소리가 아니다. 침묵은 인간의 기본 구조에 속한다.

인간의 언어나 담화의 배경은 침묵이다. 침묵 속에서 나와 다시 침묵으로 되돌아간다. 언어는 침묵 속으로 다시 침몰해 버린다. 언어의 중지가 침묵이 아니다. 침묵은 만물의 근본 상태이고, 스스로 현존하고 지속된다. 침묵은 창조의 저력이다.

그러므로 종교인들은 떠들썩하고 미칠 것 같은 천박한 노래들을 제발 중지하고, 그 번거로운 개념과 설교들을 그만하고 침묵을 배워라. 신은 침묵 속에서 침묵인들에게 침묵 속에 말씀하신다.

사막에서 피어나는 영성의 꽃

신의 소리를 들으려는 수도자, 신을 만나려는 자들은 바울이 아라비아 사막 속에 들어갔듯이 도시의 소음, 교회의 광란을 떠나 사막으로 들어가라.

4세기경 수도자들은 소음의 도시를 떠나서 사막으로 들어갔다. 사막 깊이 들어가 사람을 만나지 않고, 정결을 지키고, 모든 탐욕, 애욕, 속정을 끊고 성경을 읽고 간단한 작업을 하면서 고독과 침묵 속에서 기도했다. 모든 욕정을 끊고, 자기를 온전히 비우고, 침묵 속에서 하나님을 찾고, 하나님 안에 침몰되어 살던 사막의 교부들을 사막의 영성이라 부른다. 그 철저한 고독, 철저한 침묵 속에서 인간의 영성은 찬란하게 꽃핀다. 영성이란 꽃은 사막 속에서 핀다. 고독과 침묵 속에서 핀다.

오늘 기도원이나 특수 집회의 미칠 것 같은 방언, 예언기도, 박장, 춤은 성령이 아니다. 성령은 침묵의 영이다. 세미한 소리다. 영성은 성령으로부터 오는 마음의 깊은 충동이다. 고독과 침묵은 영적 창조의 산실이다. 모든 창조는 그 속에서 나온다.

어느 분이 말하기를, "지난 몇 달 동안 내가 사방이 벽으로 둘러싸인 독방 속에서 한 일이 종교 단체에서 활동하고 돌아다닐 때 한 일보다 더 많았다"고 했다.

오늘 한국 강단의 메시지는 그 배경에 기도도 침묵도 없다. 끊임없이 수도물처럼 쏟아져 나오는 말, 말로 하는 설교, 말의 홍수이다. 그것은 소음일 뿐이다. 기독교인들의 세계, 교회생활, 개신교 예배에서의 언어와 개념의 과잉이 교인들의 정신적 건강을 해친다.

침묵을 잘 지킬 수 있는 사람은 심령적 휴식을 해낸다. 영성이 건강하다. 침묵은 하나의 은총이요, 하나님이 주시는 선물이다. 내적으로나 외적으로나 침묵을 지켜내는 교인의 영성은 회복이 충실하고 건강하다.

사막의 수도자 아가톤은 침묵 수련을 하는데, 충분히 침묵의 틀이 잡힐 때까지 3년 동안 입에다 조약돌을 물고 지냈다고 한다.

독수도

예배만 잘 보면 기독교인이 되는 것이 아니다. 또 교회당만 가지고, 교회주의만으로 기독교 운동은 불충분하다.

경건하고 영성이 있는 기독교인이 되기 위해서는 교회의 지도자마다, 교인들마다 각각 독수도자가 되어야 한다. 수도원에는 들어가지 않더라도 나도 수도생활하는 독수도자라는 긍지를 가지고 진지한 태도를 가져야 한다. 그렇지 못한 자는 형식적인 종교인에 불과하다. 유럽인은 일생에 두 번 교회에 출석한다고 한다. 결혼식 때와 장례식 때이다. 교회 교적부에 이름이나 달아둔 교회인, 예배 보는 재주밖에 모르는 예배교인만으로는 부족하다.

수도생활이 없이 영성생활은 불가능하다. 수도생활이라는 것은 수도회를 조직하고 편리상 서로 격려하며 수도 공동체를 이루어 사는 것이지만, 종교인이라면 누구나 혼자 수도하는 것이다. 누구나 거짓된 세상을 버리고 보다 철저한 종교생활을 하기 위해 개인적으로 거룩한 일과를 짜서 실천하며, 수도자의 서원인 복음삼덕, "청빈, 순결, 순명"의 덕을 이루려고 정진하면 그것이 곧 수도생활이다. 이신득의以信得義로 다

된 줄 여기지 않고 성결, 성화생활에 정진하면 그것이 곧 수도생활이다. 지난날의 잘못되고 불철저한 생활을 뉘우치고 생활 혁신을 단행하면 된다. 정성을 다해 예수 믿는 일이 수도생활이다.

물에 물 탄 것 같은 불철저하고 애매한 종교생활을 하지 말라. 형식적인 종교생활, 미온적인 태도로 신앙하고자 하는 자는 버림을 받는다. 전체 인류, 전체 인간의 역사, 전체 종교계, 특히 전체 기독교계는 실로 몸서리칠 만큼 무의미한 생활을 반복하고 있다. 인생관도 없고, 가치관도 없고, 살아가는 목적도 없이 전적 무가치한 생활을 서슴없이 저지르고 산다. 한 사람 남김없이 모조리 그저 그림자같이 살다가 지각에서 사라져 버리는 것이다.

모든 것은 순간순간 무상한 것이요, 모두는 사라져 가는 가련한 그림자들이다. 모든 물질과 모든 육체는 시들고 이지러지고 사라져 무가 되고 마는 것들이다. 이승에서 그럭저럭 살다가 떠나면 무한한 영들이 어느 영계에 가는가?

형식적인 종교를 가지고 자기기만을 하지 말라. 우리 모두 수도자가 되자. 사도 바울도 독수도자였다. 세상을 버리고 기성종파에서 나왔으며 로마 시민권도 학벌도 버리고 일생 독신생활하였고, 삭발하고 종교에 열광한 자처럼 살았다. 수도생활을 한다는 것은 그렇게 살려고 하는 일이다.

페루의 처녀 로즈는 혼자 자기 집에서 수도생활하면서 성녀가 되었다. 젬마 갈가니는 조실부모하고 친척 집에 가서 식모살이처럼 살면서도 거룩한 성녀로 살았다. 분도 라브르는 수도원에 들어가려고 몇 번이나 애썼지만 거절당하고는 거지가 되어 혼자서 방랑하며 13년을 유럽

각 나라를 순례하면서 성자가 되었다. 진젠돌프는 수도원에 들어가지 않았지만 가장 경건한 성도로서 모라비안 교회를 수도원처럼 만들고 수도자처럼 지도했다. 웨슬리는 나이 50세가 되도록 결혼도 않고 독신 생활을 하면서 영국 사회와 교회 안에 경건한 운동을 일으켰다. 수도자의 생활이었다.

재속 수도회

프란시스는 자기를 따르는 제자들 중에 가정적 제약과 사회적 의무 때문에 모든 것을 버리고 수도원에 들어갈 수 없는 사람들을 위해 수도 생활을 사회 한가운데로 옮겼다. 장소가 산중이냐 도시냐가 성화에 큰 문제 될 것이 없었다. 중요한 건 성화되는 방법과 각자의 마음가짐이다.

프란시스는 자기를 따르는 "루케치오" 부부를 위해 재속 삼회를 시작했다. 사회 속에 머물러 있어야 하면서도 세상 것이 되기는 원치 않는 사람들의 희망을 채워 주려고 한 것이다.

프란시스 삼회 재속 신자를 위한 수도 단체의 규칙은 결혼한 사람도 1년 동안의 수련 기간을 지나면 수도복을 입혀 주고, 사치 유행을 따르지 못하게 하고, 방탕이나 춤, 극장을 근신하게 하고, 음식을 절제하게 하고, 매주 금식일, 육식 금지를 지키고, 미리 유언서를 쓰게 하고, 부도덕한 책을 가정에 두지 말게 하고, 병자를 위문하게 하고, 농담을 금하고 서로 사랑과 친절하게 하였다. 그렇게만 살면 세상 속에 살면서도 독수도가 되는 것이다. 모든 개신교 교역자들도, 교인들도 개인적으로 수도자로 살아야 한다.

영성생활은 수도생활에서만 가능하다. 영성생활의 진보는 수도적 완덕에 있다. 경건주의는 영성생활을 의미한다. 경건한 사람은 이미 수도자다. 일체에서 마음을 떼고 살며, 현세의 즐거움을 마음에 두지 말고 살아야 한다. 누구나 개인적 수도생활이 가능하다.

향주덕 向主德

믿음

> "믿음은 바라는 것들의 실상이요. 보지 못하는 것들의 증거니 선진들이 이로써 증거를 얻었느니라." 히 11:1

우리에게는 세 가지 인식 능력이 있다.
① 각혼覺魂: 동물과 같은 본능적 감각적 인식.
② 이성理性: 인간만이 가지고 있는 자연적 이성적 인식.
③ 초자연적 인식: 하나님 자녀만이 갖고 있는 것. 신앙의 빛 속에 성령이 우리 안에 거하여 믿지 않고는 못 견디게 하기 때문에 이루는 인식.

"믿음은 바라는 것들의 실상"이라는 것은 현재의 소유는 아니고 미래에 소유할 것임에도 마치 현실적으로 소유하고 있듯이 확신하는 것이다. 그만한 믿음을 가져야 한다.

"보지 못하는 것들의 증거"라는 것은 과거나 현재에도 우리 눈으로 목격할 수 없는 것이지만 확실히 실재하는 것과 같이 그 진실성을 인식하는 일이다.

믿음은 현실의 사실에 관계된 것이 아니요, 미래의 희망에 관계된 것이다. 신앙의 중심은 이지理智로는 파악할 수 없는 미래의 사실들이다. 믿음은 마치 초자연적인 일들을 망원경으로 보는 것 같은 일이다. 아직 손으로 잡아 본 일이 아니다. 믿음의 눈에 비치는 것이다.

그리스도인에게는 세 개의 깃발, 즉 신덕信德, 망덕望德, 애덕愛德이 있다. 믿음으로 우리는 하나님을 인식한다. 소망에 의해 하나님을 소유하겠다는 확신에 산다. 그리고 사랑으로 하나님과 밀접히 일치한다.

기독 신자들에게 있어서 의롭다 함을 얻는 의화義化의 근원은 믿음이요, 그리스도적 생활의 기초도 믿음이다. 믿음은 우리의 초자연적 생명의 기초요, 거기서 다시 또 믿음 안에서 더욱더 거룩하게 된다. 믿음 자체가 하나님에게서 받은 은총이다. 하나님으로부터 직접 영혼에 불어넣어준 신적 광명이다. 하나님이 가르치신 일들을 굳게 믿으면 믿을수록 하나님에게 가까워진다. 믿음으로 우리는 초자연적으로 변화되고, 하나님의 자녀가 되고, 영원한 생명에 들어간다. 믿음은 초자연적 생명의 시작이요, 내적 생명의 기초요, 완덕의 뿌리다.

신앙만이 우리 영혼을 하나님과 일치시킬 수 있는 직접적인 수단이다. 신앙이 크면 클수록 신앙으로써 이룩되는 하나님과의 일치 생활이 점점 깊어져 간다.

순수한 신앙, 적나라한 신앙 안에 고요히 살도록 해야 한다. 믿고 나가는 일에 무슨 체험이나 유쾌한 느낌 등을 바라지 말고 순수 신앙으로 나가자.

하나님은 만사에 있어서 우리의 보상이시다. 그것을 믿어야 한다. 순수 신앙이 되려면 경험적으로나 이성으로나 우리 자신의 만족은 티끌만큼도 없어야 한다. 감각적 희열도 없으며 신앙하는 대상에 관해서 확실성의 의식조차 없는 신앙이 되어야 한다.

현세에서 우리들의 시련은 신앙의 어두운 밤에 행해지도록 마련되어 있다. 어두운 밤, 지성의 밤, 감성의 밤은 우리 신앙을 정화시키는 밤이다. 아브라함은 보이지 않는 하나님을 보는 자같이 믿고 순종하였다.

> "믿음으로 아브라함은 부르심을 받았을 때에 순종하여 장래의 유업으로 받을 땅에 나아갈새 갈 바를 알지 못하고 나아갔으며." 히 11:8

신앙의 내용에서 모든 자연적 위로를 배제하라. 일평생 예수 믿고 살아오는데 꿈에도 예수님의 얼굴 한 번 본 일이 없고, 남들은 천당도 보고 지옥도 본다는데 아무 체험도 없는 황막한 광야 같은 신자의 일생, 어떤 때는 거의 신앙을 잃어버린 것이 아닌가 생각되는 순간도 있을 것이다. 그렇다 해도 그대의 믿음은 여전히 그대 영혼의 첨단에서 무사히 손상 없이 신앙의 생명을 간직하고 있는 것이다.

내가 장해서 믿는 것이 아니다. 내가 구원 얻으려고 믿는 것이 아니다. 믿게 해주셔서 믿는 것이다. 신앙 자체가 은총이다. 시종일관해서 순수 신앙, 적나라한 신앙으로 섬기지 않으면 안 된다. 신앙은 인간들의 감각의 대상이 되지 않는다. 따라서 감각적으로, 체험적으로는 포착되지 않는다.

영성생활에 있어서 순간순간의 감정이나 외계로부터 받는 체험 인상에 너무 구애되어서는 안 된다. 그런 것에만 치중하면 쉽게 속아 넘어가기 때문이다. 허망한 감정의 파도에 쉽게 휩쓸려 순간순간의 감각적 자극에 치중해서 영적 생활을 판단하지 말아야 한다.

영의 역사에는 여러 가지가 있는데, 대부분 속이는 영이다. 그런 것에 미혹되고 사로잡혀 판단이 흐려지면 거기서 빠져나오기 어렵다. 양도천도, 이유성도, 박태선도, 문선명도, 구인회도, 박동기도 모두 자기가 받은 영이 참성령인 줄 믿고 있다.

순수 신앙에 의해서 하나님 앞에 나가상이라는 것은 애당초 무시해 버려도 좋다. 문제시해서는 안 된다. 그런 것은 아무 가치도 없는 것들이다. 우리와 하나님의 사귐의 관계는 그 기초를 감정 위에다 두어서는 안 된다. 순수한 신앙 위에 마련해야 한다.

신앙의 현의玄義를 깨달아야 한다. 밤낮 탐욕, 애욕, 속정에 헐떡이는 우리의 오관에 체험되고 감각되는 영은 거의 대부분 잘못된 것이다. 속이는 영이다. 순수 신앙이 못된다. 감각이 수반되지 않는 순수한 신앙을 강화해야 한다.

요한복음 20장 25-29절에서 도마는 부활하신 예수님을 보았다는 다른 제자들의 증언에 대하여 "내가 그의 손의 못 자국을 보며 내 손가락을 그 못 자국에 넣으며 내 손을 그 옆구리에 넣어 보지 않고는 믿지 아니하겠노라"하며 믿지 않았다. 그런데 8일이 지나 예수님이 나타나셔서는 도마에게 "네 손가락을 이리 내밀어 내 손을 보고 네 손을 내밀어 내 옆구리에 넣어 보라 그리하여 믿음 없는 자가 되지 말고 믿는 자가 되라" 하시면서 "너는 나를 본 고로 믿느냐 보지 못하고 믿는 자들은 복되도다"라고 하셨다.

복음서에 나타난 예수 그리스도를 그대로 믿고, 처녀 탄생도 믿고, 십자가도 믿고, 부활도 믿고, 재림도 믿으라. 그밖에는 아무 체험이 없어도 좋다. 영몽靈夢도 없고, 환상도 없고, 영음도 없고, 예언과 입신하는 은사가 없어도 좋다. 아무것이 없어도 믿고 나가는 신앙이 순수한 신앙이다.

우리는 하나님이 우리를 인도하시는 통상적인 길에서 믿고 만족해야 한다. 결코 특별하고 이상한 다른 길을 바라서는 안 된다.

성 프란시스가 다미아노 성당 십자가 앞에서 영음을 들었고, 베르나 산에서 성흔을 받았기 때문에 그의 믿음이 우리 믿음보다 더 좋은 것이 아니다. 그런 체험 없이 믿는 것이 도리어 더 순수한 신앙이다. 적나라한 신앙이다.

우리가 영혼의 어두운 밤을 용감하게 뚫고 나아가기 위하여 하나님은 어떤 경우에 우리를 도우시려고 위로와 빛을 주시지만, 그것이 반드시 있어야 하는 것은 아니다. 그보다 하나님은 우리가 순수한 신앙으로써 하나님을 사랑하고 섬기는 것을 요구하신다.

신앙 체험에는 광명光明한 방면과 음영陰影한 방면의 두가지가 있다. 하나님은 신앙의 음영 속에 나타나실 때에도 위로와 광명 속에 나타나실 때와 마찬가지로 선하신 분이다. 성녀 테레사는 기도할 때면 몸이 허공에 떠오르기도 했고 하나님과 가장 높은 일치에까지 도달했다. 그러나 그녀는 하나님과의 접촉이 두절되는 찰나가 있을 때는 다시 의혹과 번민의 적막한 지경에서 방황했다고 한다. 성찬의 떡만 먹고 일생을 살아가는 신비의 수녀도 있었다. 매일 주님과 사랑의 대화를 하는 곤솔라따는 예수님과 심장을 교환한 성녀이다. 그러나 그런 체험이 없이도 변함없이 믿는 신앙이 순수하다.

하나님이 우리 영혼을 고뇌의 도가니 속에 던져 넣으시는 까닭은 우리의 믿음을 보다 순수하고 견고하게 만들기 위해서 이다. 하나님이 우리의 영혼을 건조와 기갈 속에 버려두시는 까닭은 그 속에서야 하나님의 뜻을 깨달아 받아들이려는 갈망이 생기기 때문이다.

그대가 만일 시련과 의혹 속에서 하나님에 대한 신앙도 사랑도 완전히 잃어버렸다고 생각할 때에 사실은 그 속에서 목마른 사슴같이 하나님을 사모하는 영의 일념이 있다. 그것이야말로 하나님의 마음에 이르는 길, 강화되어 가는 신앙이다.

우리가 가야 하는 길은 순수 신앙의 길이다. 아무런 느낌이 따르지 않는 신앙이다. 주 예수께서는 그대가 주님의 것이 되기를 원하신다. 오직 주님만의 것이 되기를 바라신다. 예수님은 우리를 주님과의 신비적 결혼에 부르시어 주님의 정배로서 간택하신 것이다. "너는 내 것이다" 라고 하신다. 지명해 불러 주셨다.

우리 예수님! 이 세상에서 모든 것을 박탈당하시고 십자가에 매달리신 예수님! 그분이 바로 우리의 모범이시다. 그날 십자가에 달리신 예수님에 대해 하나님도 얼굴을 감추신 것처럼, 우리의 시련과 고난의 날에도 그렇다.

소망

소망은 향주덕에 있어서 믿음과 사랑과 함께 기독교의 확고한 깃발이다. 종교는 고통에 시달리는 인류, 고해苦海에 부침浮沈하고 헤매는 인류에게 희망을 주는 것이다.

소망은 전지전능하고 영원하신 하나님에 대한 우리의 인격적 신뢰이다. 믿음은 바라는 것들의 실상이다 히 11:1. 우리는 희망에 의해 구원의 보증을 얻었으나, 그 구원의 완성은 미래에 속해 있는 것이기 때문에 아직은 희망한다.

하나님은 절망적인 인간 세상에 예수 그리스도의 십자가의 대속적 제물이 되는 죽음과 부활의 사건을 통해 구원의 길을 열어 놓으셨다. 그러므로 소망은 이 사실에 대한 신앙에 기초하면서 우리에게 약속된 구원의 완성과 영광을 바라보는 것이다. 예수 그리스도에 대한 신앙이 없이는 소망이 있을 수 없다.

소망의 덕은 하나님의 약속에 의해 이 세상에서도 반드시 하나님의 도우심을 얻는다. 그러나 그리스도인의 소망은 이 세상보다는 피안적, 천상적인 것이다. 우리가 소망으로 바라는 바는 하나님과 영원한 행복, 죄의 사죄, 인격 완성, 그리스도의 재림, 하나님 나라의 임함, 죽은 자의 부활, 장차 우리가 얻을 영원한 생명, 하나님 의義에 참예함, 하나님 영광에 참예함, 하나님의 양자 됨, 궁극적 구원의 완성 등 끝없는 복을 얻기를 희망한다.

> "우리가 소망으로 구원을 얻었으매 보이는 소망이 소망이 아니니 보는 것을 누가 바라리요 만일 우리가 보지 못하는 것을 바라면 참음으로 기다릴지니라." 롬 8:24-25

"보지 못하는 것을 바란다"는 말은 우리 소망이 피안적이요, 천상적인 것이라는 뜻이다. 구원은 믿음으로 얻는 것이지만, 그 믿음에 기초하고 미래의 복된 모든 약속을 소망한다. 소망으로 사는 자로서 구원받은 것을 말한다.

눈에 현재 보이는 것, 현실적으로 소유하고 있는 것을 소망할 수는 없다. 현실적 소유에 대해서는 소망이란 말이 성립될 수 없다. 그리스도인의 구원은 내면적으로 이미 소유한 것이지만, 외부적 완성의 의미에서는 아직 미래의 소망에 속한다. 기독교인은 소망 속에 산다.

어거스틴은 "하나님은 우리들을 하나님 자신을 위해 지으신 고로 우리 마음은 하나님에게 이를 때까지는 결코 안정할 수 없다"고 했다.

소망이 크면 클수록 받는 성총도 크다. 소망의 사람은 특별한 힘을 얻어서 한층 활발해진다. 소망 속에서 드리는 기도는 열렬하여 하나님에게 영광을 돌린다. 소망 속에서 우리는 더욱더 하나님과 일치하게 된다. 그리고 소망의 덕은 우리를 거룩하게 자라게 한다.

성경에 믿지 않는 것이 죄라고 했다. 믿지 못하여 하나님의 구원에 대해 쉽게 절망하는 것은 죄다. 자기는 도저히 구원을 얻지 못할 것이라든가, 죄를 피할 수 없다는 절망적 생각에 빠져서는 안 된다.

성 빈센시오 바울은 말하기를 "비록 전 세계가 우리를 멸망시키려고 한다 해도 우리가 신뢰하는 하나님의 뜻은 반드시 성취되고야 만다"고 했다.

내가 젊은 시절 인상 깊게 본 그림 한 장이 있었다. 젊은 여자 한 사람이 거문고를 타고 있는 그림이었다. 그 여자의 눈은 수건으로 싸매 놓아 앞을 보지 못했다. 자세히 보니 여자의 거문고 줄은 다 끊어지고 한 개만 남아 있었는데, 앞을 못 보는 이 여자는 그 한 가닥의 줄에 손가락을 대고 거기 소망을 걸고 있었다. 여자의 머리 위 하늘에는 별 한 개가 반짝이고 있었다. 그림의 제목은 "소망"이었다.

그리스도인의 소망은 믿음과 사랑과 밀접한 유대를 갖고 있다. 믿음이 없는 사람에게는 소망도 없다. 믿음이 철저하여 모든 경우에 절대로 주를 의지하는 사람은 아무리 어려운 경우에도 절망하지 않는다. 소망을 잃지 않는다.

하천풍언의 글에 "앞길은 캄캄한 밤이다. 주위는 어둡기만 하다. 언제 이 어둠이 걷힐지 알 수 없다. 그러나 나는 내 안에 임재하신 분의 능력만 굳게 의지하고 나아간다"고 했다.

> "다만 이뿐 아니라 우리가 환난 중에도 즐거워하나니 이는 환난은 인내를, 인내는 연단을, 연단은 소망을 이루는 줄 앎이로다 소망이 우리를 부끄럽게 하지 아니함은 우리에게 주신 성령으로 말미암아 하나님의 사랑이 우리 마음에 부은 바 됨이니." 롬 5:3-5

하나님이 우리를 사랑하시는 사랑이 우리 마음에 넘치게 부어짐으로 말미암아 평화도 소망도 확고하다.

다음 두 종류의 사람은 주께 영광을 돌리지 않는다.

(1) 자신의 비참함을 몸소 느끼지 못하고 사는 자. 그런 사람은 그리스도의 필요를 통감하지 않는 사람
(2) 자기 자신의 참혹한 모양을 자각하고는 있지만 예수 그리스도의 신적 도우심에 대한 신앙을 강하게 갖고 있지 못한 사람

궁극적으로 최고의 하나님과의 일치에 도달하고자 하는 자는 우선 자기 자신의 비천함과 죄 많음을 실감하지 않으면 안 된다. 자기의 비참을 하나님 앞에 털어내 놓고 적나라하게 고백해 내는 심령은 복되다. 그렇게 함으로써 하나님의 은총을 이끌 수 있다. 자기 비참을 보되 하나님의 빛 안에서 보아야 한다. 나 자신의 불완전을 보더라도 결코 놀

라거나 낙담해서는 안 된다. 고의로 거기 떨어진 것이 아니라면 우리 비참상은 도리어 하나님의 동정과 자비를 불러일으킨다.

그러나 영적 생활의 초기에는 하나님이 우리 자신의 가련함과 참상을 보는 눈을 열어 주시지 않는다. 우리가 실망에 빠지기 때문이다. 그러나 세월이 흐름에 따라 차츰 자기 참상이 드러나 보인다.

자기 영혼의 쓰레기통 같은 것만 밤낮 뒤적거리고 있는 일은 좋지 못하다. 기도나 묵상 시간에 하나님의 성령께서 내 영혼에 빛을 비춰 주실 때, 나의 가련하고 몸서리칠 비참상이 드러나 보이기 시작한다면 그건 도리어 은총이다.

우리의 영육간의 모든 괴로움, 병환, 불구, 열등, 가정의 불행, 비애 등 모든 시련은 바로 그대로 예수님께 섭취되어 성부 하나님 앞에 끊임없는 호소를 발하고 있다.

사람들이 자기 힘으로는 아무것도 할 수 없다고 깨닫고 예수님만 의지할 때 빛과 도우심을 받는다. 시련의 날이 계속되고 불행의 밑바닥에서 신음하여 영혼의 암야暗夜 속에 헤매고 있을 때라도 소망을 잃지 말고 확고한 신앙과 신뢰로 하나님만 바라보는 마음처럼 하나님 보시기에 측은한 것은 없다.

비참과 죽음, 운명의 농락의 절정에서라도 예수님을 향한 소망을 잃지 말라. 우리 인간은 얄궂은 운명의 농락에 허덕이고 비참에 충만해 있는 목숨들이다. 그러나 동시에 그리스도의 양羊이요, 신의 영적 가족이요, 그리스도의 지체라는 아름답고 존귀한 영광을 지니고 있는 존재들이다.

비록 아무런 영적 체험이 없고 영감이나 실감이 일어나지 않아도 낙심하지 말고 하나님을 향한 신뢰심을 계속 가지라. 그것이 하나님의 뜻이요 사랑일 수 있다. 심령의 건조, 영혼의 적막, 정신적 암흑의 때가 도리어 하나님의 뜻일 수 있다.

우리의 모든 불행에 우리 기도와 소원대로 척척 주시는 하나님이 아니다. 모든 신자들을 건강함과 무병으로 축복하시고, 가정마다 행복하고, 연보 많이 내며, 사업이 축복받고, 믿는 자는 어디 가나 꼴찌가 되지 않고 우두머리가 되는 것이 기독교의 축복이 아니다.

아무리 예수를 잘 믿고 덕이 진보했다고 해도 자기 영혼의 가난과 참상을 보지 못하는 자는 오만한 마음을 일으킨다. 그런 심령은 스스로의 오만심 때문에 하나님께 버림받고 멸망의 구덩이에 떨어지기 마련이다.

우리들의 보잘것없는 성덕聖德의 향기가 하나님의 관심을 우리에게로 끌어당기는 것이 아니다. 나의 믿음, 선행, 성덕을 보시고 하나님이 현혹되신다고 짐작하는 자는 바보다. 측은히 여기시는 하나님의 성심聖心이 우리에게 끌리시는 것은 우리가 자신의 비천함과 가난함을 정직히 고백할 때다. 자신의 비참함과 하찮음을 자각하면서 그 반동反動으로 나의 가난함과 부족함을 채워 주실 그리스도의 공로, 그 충만한 은총의 도우심을 갈망하지 못한다면 내가 겪는 모든 일들이 내 영혼에 해로움을 준다.

불행, 어려움, 운명 속에서도 믿음 안에서 소망을 잃지 말라. 영적으로 보다 명랑하고 너그러우라. 비애와 절망은 지옥의 입김이요, 기쁨과 소망은 천국 생활의 반영이다.

우리의 영혼은 하나님의 손 안에 있다. 우리 영혼이 그리스도에 의해 거룩한 덕과 신적 생명 속에 신생新生하기 위해서는 우선 시련을 겪어야 하고, 나약하다는 자각 속에 허덕여야 한다. 하나님은 때로 우리를 격려하고 단련하시기 위해서 우리를 몹시 괴롭게 하신다.

"여호와는 죽이기도 하시고 살리기도 하시며 스올에 내리게도 하시고 거기에서 올리기도 하시는도다 여호와는 가난하게도 하시고 부하게도 하시며 낮추기도 하시고 높이기도 하시는도다." 삼상 2:6-7

사랑

"그런즉 믿음, 소망, 사랑, 이 세 가지는 항상 있을 것인데 그 중의 제일은 사랑이라." 고전 13:13

믿음, 소망, 사랑은 복음의 세 가지 강요綱要이다. 이 세 가지는 그리스도의 재림, 만물의 회복과 함께 없어지지 않고 영원히 존속할 것이다.

믿음은 인간이 구원 얻는 원리를 말함이요, 소망은 인간이 장래에 얻을 자기의 영광에 대한 것이요, 사랑은 인간이 하나님을 섬기는 태도이다. 사랑은 하나님의 본질 자체요, 하나님의 속성이기 때문에 영원히 변화하는 일이 없다. 그러므로 기독교에 있어서 사랑의 덕은 진리 중의 진리요, 길 중의 길이요, 생명 중의 생명이요, 진선미의 최고 극치이다. 기독교인들에게 다른 덕이 다 갖춰져 있더라도 사랑이 없으면 모두가 없는 것이나 마찬가지다.

요한계시록 2장 1절의 에베소 교회는 다른 덕 행위, 수고, 인내, 영분별, 부지런함에 있어서는 많은 칭찬을 받은 교회였으나 "처음 사랑"을 버렸기 때문에 참그리스도 교회의 상징인 등대를 옮기겠다고 하셨다.

사랑이 제일인 까닭은 믿음도 소망도 사랑에 의해서 자격을 얻기 때문이다. 기독교인에게 있어서 믿음의 덕이나 소망의 덕의 실행은 최고의 덕인 사랑에 의해서 지탱되고 완성되어야 한다.

우리 그리스도인들이 하나님과 가장 일치하는 일은 사랑의 덕에 의해서뿐이다. 신자의 완덕도 사랑 안에서 이루어 간다. 사랑의 덕에 의해서 변화된 인간은 더욱 더 하나님을 닮아가는 자가 된다.

사랑이신 하나님

사랑의 덕은 또한 성령과의 일치다. 성령께서 친히 인간 생래의 낮은 사랑의 능력을 정화시켜 승화시키고 초자연적으로 변화시켜 그 힘으로 사람과 하나님 사이의 간격을 넘어 하나님을 사랑하게 하신다.

인간이 하나님을 대하는 태도는 믿음보다 사랑이다. 우리는 하나님을 믿는다는 것으로 만족할 것이 아니라 하나님을 사랑해야 한다. 사랑으로 역사하는 표현되는 믿음이어야 한다. 하나님은 한없이 완전하신 분이고 하나님의 속성은 사랑 자체이시니 우리는 하나님을 사랑해야 한다. 사랑으로 섬겨야 한다. 하나님과 우리 사이는 사랑에 의해 하나님이 우리의 것이 될 뿐 아니라 우리도 사랑 안에서 하나님의 것이 된다.

인간의 인식 능력에 있어 사랑은 친지親知해 내는 뛰어난 능력이기 때문에 두뇌나 지식으로 신학, 교리보다 순화된 애정으로 사랑할수록 하나님을 더 바로 인식해 낸다. 학문에는 뛰어나지만 사랑의 덕을 동반하지 않는 신학자들보다는 무식해도 사랑의 덕을 가지고 하나님을 사랑하는 자가 하나님의 진리를 한층 더 깊이 깨닫는다.

성 버나드의 신비주의는 사랑의 신비주의였다. 성 프란시스나 시에나의 성녀 카타리나가 신비 체험 중에 성흔의 은혜를 받은 것은 믿음과 소망과 사랑을 기뻐하는 마음 때문이었다. 그리스도의 고난을 사모하여 묵상하는 중 그들이 그리스도의 고난에 대해 동정과 거룩한 슬픔을 느끼는 동정적 사랑에 의해서였다.

성 빅톨 리차드는 그리스도의 십자가의 고난을 통한 사랑의 계시를 설명하면서 우리가 그 고난과 사랑에 사귐을 가지는 동정적 사랑의 단계를 네 가지로 말했다.

① 사랑의 상처를 받아야 한다.
② 사랑의 속박을 받아야 한다.
③ 사랑의 고뇌를 받아야 한다.
④ 사랑의 실신失神을 체험한다.

성경에 "주 너의 하나님을 사랑하라" 하신 말씀은 일방적으로 하나님만이 사랑을 받으신 것보다는, 사랑할 때야말로 우리도 진정한 자기 실현을 발견하면서 사랑이신 하나님을 바로 체험해 낸다는 뜻이다.

하나님을 섬기는 유일한 방법

하나님만이 아무런 제한 없이 사랑을 받으실 수 있는 분이고 전적으로 사랑받으실 수 있는 분이다. 그것이 또한 우리가 신을 섬기고 공경하는 유일한 방법이다. 그것이 기독교의 믿음이요, 우리의 기쁨이요, 축복이다. 우리의 완덕은 사랑 안에서 이루어진다. 이것이 그리스도의 비밀이요, 기독교의 핵심이다.

기독교인이 되려면 교파나 신학이나 교리 같은 것은 몰라도 이 사랑의 비밀만은 탐구하고 파헤치고 몸소 실현해야 한다. 이 사랑은 하나님에 대한 우리의 사랑을 말하는 것이면서, 그보다 앞서 우리에 대한 하나님의 사랑이 바로 그런 것이다. 하나님이 먼저 우리를 사랑하셨기 때문에 우리도 하나님을 사랑하는 것이다.

바울은 고린도후서 5장 15절에서 하나님과 우리 사이의 희생적인 사랑의 대응 관계를 강조했다: "저가 모든 사람을 대신하여 죽으심은 산 자들로 다시는 저희 자신을 위하여 살지 않고 오직 저희를 대신하여 죽었다가 다시 사신 자를 위하여 살게 하려 함이니라."

기독교인 생활에 있어서 핵심적 요소가 주님과 우리 사이의 사랑의 신비적 대응 관계인데, 오늘날의 기독교인들은 사랑이 무엇인지 알고 있는 듯하면서도 사실은 모르고 있다.

실속 없는 표면적인 사랑을 하지 말고, 사랑의 설명이나 말이 아니라, 나 자신을 송두리째 휘감아 압도하는 사랑을 하자. 고통 없는 평안한 사랑이 아니라 영웅적인 사랑, 사랑의 노고勞苦, 바울이 말한 강권하는 사랑, 그런 사랑을 알고 실천하게 해 달라고 기도하자. 그리스도 십자가 보혈을 한 방울이라도 맛본 자는 미친다.

사랑하기 위해서는 나 자신을 버리지 않으면 안 된다. 자기를 버리는 만큼 사랑은 더욱 완전해진다. 그리스도의 피를 지금 받으려면 내 피를 내놓아야 한다. 순간순간 내 피를 내놓는 만큼 그리스도의 피는 현실적으로 내 가슴에 떨어져 온다.

영혼의 어두운 밤

하나님은 우리가 하나님을 의지하지 않고 스스로 무엇을 하노라고 하는 동안은 제멋대로 하게 내버려 두신다. 주제넘게 스스로 무엇을 한다고 서두르고 다니는 동안은 내버려 두신다. 우리가 이 세상의 모든 것을 포기하고 하나님을 상대로 하지 않는 한, 우리가 스스로 한다는 만사에 있어서 자신의 무능을 느끼게 하신다. 더구나 하나님은 때때로 우리들을 정신적으로 절망을 느끼게 하는 단애절벽斷崖絶壁까지 밀고 가신다. 우리로 역경과 절망 속에 떨어져 실신할 만큼, 자칫 하나님을 향해서 불손한 모독과 증오의 말을 발하게 하는 위험선까지 우리를 몰고 가신다. 절망적인 포기의 순간에까지 밀고 나가신다. 이럴 때에 누구나 자기에 대해 절망해야 한다.

우리 영혼의 정화를 위하여 이 같은 내심內心의 시련보다 더 효과적인 것은 없다. 그것이 곧 어두운 밤이다.

가장 무서운 시련의 하나는 하나님으로부터 영구히 버림받았다는 잘못된 자기 판단이다. 이제는 회복이 불가능하다는 절망적 느낌을 갖는 일이다. 이런 시기에 있으면서도 주를 의지하는 거룩한 위탁 정신이야말로 우리가 살아나갈 유일한 구멍이다. 내가 죽어서 예수를 사랑해야 한다. 나를 살리면서 예수를 사랑하노란 것은 불철저하다.

우리가 하나님에게 바칠 사랑은 자기를 염두에 두는 이기심이 완전히 없는 것이어야 한다. 그러려면 우리는 매일매일, 순간순간 자기를 희생시켜 주께 드려야 한다.

다만 하나님만 사랑하고

하나님을 사랑하고 사는 데 있어서 작은 영적 위로도 느껴지지 않고 무미건조한 심령의 상태가 계속되어도 변함없이 주님을 깊이 사랑해야 한다. 그것이 가장 순수한 신앙이며, 순수한 사랑이다.

영성생활을 하는 데 있어서 우리 영혼은 바다와 같아서 수면에는 끊임없이 파도가 일고 때로는 태풍이 불고 해일도 인다. 영혼의 표면을 끊임없이 뒤흔들고 지나가는 파도, 감정의 파도에 너무 관심하지 말라.

예수께서는 누구의 영혼을 주님 자신과 친밀하게 일치시키려고 섭리하실 때, 먼저 그 영혼으로 하여금 많은 시련을 겪게 하신다. 노도풍파怒濤風波의 도가니를 통과하게 하신다. 순풍에 돛을 달고 가듯이 믿지 말고 신앙의 어두운 밤, 칠야漆夜에 하나님 앞에 부복하여 섬겨야 한다.

하나님 손에 자신을 몽땅 맡기라. 위탁하라. 하나님이 하시는 일이 거칠고 사납고 냉혹한 것 같아도, 하나님은 우리가 자기 자신을 사랑하노라 하는 것보다 더 무한히 더 지혜롭게 세찬 사랑으로 우리를 사랑하시기 때문이다.

폭풍우 속에 주를 예배하라. 폭풍우 속에서 부르시는 님의 음성을 들으라. 하나님의 무궁한 사랑, 세찬 사랑의 섭리에 그대 자신을 맹목적으로 맡기라. 위탁하라. "살든지 죽든지 하나님이 알아서 하십시오"라고 하면 하나님이 책임지시고 우리의 모든 어려움을 돌봐 주신다. 전적으로 위탁하면 하나님이 맡아 하신다.

인간적 자랑과 자기애를 철저히 죽이고, 낮은 사랑을 승화시키고 애정을 정화시켜야 한다.

인간의 무능력을 깨닫기를 바라시는 하나님

하나님은 우리가 주님을 목마른 사슴처럼 사모하기를 바라신다. 그러나 우리 자신의 능력으로는 하나님을 다시 찾는 데 전혀 무능력하다는 사실을 몸소 실감하기를 바라신다. 하나님이 우리에게 주님만을 찾고 사랑할 수 있는 은총을 베풀어 주시기를 간구해야 한다.

성녀 테레사는 계속되는 오랜 시련, 십자가의 고통과 비할 만한 시련을 겪고 나서야 비로소 청춘 시절의 불타는 애정을 회복하여 되돌려 받을 수 있었다. 회복된 애정은 이전보다 훨씬 강하고 섬세하게 된 것이었지만, 성녀에게 있어서 그 애정은 이미 아무런 위험도 없는 것이었다고 한다. 사랑하고 사랑받고 싶다는 인간적 애정을 조금도 느끼지 않게 된 것, 이것이 바로 순수한 하나님의 사랑을 소유하고 있는 표시였다.

인간적인 애정의 대상을 빼앗겼을 때 슬퍼하고 울부짖고 마음의 공허를 못 견디게 느끼는 것은 아직도 그의 애정이 너무도 인간적으로 불순하고 영혼이 약화된 증거이다.

우울한 성인은 가련한 성인이다. 마음 안에 예수님을 소유하고 있으면서 침울한 얼굴을 하는 것은 주께 대한 일종의 실례이다.

우리의 인간적인 애정, 낮은 사랑, 에로스 사랑, 이러한 사랑을 순화시키고 승화시키자.

사랑의 눈으로 하나님을 바라보라

우리가 하나님 안에 잠심하여 사는 것을 방해하는 것은 남의 일에 대한 지나친 관심이다. 남에 대해 좋지 못한 생각이 일어날 때는 즉시 내 영혼의 눈, 심령으로 예수님을 뚫어지게 주시하여 그 좋지 못한 생각을 주께 맡기라. 말과 생각에 재갈을 물리고, 우리 애정을 단일화시키고 승화시켜 송두리째 하나님에게 바치라. 그러면 우리 가슴은 신적으로 더워질 것이다.

언제나 사랑 가득 찬 눈길을 모아 하나님을 주목하며 영혼의 고요를 간직하여 지키라. 영적으로 신에 대해서 신기한 체험이나 특별한 것을 느끼거나 신비스러운 것을 이해하려 말고, 다만 계속 사랑스러운 열망의 눈길만을 주께 모으라. 그것이 순수한 신앙이다.

성 버나드의 사랑의 신비주의

자주 탈혼 상태의 체험을 겪은 성 버나드는 신랑 되신 그리스도를 영접할 심령의 준비를 말하면서 "그리스도께서 사랑으로 오실 때 입술이 떨리는 것이 아니요 마음의 찬양이며, 입술에서 나는 소리가 아니라 기쁨의 몸동작이요, 말이 아니라 의지력의 일치를 가져온다. 그것은 혼례의 노래이다. 그 노래에는 순결하고 감미로운 영혼들의 포옹과 감정의 일치와 애정을 주고받음이 표현되어 있다"고 했다.

그는 우리가 하나님을 사랑하는 네 가지 단계를 말했다.

제1단계: 인간은 자기 자신을 위해서 자기 자신을 사랑하는 일을 먼저 시작한다.

제2단계: 예수를 믿으나 하나님을 위해서가 아니라 아직도 자기 자신 때문에 하나님을 사랑한다.

제3단계: 하나님과 매우 친숙해지고 하나님을 재발견하여 하나님의 온화하심과 아름다움을 경험하고는 이제 자기 자신을 위해서가 아닌, 오직 하나님만을 위해 하나님을 사랑한다.

제4단계: 사랑의 완전한 단계로서, 하나님 안에서가 아니면 조금도 자기 자신을 사랑할 수 없는 단계다. 자기 자신을 잊고 하나님만을 향해 온 몸과 마음을 드리게 된다. 이후부터는 하나님과 연합하여 그분과 한 영으로만 존재하게 된다.

하나님은 사랑이시다

아직도 나 자신을 위하여 예수님을 믿는다는 이기심에서 벗어나고, 매 순간 희생시켜 주께 드리며, 자기만족의 체험을 바라지 말고 다만 주님을 사랑해야 한다. 하나님의 속성은 사랑이시다. 하나님은 다만 사랑이시고 자비이시다. 우리는 다만 사랑 안에서만 하나님을 품고 불타는 사랑으로 하나님을 섬겨야 한다.

토마스 아 켐피스는 "사랑만이 온갖 어려운 일도 쉽게 느끼게 하고 불쾌한 일도 잘 참게 한다. 사랑은 무거운 짐을 짊어지고도 그 무게를 못 느끼는 것이고, 아무리 쓴 것도 달게 한다. 사랑하는 자는 날고, 뛰고, 기뻐하고, 자유롭고, 그 무엇에도 속박되지 않는다"라고 했다.

공리적인 신앙에서 벗어나라

성경과 모든 성인 성녀들의 신앙을 종합해 보면서 우리 개신교도들의 신앙생활의 잘못을 시정해야 할 중요한 점은 타 종교와 같은 하등 종교, 저질 유사 종교의 신앙 같은 이익 종교를 버려야 한다는 것이다. 이 세상에서 육신적 축복을 받으려는 기복신앙을 버려야 한다는 것이다. "성읍에서도 복을 받고 들에서도 복을 받을 것이며…네 광주리와 떡 반죽 그릇이 복을 받을 것이며 네가 들어와도 복을 받고 나가도 복을 받을 것이니라" 신 28:3-6는 공리주의功利主義 신앙을 버려야 한다. 그것은 하등 종교에서나 선전하는 것이다.

예수 잘 믿으면 이승에서 육신의 축복, 오복-건강하고, 장수하고, 가정이 평안하고, 출세 성공하고, 사업이 잘 되고, 모든 시험과 재액을 면한다-을 받는다는 선전은 기독교의 명칭은 갖고 있지만 실상 기복신앙이다. 기독교는 과연 그런 종교인가? 성경은 과연 이익 종교, 공리주의적 신앙을 약속하고 있는가? 그것은 모두 성경에 근거 없는 것이요, 싸구려 부흥사들이나 기도원에서 강조하는 신앙이다.

한국 목사 중 예수를 가장 잘 믿고 절개를 지킨 주기철 목사는 옥사했고, 사랑의 원자탄 손양원 목사는 가정의 고통에 시달리다가 인민군의 총 개머리판에 입술이 깨져 순교했고, 기독교의 대성자 프란시스는 일생 거지로 살다가 45세에 위궤양으로 죽었다. 그분들은 예수 믿고 육신적으로 복 받은 것이라고는 하나도 없다.

"give and take" 신앙

지금 한국 개신교도들의 신앙은 하나님에게 흥정을 걸고 믿는 신앙이다. "give and take" 신앙이다. 마치 "예수 잘 믿어 드릴 테니 나를 축복해 주십시오", "기도를 열심히 할 테니 자녀들이 좋은 학교에 가고 출세 성공하게 해주십시오", "연보 많이 드릴 테니 사업이 잘되게 해 주십시오" 하는 것이다. 이런 기복신앙을 선전하고 강조하여 교인수를 늘이고 연보 많이 짜내고 교회를 부흥시킨단다. 그것이 예수 잘 믿는 자에게 주시는 하나님의 축복이란다. 교회마다 교인의 의무 감당을 강조하는데, 그 의무란 것이 주일 성수, 십일조를 바치는 것이다. 십일조를 내지 않는 것은 연보를 도둑질해 먹는 것이라고 한다.

하등 신앙을 탈피하자

한국 기독교는 이런 하등적인 종교 신앙에서 벗어나야 한다. "주시옵소서. 주시옵소서"만 반복하는 "구걸 기도"를 시정해야 한다. 무슨 은사를 받기 위해서 "믿습니다. 믿습니다"고 하는 신앙에서 더 나아가자. 은사 집회, 축복 성회, 신유 집회라는 것을 집어치우라.

이제 하나님과 우리 사이는 "사랑"뿐이다. "사랑합니다. 사랑합니다" 하는 신앙이 되어야 한다. 인간적인 것, 육신적인 것, 세상적인 것, 이기심, 평안과 안일을 찾는 마음 일체를 포기하고 순간순간 자기를 희생시키며 예수만을 사랑해야 한다.

예수님을 따르려면 "자기를 버리고", "십자가를 날마다 지고" 따라야 한다. 우리의 인간적인 것 일체를 포기하고 희생시켜야 한다. 성공도 실패도 하나님에게 맡기라. 살고 죽는 것을 전적으로 하나님에게 위탁하라.

아브라함은 하나님과 흥정하지 않았다. 하나님을 믿는 데 조건을 대지 않았다. 생사화복을 전적으로 하나님의 뜻에만 맡기고 무조건 위탁하고 순종하고 나간 믿음이었다.

자기 십자가를 지고 주님을 사랑하라

머리되신 예수님은 가시관을 쓰셨는데, 지체가 되고 종 된 우리가 면류관을 쓰는가? 우리도 가시관을 쓰고 자기 십자가를 지고, "엘리 엘리 라마 사박다니"를 외치며, 남 보기에 하나님에게 외면당한 자, 저주받은 자처럼 되어 매 순간 자기를 희생시켜 주께 바치며 예수를 사랑해야 한다.

고난과 고행

고난의 메시아

성경에서 말하는 인류의 메시아, 구세주로 오실 그리스도는 고난의 메시아이다.

> "그러므로 예수도 자기 피로써 백성을 거룩하게 하려고 성문 밖에서 고난을 받으셨느니라 그런즉 우리도 그의 치욕을 짊어지고 영문 밖으로 그에게 나아가자." 히 13:12-13

예수 그리스도께서 단 한 번 자기의 보혈을 가지시고 하늘 지성소에 들어가셨다. 예수는 영문 밖, 예루살렘 성문 밖에서 십자가의 고난을 받으셨다. 그리스도께서 치욕을 받고 영문 밖(골고다)에서 고난당하신 것처럼, 제자 된 우리도 예수님처럼 기성종교(유대교) 범위에서 탈출하여 여러 가지 비난을 각오해야 한다.

> "그리스도도 너희를 위하여 고난을 받으사 너희에게 본을 끼쳐 그 자취를 따라오게 하려 하셨느니라… 친히 나무에 달려 그 몸으로 우리 죄를 담당하셨으니… 그가 채찍에 맞음으로 너희는 나음을 얻었나니…" 벧전 2:21-25

예수 그리스도께서 섭리 속에 어려운 고난을 당하신 것처럼, 하나님은 그 종인 우리 그리스도인들에 대해서도 고난과 학대 속에 인내하게 하시려고 섭리하신다. 하나님은 단 한 사람도 목적 없이 부르지 않으신다. 동시에 어느 누구에게도 의미 없이 고난을 주지 않으신다. 그리스도를 본받아 오늘 우리도 고난을 위해 부르심을 받았으니 고통 속에 의기소침하지 말아야 한다.

기독교는 고난의 종교다. 이 세상에서 큰 성당 짓고 호화스런 장식 속에 사치하고 향락하며 귀족적으로 예수 믿는 것이 우리가 믿을 종교가 아니다. 기독교인은 인생고人生苦의 원인과 그 해결 방법을 설명만 하는 것이 아니라 몸소 그 고난을 짊어져야 한다. 모든 교회와 기독교인은 "그리스도의 남은 고난"을 몸소 내 육체에 짊어지고 인생의 고통 속에서 그리스도의 고난에 참여해야 한다.

그리스도의 남은 고난에의 참여

그리스도의 고난에 참여하자. 인생의 고통에 시달리고 있는 형제들의 고난에 "코이노니아" 하자. 교회와 기독교인은 고난을 말만 하지 말고, 신학적이고 교의학적인 해석만 하지 말고, 자신이 몸소 그리스도의 고난을 짊어져야 하고, 형제들의 고난을 겪어야 한다.

불교에 "보살의 병"이란 사상이 있다. 유마거사唯摩居士가 병들어 앓고 있다는 소문을 듣고 석가는 제자 중 가장 지혜가 뛰어난 문수文殊 보살을 문병 보냈다.

문수가 유마에게 묻는다.

"존자尊者의 병은 무슨 병입니까?"

"모든 중생이 병들매 나도 병들었소이다."

"그러면 존자의 병은 언제 낫습니까?"

"모든 중생의 병이 낫는 날, 내 병도 낫지오."

이것을 "보살의 병"이라 한다. 중생들의 고통에 나도 함께 참여하여 앓는 심정이다.

사도 바울은 로마서 9장 1-3절에 "내가 그리스도 안에서 참말을 하고 거짓말을 아니하노라 나에게 큰 근심이 있는 것과 마음에 그치지 않는 고통이 있는 것을 내 양심이 성령 안에서 나와 더불어 증언하노니 나의 형제 곧 골육의 친척을 위하여 내 자신이 저주를 받아 그리스도에게서 끊어질지라도 원하는 바로라"라고 했다.

그리스도의 사도인 바울은 자기가 확실히 구원 얻었단 것으로 만족하고 안심하고 산 것이 아니다. 그의 마음속에는 형제들의 구원 문제로 인한 비상한 근심과 고통이 충만해 있었다. 그는 자기가 저주를 받아 그리스도에게서 끊어져 지옥에 간다 해도 형제들을 구원하는 것이 간절히 바라는 절원切願이라고 했다. 자기 개인의 구원은 전혀 무시하고 남이 구원 받기를 간절히 원하는 사도로서의 심정이다.

고난의 종교

바울은 고난의 종교를 말했다. 골로새서 1장 24절에 "나는 이제 너희를 위하여 받는 괴로움을 기뻐하고 그리스도의 남은 고난을 그의 몸된 교회를 위하여 내 육체에 채우노라"고 했다.

바울은 자기가 받는 모든 고난을 기쁘게 여기고, 이것이 그리스도의 고난의 부족을 보충하는 듯 부르짖었다. 그리스도께서 겪으신 고난이 과연 불완전했고 불충분했던가? 아니다. 그리스도의 고난은 완전 무결하다. 보충할 필요는 없다. 그러나 예수 그리스도께서는 지금도 하늘에서 그의 몸 된 교회와 성도의 겪는 고난을 자신의 고난으로 삼고 고민하신다.

세상에서 싸우고 있는 교회와 그리스도인은 고난을 경험하지 않으면 안 된다. 이 고난은 모두 그리스도 자신의 고난인데, 그리스도인은 이 고난을 보충하듯 고난의 종교, 고난의 그리스도인이 되어야 한다.

불교의 기본 교리에도 고난이라는 문제가 있다. 석가가 깨달은 인생 고人生苦 문제에 대한 기본 교리가 사성체四聖諦이다.

사실적 세계관의 원리

⑴ 고성체苦聖諦: 인생의 생존 전체를 고苦로 관觀하는 일
⑵ 집성체集聖諦: 번뇌의 근원은 갈애(욕정)가 응해지지 않는 데서 온다.

이상적 세계관의 원리

⑶ 멸성체滅聖諦: 고苦에 속박되지 않으려면 사랑으로 말미암아 번뇌에 지배당하지 말아야 한다.
⑷ 도성체道聖諦: 수도 해탈의 길, 그것은 구체적으로 팔정도八正道를 말하고 있다.

십자가의 종교

예수 그리스도께서 보이신 길은 고난의 길, 고난의 종교이다. 사도 바울이 부르짖은 종교도 고난의 종교다. 신약성경에 고난을 의미하는 말이 많다.

"모든 소유를 버리지 아니하면 능히 내 제자가 되지 못하리라."
눅 14:33

"자기를 부인하고 날마다 제 십자가를 지고 나를 따를 것이니라."
눅 9:23

"너희가 육신대로 살면 반드시 죽을 것이로되 영으로써 몸의 행실을 죽이면 살리니." 롬 8:13

"정욕과 탐심을 십자가에 못 박았느니라." 갈 5:24

"그의 죽으심과 합하여…" 롬 6:4

"옛 사람과 그 행위를 벗어 버리고…" 골 3:9

"선한 싸움을 싸우고…" 딤후 4:7

"네 오른 눈이 너로 실족하게 하거든 빼어 내버리라." 마 5:29

여러 가지 죄의 큰 위험을 피하기 위해서 우리는 때로 비상한 희생을 바칠 각오를 세워야 한다.

그리스도의 고난 속에서 느끼는 하나님의 사랑은 인간을 고난에서 구출하는 사랑으로 진전하는 사랑이다.

"그가 이같이 큰 사망에서 우리를 건지셨고 또 건지실 것이며 이 후에도 건지시기를 그에게 바라노라." 고후 1:10

기독교 교리에 있어서 그리스도께서 고난당하시는 주체는 하나님 자신이시다. 하나님의 고난이 인간에게 계시되기 위해서는 그 증인으로서 인간의 고난이 봉사하지 않으면 안 된다. 고난의 종교, 고난의 주께 봉사하려는 기독교인은 고난을 짊어지고 영문 밖으로 님을 따라 나가지 않으면 안 된다.

> "또 자기 십자가를 지고 나를 따르지 않는 자도 내게 합당하지 아니하니라." 마 10:38

> "누구든지 나를 따라오려거든 자기를 부인하고 자기 십자가를 지고 나를 따를 것이니라." 마 16:24

고난이 인간을 빛으로 인도하는 경우는 우리 인간이 고난을 통하여 그리스도의 고난과 결합하는 때이다.

파스칼이 말하기를 "나의 상처를 그리스도의 상처에 얹어 놓고 나를 그에게 결부시키지 않으면 안 된다"고 했다.

인생고의 해결책

일절의 해결자이신 그리스도에 대한 증거로 봉사할 때, 즉 나의 고난을 통하여 그리스도의 고난에 동참하여 봉사할 때, 그때 내 고난도 해결 속에 들어간다. 나의 고난을 통해 그리스도의 고난에 봉사할 때, 이때까지 하나님의 손 밖에 있었던 내 고난이 하나님의 손 안에 있는 고난이 된다. 이것이 고난苦難도 섭리攝理라는 믿음이다.

고난은 본래 고통이요 피해요 저주요 재액災厄이었지만, 내 고난을 통하여 그리스도의 고난에 봉사할 때 본래 비생산적이던 고난이 생산적인 것이 된다. 우리의 고난은 그리스도의 고난에 결합됨으로 비로소 치유된다.

> "그리스도의 고난이 우리에게 넘친 것 같이 우리가 받는 위로도 그리스도로 말미암아 넘치는도다." 고후 1:5

고난을 사랑하라

참기독교인은 많은 고난을 겪고 고난 속에 연단되어야 한다. 고난은 성도를 성화시킨다. 그리스도의 고난에 참여(코이노니아)하려는 갈망이 바울과 베드로의 간절한 소원이었고, 형제와 중생의 고난에도 참여하려는 것이 참 기독교회와 교인의 갈망이어야 한다.

십자가의 요한은 "기적을 행하는 일보다 하나님을 위해 고난을 겪는 것이 더 낫다. 십자가에 못 박히신 그리스도만으로 만족할 줄 알라. 그분과 함께 고생하고, 함께 쉬라. 그러기 위해서 안팎으로 모든 일에서 자기를 없이할 것이다"라고 했다.

하나님이 아닌 것에게로 그대를 이끄는 모든 것에 대해 마음을 굳게 다져라. 그리고 그리스도의 고난을 사랑하라. 키에르케고르는 "예수 믿는 일은 어려운 길"이라 말했다. 쉽게 믿으려 하지 말고 어렵게 믿으려 하라. 유럽의 백인들이 기독교를 받아들이고 귀족적으로 호강하며 믿는 기독교를 만들려다가 망했다.

고난은 믿음을 굳세게 한다

고난의 정신을 굳게 지키려 노력하는 자에게는 견인堅忍의 성총이 주어진다. 즉 고난의 정신이 강할수록 오관의 욕정과 자애심을 이기기 쉽다. 자기를 강하게 억제하면 그만큼 영성이 진보한다.

완덕의 최종 목적은 하나님과의 완전 일치에 이르려는 것인데, 이 목적을 달성하기 위해서는 자기를 전적으로 하나님 뜻에 복종시켜야 한다. 이것은 고난, 고행, 금욕으로만 가능하다. 고난의 십자가를 두려워하고 회피하는 자는 결단코 하나님과 일치할 수 없다. 금욕 고행의 목적은 우리 마음을 깨끗하게 하고 강화시키고 모든 결점을 극복할 힘을 얻기 위해서이다.

많은 고난은 사람을 성화시킨다. 안일, 태만, 편리주의, 호강 예수는 우리의 영성을 죽인다.

"너희가 육신대로 살면 반드시 죽을 것이로되 영으로써 몸의 행실을 죽이면 살리니." 롬 8:13

금욕 고행이 구원의 조건은 아니다. 그러나 경건생활에 필요하고 우리 영적 연단에 꼭 필요한 방법이다. 평소 금욕 고행을 힘쓰지 않는 자는 큰 시험을 겪을 때 즉시 패배하고 만다. 닥쳐오는 모든 유혹과 시험을 이기기 위한 능력을 배양하기 위해서는 평소에 고난을 겪는 노력을 하지 않으면 안 된다.

하나님의 자녀다운 생활을 해야 한다. 이 결심을 죽기까지 지키고 실행하기 위해서는 금욕과 고행 이외에 확실한 다른 방법은 없다.

십자가의 길은 곧 고난의 길이다

예수 그리스도의 생애는 십자가의 길이다. 십자가의 길은 곧 고난의 길이다. 그리고 이것은 하나님과의 일치를 위한 완전한 방법이다. 하나님의 섭리로 주어진 고난도 있지만 우리가 영성생활, 경건을 위하여 스스로 금욕 고행주의 생활을 하는 것이 유익이다.

극기하기 위해서 의지를 연단하는 일이 매우 필요한데, 그냥 예배 반복이나 교회 출석으로는 의지 연단이 되지 않는다. 고난, 고행은 우리 내부에 숨어 있는 악한 성질, 악한 경향이나 결점 등과 싸우면서 이것들을 의지에 복종시키고 더욱 의지를 완전히 하나님의 뜻에 복종시키는 데 효과가 있다.

기독교인에게는 성경공부나 예배나 전도 사업보다 먼저 의지력 배양이 큰 문제다. 바울은 디모데전서 4장 7-15절에 "망령되고 허탄한 신화를 버리고 경건에 이르도록 네 자신을 연단하라

육체의 연단은 약간의 유익이 있으나 경건은 범사에 유익하니 금생과 내생에 약속이 있느니라… 이 모든 일에 전심 전력하여 너의 성숙함을 모든 사람에게 나타나게 하라"고 했다.

바울은 또한 "이기기를 다투는 자마다 모든 일에 절제하나니 그들은 썩을 승리자의 관을 얻고자 하되 우리는 썩지 아니할 것을 얻고자 하노라… 내가 내 몸을 쳐 복종하게 함은 내가 남에게 전파한 후에 자신이 도리어 버림을 당할까 두려워함이로다"고 했다 고전 9:25, 27.

인간도 하나의 동물이다. 동물들은 식욕과 성욕 등 본능의 충동에서 사는 것이다. 본능적 충동에서만 사는 사람은 고상한 인간이 아니라 짐승이다. 짐승 생활을 면하여 살려면 동물적인 본능을 강한 의지력과 이성으로 절제하고 극복하고 억제해야 한다. 그 노력이 매일 우리 안에서 격렬하게 전개되고 있는 육신의 욕정과 성령의 소욕과의 싸움이다. 강

한 의지력으로 육을 쳐서 성령께 복종시켜야 한다. 그러기 위해서는 예리한 이성과 강한 의지력이 필요하다.

고난은 덕의 일종이 아니라 많은 덕의 집합이다. 그러나 고행은 완덕의 목적이 아니라 그 수단이다. 많은 고난을 겪은 사람은 고난 속에서 그 성품이 성화된 것을 볼 수 있다.

금욕 고행적 생활의 탐구

외부적 고행

(1) 동작, 태도의 근신: 기독교인의 예의
(2) 시각의 근신: 특히 제7계명 "간음하지 말지니라." 호기심을 억제할 것. 자기와 관계없는 것을 보지 말 것. 다만 영적으로 영성생활을 살리는 데 유익된 것만 보는 데 힘쓸 것
(3) 청각, 미각의 근신: 사랑과 순결을 해치는 담화. 고린도전서 15장 33-34절의 "속지 말라 악한 동무들은 선한 행실을 더럽히나니 깨어 의를 행하고 죄를 짓지 말라"는 것이다. 우리의 눈, 입, 귀, 기타 모든 감각 기관마다 문 앞에 파수 병정을 세워 두라. 필요 없고 유익이 없는 것은 억제하도록 하라.

내부적 고행

상상과 기억에 회상되는 것을 근신하는 것이다. 기도 시간에 주의 집중을 곤란하게 하며 여러 가지 유혹의 원인이 되는 것들과 무익한 공상

을 낳는 주요 원인은 자기 의무에 열중하지 못하고 마음에 빈틈이 있기 때문이다. 한가한 시간에 모든 죄가 되는 생각을 원천에 진멸하라.

욕망의 근신

무슨 큰 행사나 열중했던 일을 치르고 난 직후 마음이 긴장 경계를 늦추고 풀어진다. 타락한 범죄생활은 영성을 말살한다.

(1) 영적 능력을 어둡게 한다.
(2) 영혼을 괴롭게 하고 만족을 안 준다.
(3) 영혼을 더럽힌다.

하나님의 영광을 더하게 하는 일만 바라고 주님 이외에는 아무것도 바라지 말아야 한다.

고린도후서 7장 4절에 "내가 우리의 모든 환난 가운데서도 위로가 가득하고 기쁨이 넘치는도다"라고 했다. 고난을 지원하는 정신에서 산 성인들은 이 세상 그 무엇으로도 맛볼 수 없는 초자연적 기쁨을 얻는다.

토마스 아 켐피스가 말하기를 "십자가에는 구원이 있고, 십자가에는 생명이 있고, 십자가에는 적에 대한 방어가 있고, 십자가에는 하늘 위의 즐거움이 있고, 십자가에는 마음의 힘이 있다. 십자가에는 영혼의 기쁨이 있다"고 했다.

마더 테레사

마더 테레사는 1946년 피정하러 "다르제엘링"으로 가는 열차 안에서 신의 소명을 느꼈다. 그녀가 말하기를 "모든 것을 버리고 가장 가난한 사람들 가운데 계신 주님을 섬기기위해 빈민촌으로 주님을 따라오라는 강한 명령을 느꼈다"고 했다. 그녀는 자기 활동에 대해 이렇게 말했다: "우리의 사업이 고통을 각오한 것이 아니라면 그것은 다만 사회 사업이나 사회 구조에 불과할 뿐이다. 물론 우리가 하는 일이 다른 사람에게 유익과 도움을 준다 해도 그것이 고통이 없다면 예수 그리스도의 사업은 아니다. 구속 사업의 참예가 아니다. 예수님은 우리의 고독, 고민, 죽음의 고통을 같이 나누시며 우리와 함께 동고동락하신다. 예수님은 바로 그가 구원하신 우리 한가운데 인간중의 한 분이었다. 우리도 그분과 똑같은 길을 걸어야 한다."

마더 테레사는 뼈만 앙상히 남은 노인들을 쓰다듬어 주고 문드러진 상처의 나환자와 쓰레기통에 버려진 아기를 품에 껴안는 일을 예수님의 머리를 쓰다듬는 심정으로, 예수님의 상처를 싸매 주는 심정으로, 예수님의 어린이들을 껴안아 주는 심정으로 행했다.

테레사는 말하기를 "일하시는 분은 주님이지 내가 아니라는 것을 나는 그때부터 지금까지 확신하고 있습니다. 이것이 제가 두려워하지 않는 이유입니다. 빈민촌에서 가난한 이들 가운데, 가장 가난한 이들 속에서 하루 24시간 동안 그리스도를 만나게 될 때 자기들의 일생이 어떤 것이 될지를 이해하게 됩니다"라고 했다.

주여
오늘도 또 내일도
고통받는 이웃에서
치료 받는 이웃에서

바로 당신을 뵙고

바로 당신께 봉사하게 해 주소서

고통 받는 벗이여!

사랑하는 벗이여!

벗은 귀한 존재입니다.

벗은 또 다른 그리스도입니다.

벗을 돕는다는 것

그것은 보람찬 일입니다.

테레사의 기도

관상생활

인간의 영성 회복을 위해 가장 기본적인 것은 기도생활이요. 특히 관상적 기도생활이다. 기도란 것은 하나님의 자녀된 우리들의 내적 생명의 자연적 발로이다.

우리 종교인들이 종교적 활동과 외면적인 사업의 업적을 아무리 쌓는다 해도 기도생활만큼 하나님을 기쁘시게 할 수는 없다. 우리는 기도를 통한 관상생활, 하나님과의 일치 생활이 우리 영혼 내부에 충만하여 그것이 넘쳐 외부로 흘러나오는 정도에 따라서 외면적 활동을 해야 한다.

기도가 깊어져 가면서 기도의 주도권은 인간이 가지지 못한다. 인간은 전적으로 수동적 자세를 취할 뿐이다.

우리가 기도생활이나 관상생활을 하는 동안 우리 영혼의 내부에서는 하나님만이 자유로이 활동하실 수 있도록 해야 한다. 그때 우리 영혼의 가장 깊은 곳에서는 하나님의 활동이 전개된다. 깊은 관상기도 속에서 나 자신은 침묵해야 한다. 단순히 말만 침묵이 아니라 내면의 잡념, 풍파, 집요한 이기심 등의 소용돌이도 가라앉히고 하나님에 대한 깊은 신뢰심으로 마음의 분위기가 자리 잡게 해야 한다.

깊은 기도에 들어가는 잠심 생활은 수련 초기에는 매우 노력이 필요하지만, 점점 잠심에 익숙해 가노라면 제2의 천성같이 된다.

기도생활의 준비

기도생활을 위한 준비로서는 극기가 필요하다. 기도를 효과있게 하기 위해서 금욕, 고행, 단식, 철야가 필요하고 검소한 생활양식, 의지적 침묵, 규율 있는 생활 습성, 자발적 극기의 실현 등이 필요하다.

하나님 앞에 꾸밈없는 자기 자신을 세워야 한다. 자신의 실상을 알고, 아무런 거짓과 꾸밈없이 실상 그대로 하나님 앞에 서야 한다. 방심하고 잡담을 하면 잠심 생활에서 이룬 영성적 방향이 방산해 버리고 만다.

우리의 영성생활은 하루 동안에 진보하기도 하고 혹은 퇴보하기도 하는 것이다. 사도 바울의 말과 같이 다 이루었다 함도 아니요, 현재 좇아가고 있는 정진 상태이다.

우리 마음 안에 작은 암자를 마련하고 아무리 바쁠 때라도 수시로 마음의 암자, 즉 지성소에 잠복해 예수님을 뵈올 수 있도록 습관을 붙이도록 하라. 공허한 상념想念에 잠기지 않도록 제어하는 데 노력해야 한다. 공상이나 상상을 억제하라. 생각이 그런 데로 흘러가는 것을 내버려두면 관상생활을 할 수 없다. 소인은 한가할 때 범죄한다는 말이 있다. 여가가 있을 때, 한가할 때 정신을 공상의 세계에 방황하지 못하게 하고 하나님에게로만 모든 상념을 집중하라.

우리 속에 기도의 정신, 영적 소원의 간절함을 일으켜 주신 이는 성령이시요, 그런 소원이 있음은 하나님이 우리에게 은혜를 주시리라는 확실한 표이다.

"너희 안에서 행하시는 이는 하나님이시니 자기의 기쁘신 뜻을 위하여 너희에게 소원을 두고 행하게 하시나니" 빌 2:13

기도자, 특히 관상기도를 하려는 이는 하나님에 대한 지식을 바로 가져야 한다. 하나님은 어떠하신 분인가를 바로 알아야 한다. 그러므로 관상기도자는 교의학적 이해가 있어야 한다. 그렇지 못한 상태에서 기도에 열중하기 때문에 탈선하여 이단 사교의 교주가 되고 만다. 성경 말씀의 올바른 이해와 함께 늘 영적 독서를 많이 하여 영성생활의 진실한 발전을 도모할 것이다.

종교인, 성직자로서 묵상생활을 포기하는 것은 가련한 일이다. 그것은 악마의 간계이다. 하나님과 우리 영혼 사이의 접촉인 기도와 묵상생활이 없다면, 그 밖의 다른 일로는 비록 아무리 눈부신 활동을 한다고 해도 하나님 앞에서 극히 평범한 존재에 지나지 않는다. 하나님이 그 영적 조명照明, 생명을 우리들의 영혼에 교류하시는 것은 관상생활을 하는 동안이다.

"주께서 대답하여 이르시되 마르다야 마르다야 네가 많은 일로 염려하고 근심하나 몇 가지만 하든지 혹은 한 가지만이라도 족하니라 마리아는 이 좋은 편을 택하였으니 빼앗기지 아니하리라 하시니라."

눅 10:41-42

악마의 방해

악마는 우리의 기도 정신, 관상생활을 방해하는 일에 혈안이 되어 날뛴다. 흥분시키고, 초조하게 만들고, 당황하게 하고, 신심이 흔들리게 하기도 하는데, 이 모두가 악마에게서 오는 것인 줄 깨달아야 한다. 어떤 일이 일어날지라도 그런 것에 마음이 빼앗겨서는 안 된다. 예수님과 일치해 사는 일에만 노력해야 한다.

기도하는 동안 내 영혼이 완전히 하나님에게 종속해 있을 때 이것저것 구체적인 의향에 나의 주의를 빼앗겨서는 안 된다. 하나님에게 간구할 여러 가지 문제가 있을지라도 그것을 일일이 하나님에게 설명하고 설득하려 말라. 그런 문제는 제목만 얼핏 바라보는 정도로 충분하다. "구하기 전에 너희 하나님 아버지께서 너희가 쓸 것을 다 아신다"고 하셨으니 믿음으로 하나님에게 맡겨라마 6:8. 마음을 그리스도의 신부답게 하나님 생각에만 잠기게 하라. 하루 종일 그렇게 한다면 주님은 언젠가 주님 자신을 우리 영혼에게 나타내 보여 주실 것이다.

선다 싱은 기도에 관해서 많은 교훈을 남겼는데 "기도는 성신 안에 있는 호흡이다. 기도의 사람이라야 하나님을 영과 진리로 예배한다. 그러면 세상 사물은 그에게 있어서 해를 주지 않고 모두 유익하게 되어 그의 영적 생명의 진보를 돕는다. 인간은 하나님의 뜻을 변할 수 없으나 기도의 사람은 그 자신에 대한 하나님의 숨은 뜻을 발견하게 된다"

고 했다.

기도하는 자세

한 가지 한 가지 일을 세세히 빠짐없이 거론하여 도고禱告하는 일은 기도의 통일을 빼앗는다. 마음이 방산防散되고 내 영혼이 번거로움을 입는다. 여러 가지 간구할 문제들을 하나하나씩 들어 기도하는 시간은 따로 두고 하면 좋고, 기도할 때마다 그렇게 하지는 말라.

묵상기도나 관상기도의 경우에는 간구할 문제들을 얼핏 바라보면 넉넉하고, 모든 정신을 하나님에게 집중하고 위탁할 것이다.

우리가 관상의 깊은 기도 중에 사랑 안에서 하나님과 일치되어 있다면 우리가 걱정하고 있는 세상과 육신의 개별적 필요들은 이미 달성되어 있는 것이다. 몸과 마음을 남김없이 하나님이 하시는 역사에 전적으로 맡겨, 무슨 일이든 하나님이 원하시는 대로 행하시게 하면 다른 사람이 몇 천 년 걸려도 못했던 일을 할 수도 있고, 주께 영광을 드릴 수도 있다.

수동적 관상생활에 있어서 우리 영혼은 온전히 하나님에게 위탁되어 있다. 성신께 남김없이 자신을 위탁하고, 아무런 감격이나 감정, 특별한 사상을 주시지 않더라도 말없이 순수 신앙 속에 머물러 지내라. 절대 위탁하고 사는 나의 모든 일은 하나님의 성의聖意 안에 잠겨 있다. 우리가 철저히 하나님에게 위탁한 삶을 보낼 때, 하나님은 그것을 기쁨과 영광으로 아신다. 우리 영혼에 있어서 이보다 더한 선익善益은 없다.

우리 영혼이 하나님에게 가까이 갈수록 기도는 단순하게 되고, 최후에는 다만 하나님에 대한 하나의 긴 탄식으로 변해 끝난다.

성 프란시스에게 있어서 예배와 기도는 "내 주여 나의 전부여"라는 한마디였다. 그는 이 한마디로 하룻밤을 지새기도 했다.

기도가 단순하고 간단하다고 해서 불충분하고 정성 없는 기도라고 생각하는것은 잘못이다. 아토스의 성자 실루안은 "살아 계신 하나님의 아들 예수 그리스도시여 죄인인 저를 불쌍히 여기옵소서"라는 예수기도를 일생 드렸다.

기도는 머리를 써서 사상으로 하는 것보다는 마음과 애정을 바쳐서 하는 것이 옳다.

신비적 기도의 경지

관상기도의 첫 단계에 도달한 사람은 하나님을 깊이 이해하는 통찰력과 신뢰심이 커지고 좀 더 깊은 기도를 하고 싶어지며, 하나님과 함께 있고 싶고 하나님의 깊은 실재 속에 잠기고 싶은 마음이 점점 더 간절해진다.

기도가 갖추어야 할 특질은 하나님에 대한 사랑의 충만이다. 기도의 심수(心髓)는 사랑에 의해서 사랑 안에 이루어지는 영혼과 하나님의 접촉이다.

관상이 점점 더 깊은 단순성을 띠어 가게 되면, 자기 안에서 활동하는 이가 자기 자신이 아니라 하나님이시라는 의식이 더 강렬해진다. 그것이 신비적 기도에 이른 것이다.

기도 외에 영적 독서(심신 독서)를 하면서 신심의 의무 등을 행하여 기도의 지나친 단순함을 도와준다. 영적 독서가 관상생활의 원천이 되어야 하고, 독서를 할 때는 성령의 도우심을 구하며 천천히 읽을 것이다.

하나님 현존 실습

하나님 현존 실습이 기도에 필요하다.

(1) 하나님 현존 실습은 우리로 가장 미소한 고의적 과실도 피하도록 마음을 다짐하게 한다.
(2) 만사를 가장 완전하게 하도록 촉구한다.
(3) 정중하게 처신하게 한다.
(4) 투쟁에 용기를 북돋운다.

하나님과 단둘이 사사로운 기도를 할 때는 두 손을 치켜든다든지 유대인의 기도처럼 하나님에게 달라는 형식으로 두 손을 펴 들고 기도하는 이도 있다. 그런 자세로 신앙 속에 하나님의 얼굴을 쳐다보면서 간구하는 방식도 좋다. 그렇게 하면 하나님의 시선이 우리 마음을 꿰뚫어 비참의 심연을 비춰 주신다.

하나님이 우리를 돌보시고 도우시는 것은 모두 그 자비심에서이다. 그리고 하나님의 자비를 그처럼 끌어당기는 것은 하나님을 향해 고백하는 우리 자신들의 비참 그 자체이다. 하나님의 자비가 발휘되는 것은 우리에게 비참과 겸손이 있을 때 뿐이다. 예수께서 택하시는 자는 가난한 자, 작은 자, 비천한 사람들이다.

관상觀想

개신교에서는 관상생활이나 관상기도라는 말을 생소하게 느끼고, 무슨 소리인지 이해 못하는 이들이 많다. 어느 젊은 목사가 기도 문제에 관해 글을 쓰면서 관상기도에 대해 말했더니 친구 목사가 그건 위험한 소리라고 주의를 주더라는 우스운 이야기도 있다.

관상생활은 "하나님을 바라보는 눈길"이라고 한다. 하나님을 직관적으로 인식하고 사랑하는 행위, 그리고 자기의 근본 앞에서 느끼는 존재의 희열을 말한다. 어린아이가 아버지와 어머니를 바라보는 것같이 자연스럽게 될 수 있다. 하나님은 성령 안에서 모든 사람이 하나님의 본성에 참여하여 친밀한 친교를 누리도록 부르신다. 그때 하나님을 바라보는 눈길은 상상으로 보는 것도 아니며, 훌륭한 신학에 근거를 둔 지적인 표현도 아니다. 그것은 마치 산울림이 되돌아오듯이, 거울이 들여다보는 내 얼굴을 비춰 주듯이 하나님이 주신 사랑과 존재의 증거를 하나님을 향해 다시 돌려 드리는 영혼의 눈길이다. 나의 전 존재가 하나님에게로 돌아가는 일이다.

관상생활이라는 것은 관상을 실천하는 생활이다. 모든 사람은 완덕을 이루기 위해 부르심을 받았으며, 완덕에 이르는 수단의 하나가 관상이다. 관상은 완덕에 도달하는 수단이지, 완덕 자체가 아니다.

관상수도회

수도회에도 여러 가지가 있는데 관상수도회는 영적 생활의 최고 경지라 할 수 있는 관상을 목적하고 고독과 침묵 속에서 기도생활에 정진하며, 하나님에게 자신을 온전히 봉헌하는 수도회이다. 카르투지오회會, 시토회, 가말돌리회, 갈멜회, 클라라회 등이 있다.

관상수도회는 사도적 활동의 필요성을 인식하면서도 그런 활동을 배제하고 관상생활에만 전념한다. 관상 수도회를 "천상 은총이 솟아나는 샘"이라고 말하기도 한다. 그들은 고상한 목표를 바라보면서 청빈, 순결, 순명의 생활을 실천한다. 관상수도회는 은둔 도피주의자들이 모이는 곳이 아니다. 오히려 모든 진지한 싸움이 벌어지는 곳, 마음속에서 승부가 날 때까지 싸우는 곳이다.

관상기도

오랫동안 수도생활이나 규칙적인 묵상기도를 해온 사람은 보다 단순한 기도, 즉 마음의 기도, 내적 단순한 기도라 부르는 관상기도에 이른다. 관상은 일반적 묵상기도와는 달리 단순하고 본질의 직관적 성격을 갖춘 것이기 때문에 "직관의 기도"라고도 부른다.

관상기도는 명상기도의 가장 높은 단계로서 크나큰 성실로 하나님을 사랑한 수도자가 이 세상에서 하나님으로부터 받은 최상의 선물이다. 그동안 해온 기도 탐색을 위한 논리적 추론이나 우리의 구송口頌기도가 빠지기 쉬웠던 하나님을 설득해 보려는 시도가 없다는 점에서 묵상기도나 구송기도와 구별된다.

우리의 기도생활 체험에서 구도口禱에서 꾸준히 묵상 기도를 익혀 가노라면 도저히 묵상을 할 수 없는 순간을 맞게 된다. 거기가 바로 묵상에서 관상으로 넘어서는 문턱이라 한다.

더 높은 단계의 기도에 이르는 것을 분명히 감지할 때까지는 그동안 해온 대로 추리적 관상을 그치지 말 것이다. 기도자는 주부적 기도로 이끄는 은총을 느끼면, 즉시 모든 추리적 기도를 중지해야 한다. 이와 같은 내적 생활에 깊이 들어가기 위해 자신을 온전히 바친다.

대부분의 일반적 신앙생활은 하나님과 사귀는 방법으로 언어와 개념, 이미지 등을 매개 수단으로 사용하는 것이 보통이다. 그러나 하나님과의 사귐이 깊어짐에 따라 하나님의 현저한 현존을 느끼는 신비나 성인들의 경우에 그러한 언어나 개념의 매체는 불필요해진다. 더구나 하나님의 임재로 성령이 우리 안에 직접 내재하여 활동하실 때에는 사람의 사고나 상상이나 감정 따위가 도리어 "침묵의 일치"를 이루는 데 소음이 되고 방해가 된다.

인간의 언어나 개념이나 선입관 등은 하나님의 영이 인간 안에서 자유로이 활동하는 데 제한을 준다. 그런고로 깊은 기도에 들어가는 관상기도자는 인간의 자연적 능력은 모두 침묵시키고 단순히 하나님을 바라보고 사랑하기만 한다.

관상기도자에게는 청원기도가 없다. "주옵소서…"가 없다. 우리에게 간구할 문제가 많지만 성경에 "구하기 전에 너희 쓸 것을 너희 아버지께서 아신다"고 하셨으니, 믿음으로 하나님에게 맡기고 다만 하나님의 사랑을 느끼고 하나님을 사랑하는 일에 몰두한다.

어린애가 어머니 품 속에 안겼을 때에는 언어의 고백이 필요없다. 어머니 사랑의 느낌뿐이다. 애인이 애인의 가슴에 안겼을 때 사랑의 느낌뿐인 것같이 고백이 있다면 사랑의 고백뿐이다.

어거스틴이 "주여, 나에게 당신 자신을 주옵소서. 당신 가슴 속 은밀한 곳에 숨게 하소서"라고 기도하였던 것처럼, 하나님과의 친밀한 사귐을 체험할 때는 우리 안에 내재하시는 하나님의 존재만이 본질적인 것임을 깨닫는다. 관상자에게 있어서 하나님은 도달해야 할 목적이라기보다는 삶의 주체요 내용이며 생명의 원리가 되기에 이른다.

관상의 종류

관상은 거기 도달하는 양식에 따라 수득적修得的 관상과 주부적 관상으로 나누어 설명한다. 수득적 관상은 개인의 노력으로써 직관의 능력에 도달하는 것으로 "능동적 관상"이라고도 한다. 불교에서 마음을 가다듬어 번뇌를 끊고 무아정적無我靜寂의 경지에 몰입하려는 것이 수득적 관상에 해당한다.

주부적 관상은 하나님의 은혜로 신적인 영역을 체험하고 신비에 대한 깊은 깨달음을 얻는 것으로서, 이것을 수동적 관상이라고도 부른다. 우리의 일상생활 가운데 성령의 감화를 받아 하나님의 본성을 체험하는 경우이다. 깊은 기도, 주부적 관상기도, 수동적 관상은 내가 기도하는 것이 아니라 도리어 기도를 받는 것이다.

> "이와 같이 성령도 우리의 연약함을 도우시나니 우리는 마땅히 기도할 바를 알지 못하나 오직 성령이 말할 수 없는 탄식으로 우리를 위하여 친히 간구하시느니라 마음을 살피시는 이가 성령의 생각을 아시나니 이는 성령이 하나님의 뜻대로 성도를 위하여 간구하심이니라." 롬 8:26-27

성령께서는 우리의 영적이고 내적인 연약함에 대하여 우리의 무거운 짐을 분담해 지시며, 우리의 탄식은 곧 성령의 탄식과 신음이 된다. 우리의 불완전한 기도를 성령이 중보자가 되셔서 친히 간구하신다. 하나님의 뜻에 맞게 간구하신다. 그때 우리는 기도를 중지하는 것이 아니며, 성령이 감동으로 기도의 영을 주사 우리로 기도하게 하시나 그것은 우리가 주체가 되어서 하는 기도가 아니라 성령이 주신 것을 받는 기도이다.

베다니 마리아가 예수님 곁을 잠시도 떠나지 아니하고 예수께만 마음을 집중하고 사랑한 것을 주부적 관상생활의 가장 아름다운 예라고 볼 수 있다.

인간의 영은 하나의 정원이다. 우리 심령에 기도로서 물을 주는 데에는 네 가지 방법이 있다.

(1) 우물에서 두레박으로 물을 긷는 방법: 이것은 힘들다.
(2) 우물 위에 롤러를 달고 줄을 걸고 물을 긷는 방법: 정숙한 기도가 이와 같다.
(3) 수원지에서 도랑을 파서 인수引水하는 방법: 이때는 하나님이 내 안에서 동산지기같이 역사해 주신다.
(4) 하늘에서 직접 내리는 비를 심전心田에 받는 것: 이 경우에 나 자신의 영은 전혀 관여하지 않는다. 내가 기도하는 것이 아니라 기도를 받는다. 나의 모든 기능은 정지되고 적막 고독하나 비할 데 없는 행복에 이른다. 이것이 주부적 관상이다.

주부적 관상의 특징

(1) 주부적 관상에 있어서 관상자는 능동적이라기보다 수동적이다. 언제나 자기가 원할 때면 관상해 내는 것이 아니라, 성령께서 원하시는 때에 성령이 원하시는 양과 정도만큼만 관상할 수 있다.
(2) 관상가의 영혼에 초자연적인 것이 엄습한다. 무엇인가 초자연적인 것이다.
(3) 하나님 현존의 체험, 영혼의 수동적 정화이다.

(4) 본성의 노력으로는 신비 체험을 할 수 없다. 즉 자기 체험이 자신의 노력에서 나온 것이 아니다.

(5) 주부적 관상은 카리스마이나 비상한 은혜는 아니다.

(6) 관상 중에 누리는 하나님에 관한 체험적 지식은 명확하거나 뚜렷하지 못하고 모호하고 혼잡스러운 것이다. 신비가들의 신비 체험은 설명하기 불가능하다.

(7) 주부적 관상은 관상가가 하나님의 활동 아래 있다는 안정감과 확신을 준다. 관상활동이 계속되는 한 하나님이 자기 안에 활동하신다는 것을 그는 추호도 의심하지 않는다.

(8) 관상은 조력은총助力恩寵의 충동을 요구한다. 초자연적 능력의 가능성을 현실성으로 만들기 위함이다.

(9) 관상을 직접 이끌어내는 원리들은 사랑으로 충동받는 신앙 행위를 완성하는 지혜 및 이해의 은사이다.

(10) 관상 행위의 직접적, 형상적, 정감적 윤리 덕행은 하급 요구를 제어하면서 관상을 돕는다.

(11) 주부적 관상은 반드시 성화 은총을 요구한다. 성령의 은사의 작용이 없이는 결코 주어지지 않는다. 관상은 성화 은총과 애덕을 전제하는 하나님에 대한 열렬한 사랑에서 나온다.

(12) 주부적 관상은 관상자가 은총 상태에 있다는 확신을 준다.

(13) 신비체험은 흔히 신체에 반응을 일으킨다. 강한 영적 기쁨은 때때로 감각 기능에 놀랄 만한 현상을 불러일으킨다. 초보자에게만 그런 현상이 있으니, 그런 반응 따위는 무시하고 기도를 계속해야 한다.

(14) 신비적 일치는 변화의 동요를 가져온다. 그런 체험 상태가 때로는 오래 계속되는 경우도 있고, 때로는 아주 짧게 있고 멎는다. 그것은 하나님의 뜻에 달린 것이다. 매우 짧은 경우는 "하나님의 만짐"divine touch에 불과한 경우도 있다.

(15) 신비적 기도는 흔히 육체의 기능 정지나 신체 결박을 가져오기도 한다. 육체적 감각 기능의 정지가 불가피하다.

(16) 주부적 관상은 덕행 실천에 큰 충동을 준다. 신비적 관상이 영혼의 성화에 큰 도움이 되기는 하나, 그렇다고 그것이 즉시, 또는 반드시 성인을 만들지는 않는다.

13. 영성훈련

영맥

"무릇 표면적 유대인이 유대인이 아니요 표면적 육신의 할례가 할례가 아니니라 오직 이면적 유대인이 유대인이며 할례는 마음에 할지니 영에 있고 율법 조문에 있지 아니한 것이라 그 칭찬이 사람에게서가 아니요 다만 하나님에게서니라." 롬 2:28-29

"표면적"이란 육의 혈통에 의한 외면적 유대인을 말한다. 그 특징은 육신의 할례, 성물, 구별, 십일조 드리는 것 등이다. 외견상, 외부적, 바깥쪽, 겉껍데기 기독교, 형식적·교파적 기독교 등을 말한다.

"이면적"이란 하나님 선택민, 내적 기독교, 마음의 기독교를 말한다. 골로새서 2장 11절에 "또 그 안에서 너희가 손으로 하지 아니한 할례를 받았으니 곧 육의 몸을 벗는 것이요 그리스도의 할례니라"고 했다.

"신령에 있고"는 고린도후서 3장 3절에 "너희는 우리로 말미암아 나타난 그리스도의 편지니 이는 먹으로 쓴 것이 아니요 오직 살아 계신 하나님의 영으로 쓴 것이며 또 돌판에 쓴 것이 아니요 오직 육의 마음판에 쓴 것이라"는 것이다.

"그가 또한 우리를 새 언약의 일꾼 되기에 만족하게 하셨으니 율법 조문으로 하지 아니하고 오직 영으로 함이니 율법 조문은 죽이는 것이요 영은 살리는 것이니라." 고후 3:6

바울이 말한 의문은 기록된 율법, 경전, 법조문을 뜻한다. 이 의문은 죽이는 것이라 했다. "영"은 복음을 생산하여 공포하는 성령의 역사를 말한다.

신자가 명심해야 할 사실은 유형적 교회와 무형적 교회가 다르다는 사실이다. 교파적 기독교와 신령적인 기독교가 다르다. 표면적 기독교가 있고 이면적 기독교의 구별이 있다. 외면적 기독교가 있고, 내면적인 기독교가 다르다. 겉껍데기 교회와 내적 마음의 교회가 구별이 된다는 사실을 알아야 한다.

하나님은 표면적, 외면적, 형식적인 종교를 대하시지 않는다. 하나님은 이면적인 영과 마음의 종교를 대하신다. 표면적인 교파적 겉껍데기 기독교인은 진정한 하나님의 백성이 아니다. 하나님이 선택하신 참된 백성은 혈통에 의한 유대인이 아니요, 영으로 마음으로의 하나님의 백성이다.

기독교 2천 년 역사에는 이같이 보이는 역사와 보이지 않는 영적 역사의 흐름이 따로따로 흐르고 있다. 오늘 기독교의 각 종파는 자기 종파에 속해야만 구원을 얻고 의롭다 함을 얻는다고 선전하여 교세 확장을 꾀하지만, 이 같은 종파 근성, 교회 소속, 교파적 신앙고백, 세례 성찬 여부 등 표면적이고 외면적인 것은 하나님 앞에 아무런 특혜도 없다. 그들은 미신자나 이교도들과 똑같이 취급받고 심판받을 것이다.

기독교인의 겉모양이 아니라 "속마음"이 "예수의 얼"이다. 기독교에도 표면적 겉껍데기 기독교인은 많다. 대다수가 그렇다. 진정한 이면적이고 영적인 기독교인의 수는 적다. 숨어 있다.

> "좁은 문으로 들어가라 멸망으로 인도하는 문은 크고 그 길이 넓어 그리로 들어가는 자가 많고 생명으로 인도하는 문은 좁고 길이 협착하여 찾는 자가 적음이라." 마 7:13-14

우리는 생명적 영맥을 찾아야 한다. 표면적, 교파적, 형식적 기독교인, 교파인, 예배 교인으로 안심하고 있으면 안 된다.

바리새인과 마찬가지로 잘못된 교역자는 하나님의 일을 하는 건지 지옥 보낼 목회를 하는 건지 분간하지 못한다.

한강 물이 도도히 흘러도 서울 1천만 시민들 집집에서 흘러드는 폐수에 오염이 되어 고기 한 마리도 제대로 살지 못하는 썩은 물이다. 표면적 기독교사, 2천 년 교회사는 도도하게 흘러내려오고 있으나, 지금은 오염되고 속화되고 썩어 변질되고 진리가 왜곡되어 영혼 하나 제대로 건지지 못하는 종교가 되고 말았다. 오늘 이렇게 세속화하고 변질되고 왜곡되고 날조된 기독교를 그대로 믿고 안심하는가?

물고기가 살려면 맑은 물줄기를 찾아 상류로 헤엄쳐 올라가 어느 산바위 틈에서 솟아나는 샘 물 줄기에 아가미를 대고 마셔야 한다.

교회에 다니는 것이 문제가 아니다. 예배를 부지런히 본다고 안심되는 것이 아니다. 영성이 살아야 한다. 그렇게 되려면 이면적 기독교, 영적 흐름이 있는 영맥을 찾아야 한다.

오늘 한국의 기독교는 교파, 교인수 확보, 보다 큰 건물로 경쟁하고 있는 듯하다. 표면적인 대다수의 교회나 신도는 하나님과 관계없다. 무조건 교회만 다니면, 예배만 보면 누구나 구원 얻는다고 말할 수 없다.

하나님의 음성을 들어 보자. 이것은 오늘 한국교회를 향해서도 하시는 말씀이다.

"너희가 내 앞에 보이러 오니 이것을 누가 너희에게 요구하였느냐 내 마당만 밟을 뿐이니라 헛된 제물을 다시 가져오지 말라 분향은 내가 가증히 여기는 바요 월삭과 안식일과 대회로 모이는 것도 그러하니 성회와 아울러 악을 행하는 것을 내가 견디지 못하겠노라."
사 1:12-13

헛 예배는 하나님이 받지 않으신다.

"너희가 손을 펼 때에 내가 내 눈을 너희에게서 가리고 너희가 많이 기도할지라도 내가 듣지 아니하리니 이는 너희의 손에 피가 가득함이라." 사 1:15

형식적 기도, 잘못된 기도는 하나님이 받지 않으신다.

"내가 너희 절기들을 미워하여 멸시하며 너희 성회들을 기뻐하지 아니하나니 너희가 내게 번제나 소제를 드릴지라도 내가 받지 아니할 것이요 너희의 살진 희생의 화목제도 내가 돌아보지 아니하리라 네 노랫소리를 내 앞에서 그칠지어다 네 비파 소리도 내가 듣지 아니하리라." 암 5:21-23

거짓된 예배도 찬송도 그만두라는 말씀이다.

> "만군의 여호와가 이르노라 너희가 내 제단 위에 헛되이 불사르지 못하게 하기 위하여 너희 중에 성전 문을 닫을 자가 있었으면 좋겠도다 내가 너희를 기뻐하지 아니하며 너희가 손으로 드리는 것을 받지도 아니하리라." 말 1:10

거짓된 교회, 타락한 교회의 문을 닫으라는 말씀이다.

주전 8백 년 전 남왕조 유다의 최대 예언자 이사야의 예언에는 표면적 이스라엘과 숨겨 둔 "남은 자"의 사상이 있었다.

> "이스라엘이여 네 백성이 바다의 모래 같을지라도 남은 자만 돌아오리니 넘치는 공의로 파멸이 작정되었음이라." 사 10:22

하나님에게 버림 받은 표면적 이스라엘이 다 멸망하여 없어지고 난 뒤에, 하나님이 어디다 숨겨 두셨던 남은 자들이 돌아와 새 시대 거룩한 신민神民의 씨가 될 것이라고 예언했다. 이사야는 이스라엘 민족의 운명과 자기 사명을 표면적인 것과 이면적인 것 두 가지 면으로 보고, 자기 두 아들의 이름을 짓는데 상징적으로 "마헬살랄하스바스" "약탈이 급하다"는 의미와 "스알야숩" "남은 자가 돌아오리라"는 뜻이라고 지었다 사 7:3.

오늘 기독교인의 수가 1천만 명이라고 하지만 표면적 예수쟁이 "마헬살랄하스바스"들이 대부분이고, 하나님이 어디다 숨겨두신 "스알야숩"들은 따로 있다. 표면적 겉껍데기 교인이 되지 말고 이면적인 "스알야숩" 교인이 되어야 한다.

표면적, 형식적 종교가는 하나님의 영감을 받지 못하면서도 종교적 의무는 치르고 지낸다. 구약의 제사장들은 세습적이요 직업적인 종교가들로서 그들에게는 하나님의 영감이 내리지 않았다. 그러나 예언자 선지자 들은 세습적, 직업적 종교가가 아니다. 그들은 밤낮 하나님 영감에 움직여 살았다.

예레미야는 골고다 예레미야 굴에서 기도하다가 하나님의 영감이 조수같이 밀려오면 견딜 수 없어서 벌떡 뛰어 일어나 예루살렘 서북문으로 달려들어가 성전 기둥에 서서 예언했다. 그것이 유명한 그의 성전설교였다.

오늘날에 목회하는 교역자들도 직업적 목사 노릇을 하지 말고 시대와 민족의 예언자적 소명과 위치를 지켜야 한다. 특히 신학교는 저질 교역자만 대량 생산해 내보내는 기관이 되어서는 안 된다.

아무리 기독교라고 해도 표면적 형식적 종교의 흐름과 이면적 생명적 종교의 흐름이 다르다. 흐르는 맥이 다르다. 그 영맥을 찾아야 한다.

하나님이 사람의 마음을, 얼을 지배하시는 곳에 하나님의 나라가 실현된다. 유대 바리새인들의 마음에는 하나님의 나라가 없었다. 오늘 표면적이고 세속적인 교회에도 하나님의 나라가 없다. 그리스도의 "얼"을 받고 하나님이 함께하시고 지배하시는 사람들만 하나님의 백성이요 하나님의 나라이다.

존 위클리프는 영국의 종교개혁가요 애국자로서 당시 로마교의 압제에 반항하고, 교회의 악풍을 시정하고, 감독들의 사치와 탁발승의 무익함을 공격했다. 그는 신·구약 성경을 라틴어에서 영어로 번역하고 성찬의 화체설을 반대했다. 로마 교황의 압박으로 대학 교수직에서 물러나 시골에서 목사 노릇하다가 세상을 떠났는데, 31년이 지난 후 콘스탄스 회의에서 그의 주장을 정죄하고, 무덤에서 죽은 유해를 발굴한 후 태워서 강물에 뿌려 버렸다. 그러나 위클리프의 가슴에 타오르던 신앙의 불은 꺼지지 않고 유럽에 전해져 존 후스의 가슴에 타오르고, 후스가 순교했으나 그 불은 다시 이탈리아에 가서 사보나롤라를 일으키고, 사보나롤라의 신앙의 불은 다시 독일의 마틴 루터의 종교개혁을 일으키고, 츠빙글리의 성경에 대한 열애는 스코틀랜드로 전해져 녹스를 일으켰다.

이 영맥이 오늘 한국교회에도 똑바로 계승되기 바란다.

신령과 진정

종교의 중요 요소는 교파나 신학 교리, 책이나 조직 제도나 건물에 있지 않다. 영성이 사는 일이다. 예수의 "얼"이 사는 일이다.

1천 2백만의 신도라고 해도 영성이 살지 못한 신도라면 참그리스도인이 아니다. 수가 많아도 에스겔 골짜기에 가득 찬 해골들이다.

> "영적인 일은 영적인 것으로 분별하느니라 육에 속한 사람은 하나님의 성령의 일들을 받지 아니하나니 이는 그것들이 그에게는 어리석게 보임이요, 또 그는 그것들을 알 수도 없나니 그러한 일은 영적으로 분별되기 때문이라 신령한 자는 모든 것을 판단하나 자기는 아무에게도 판단을 받지 아니하느니라 누가 주의 마음을 알아서 주를 가르치겠느냐 그러나 우리가 그리스도의 마음을 가졌느니라." 고전 2:13-16

인간 세상의 모든 일은 인간의 두뇌와 이성으로 응대하는 것이지만, 종교적 문제와 신神의 문제는 영으로만 대할 수 있다. 인간 세상의 일이 성령의 말씀으로 적용되지 못하듯, 성령과 영의 일은 인간의 지혜의 말, 철학적 용어로 적용되지 못한다. 영이 죽으면 종교도 죽는다.

건물이나 제단 속에 신을 모시려고 한다든지, 신학적이고 철학적인 용어로 신을 정의하려고 한다든지, 인간적 기교로 신을 바로 예배해 내리라고 짐작하는 것은 어리석은 짓이다. 종교적 신앙과 예배자인 우리의 영성이 문제이다. 영성이 죽었으면 종교도 죽은 것이다. "얼"이 빠졌다면 "예수"가 빠진 것이다.

지금의 "나"라고 하는 것은 "육아"肉我이다. 진정한 "나"가 아니다. 거짓된 "나", 가짜 "나", 속은 "나"이다. 파편적破片的인 "나"이며, 잠시 후에는 없어져 무無가 될 "나"이다. 영아靈我, "얼인 나"만이 진정한 "나"이다.

진정한 기독교의 참예배는 영의 내적 성전에서만 가능하다. 인간의 형식이나 전통과 기교를 떠나서 영과 진정으로 예배드리는 것이 하나님의 본질에 대한 당연한 태도이다.

신앙과 예배는 어느 교파, 어디에서가 아닌 "무엇으로", "어떻게" 드리느냐가 문제이다. 예수님은 하나님에게 드리는 예배에 대한 최상의 궁극적 태도를 선포하셨는데, 모든 예배는 진리의 영이신 성령에 의해서 인간의 가장 고귀한 영과 진정으로 드려야 한다는 것이다. 여기서 말하는 "진정"은 "얼"이다. 신령과 진정이 빠진 예배는 헛된 예배이며, 거짓 예배이며, 무효인 예배이다.

예수님의 종교는 영과 진정으로 하나님을 예배하는 종교이다. 따라서 영이 아닌 형식, 진정이 아닌 거짓된 의식과 기교는 필요 없다. 표면적 기독교는 무효無效 기독교이다. 하나님에게는 교파도, 장소도, 건물도, 형식도, 성산이나 성지도, 구교나 신교도 문제가 되는 것이 아니다.

진정이 아닌 것, 허위, 공허한 마음으로 하나님을 예배하노라는 것, 참마음에서 나오지 않는 기도와 연보와 주일 성수는 도리어 하나님에 대한 범죄요 모독이다. 하나님은 영이시니 예배자도 신령과 진정이 되어야 바른 예배가 된다. 그렇지 못한 모든 예배와 종교의식은 허사요, 헛수고요, 모독이요, 자기기만이다. 그렇게 되기 위해서는 육肉으로 말고, 표면과 형식과 의문儀文으로 말고, 영아靈我가 되어야 한다. 하나님이 영이심 같이 우리도 영이 되어야 한다.

그러기 위해 오늘날 우리에게 필요한 것은 인위적인 것, 위선적인 것, 형식적인 것, 세속적인 것, 기술과 기교적인 것 등을 제거하고 영성을 길러야 한다. "얼"을 심어야 한다.

영국의 청교도 운동은 16세기 영국 국교회 안의 불순한 예배를 정화시켜서 예수 그리스도께서 사도들에게 명하신 초대교회 모습대로 개혁하려 했다. 청교도들은 유형적 교회가 참교회냐 아니냐를 분별하는 표준으로 그 속에 살아 계신 그리스도의 징조가 있는가를 찾았다. 영성과 "얼"을 찾았다. 그들은 불순한 예배에 대해선 불복종했고 비협조했다. 인간의 기교적인 것을 배제하기 위해 예배의 단순화를 힘썼다.

타오르는 영성

미지근하여

"라오디게아 교회의 사자에게 편지하라 아멘이시요 충성되고 참된 증인이시요 하나님의 창조의 근본이신 이가 이르시되 내가 네 행위를 아노니 네가 차지도 아니하고 뜨겁지도 아니하도다 네가 차든지 뜨겁든지 하기를 원하노라 네가 이같이 미지근하여 뜨겁지도 아니하고 차지도 아니하니 내 입에서 너를 토하여 버리리라 네가 말하기를 나는 부자라 부요하여 부족한 것이 없다 하나 네 곤고한 것과 가련한 것과 가난한 것과 눈 먼 것과 벌거벗은 것을 알지 못하는도다 내가 너를 권하노니 내게서 불로 연단한 금을 사서 부요하게 하고 흰 옷을 사서 입어 벌거벗은 수치를 보이지 않게 하고 안약을 사서 눈에 발라 보게 하라."계 3:14-18

신앙은 절대적이요, 비약하고 모험적인 것이다. 참신앙생활에 어울리지 않고 조화되지 않는 태도는 교리적 신앙, 습관적 신앙, 미지근하고 미온적인 태도다. 지식적인 신앙이다. 예수 그리스도께서는 이런 태도의 신자들을 극단으로 싫어하신다. 전심전령全心全靈으로 그리스도를 사랑해야 한다. 불철저하고 애매한 태도는 신앙의 적이다. 육신적 열심으로 믿음이 사는 것이 아니라 영성이 타올라야 한다.

라오디게아교회를 주님의 재림 직전의 교회상으로 본다. 오늘날의 교회들은 영적으로 매우 빈약한 상태에 있으면서도 그것을 깨닫지 못하고 도리어 "나는 부자라 부요하여 부족한 것이 없노라"는 태도를 취한다. 영적으로 매우 부요한 수준에 있는 듯 자만하고 자고自高하고 있다. 표면적인 것에 자부하나 영성은 고갈 상태이다.

천문학적 교회의 부흥이란

한국교회는 세계의 기적, 세계 제일의 교회라고 한다. 서울에 교회수가 다방보다 더 많다. 한 빌딩에 교회 간판이 일곱 개 달려 있기도 하다. 저마다 교인들을 끌어가려고 경쟁이다.

그러나 1천만 신도와 4만의 교회, 6만의 교역자들, 이런 천문학적인 교세의 부흥에 대해 선지자 에스겔은 단 두 마디로 표현하고 있다.

"그 골짜기 지면에 뼈가 심히 많고 아주 말랐더라" 겔 37:2.

"이 뼈 저 뼈가 들어맞아서 뼈들이 서로 연결되어도" 죽은 해골들이다. "힘줄이 생기고 살이 오르며 그 위에 가죽이 덮혀도" 그 속에 생기가 없는 송장이다. 생기가 있어야 한다. 육성肉性은 구비되어도 영성이 살지 못하는 것이다.

오늘 교회들은 영성이 극도로 메말라 있으면서도 단지 웅장한 건물과 빈틈없는 조직과 재미있고 다채로운 예배, 거짓 신비주의, 성장학과 경영학 등 인간적 수단과 방법으로 목회하여 유지해 가려고 안간힘을 다하고 있다. 별짓을 다해 봐도 영성은 죽었다. 껍데기는 살진 듯이 보이지만 영성은 죽어 있다.

"주 여호와의 말씀이니라 보라 날이 이를지라 내가 기근을 땅에 보내리니 양식이 없어 주림이 아니며 물이 없어 갈함이 아니요 여호와의 말씀을 듣지 못한 기갈이라 사람이 이 바다에서 저 바다까지, 북쪽에서 동쪽까지 비틀거리며 여호와의 말씀을 구하려고 돌아다녀도 얻지 못하리니…"암 8:11-13

비틀거리고 다니면서 영성을 찾고 있다. 모두가 거짓 기독교, 거짓 교회들, 거짓 목사들이다. 무엇보다 참그리스도인, 한 사람의 영성을 바로 살리려고 노력해야 한다. 영성을 살리지 못하는 목회는 기독교가 아니다. 영성이 산 교회와 기독교인들이 일어나야 한다. 웅장한 교회 건물 짓고 교인수 불리고 연보를 많이 거둬들이는 것이 교회의 부흥이 아니다. 그건 영靈의 공동묘지이다. 기독교인 말고, 교회인 말고 영성인을 길러 내라.

1천만 신도수가 아니라 단 1백 명 신도들만이라도 영성이 바로 살아야 참 기독교 운동이다. 나는 한국의 1천만 신도들이 다 천국 간다고 보지 않는다. 4만의 교회마다 예수님이 계시다고 보지 않는다. 6만의 교역자 모두가 진실된 교역자라고는 보지 않는다. 나는 서울 거리로 다니다가 웅장한 교회 건물을 볼 때마다 낙망한다. 알타이저가 말한 대로 "신이 죽은 빈 집", "신의 무덤"이 되어 버린 집들이 아닌가?

생기야 사방에서부터 와서

"인자야 이 뼈들이 능히 살 수 있겠느냐…내가 생기를 너희에게 들어가게 하리니 너희가 살아나리라…생기야 사방에서부터 와서 이 죽음을 당한 자에게 불어서 살아나게 하라"겔 37:3-9

어떻게든 영성을 살려야 한다. 그렇지 못하면 구원을 얻지 못한다. 지옥 간다. 구원의 최종 목표는 천당이 아니다. 인간 갱신이다. 하나님에게로 되돌아가서 하나님과 일치하는 것, 그리스도 안에서 완덕을 이루고 인격 완성을 하고 영성을 회복하는 데에 있다.

교회주의를 버리라. 인본주의를 버리라. 편리주의와 방편주의를 버리라. 교인들을 교파나 교회의 목사에게 고분고분 충성하는 철저한 교회인敎會人, 예배 교인으로 훈련하지 말라. 예배볼 줄밖에 모르는 예배 교인 만들지 말라. 주일 성수, 십일조, 직분에 충성하는 교인, 의무 감당 강조만 일삼지 말라. 그렇게 해야 예수 잘 믿는 것이고 천당 가는 것이라고 생각하는 개신교도들의 잘못된 신앙관을 고쳐 주고 회개시켜야 한다. 성화생활을 하여 영성이 살도록 해주어야 한다.

영성훈련은 현재 한국교회가 강조하는 성신운동(은사집회, 축복집회)과도 다르다. 방언하고 예언하고 입신하는 카리스마적인 것이 영성회복이 아니다. 철저한 자기반성, 회개의 일생, 겸손, 수도적 경건생활, 성화생활을 성장시키는 것이 영성훈련이다. 성성聖性을 이루는 것이 영성운동이다.

> "그의 신기한 능력으로 생명과 경건에 속한 모든 것을 우리에게 주셨으니…너희가 정욕 때문에 세상에서 썩어질 것을 피하여 신성한 성품에 참여하는 자가 되게 하려 하셨느니라." 벧후 1:3-4

이것이 영성이다. 예수 그리스도는 우리의 신앙의 대상일 뿐만 아니라 본받을 모범이시니, 주님을 사랑하고 본받아 주님의 형상을 닮아 성화되어 가야 한다.

예수의 얼의 핵을 폭발시켜라

영성신학은 완덕의 세계에 이르는 길을 연구하는 것이다. 교의학이 아니라 그리스도인의 초자연적 영적 생명이 하나님을 향해 발전해 가는 원칙과 방향, 조건을 다루는 것이다. 하나님과의 일치를 지향해 나가는 원리를 파악하려고 한다. 하나님을 인간의 표준으로 논하지 않고, 하나님은 인간과는 완전히 차원이 다른 분임을 일깨워 주면서 하나님과 인간의 일치를 지향하는 길을 다루기 때문에 하나님의 신비를 강조한다.

그리스도인의 영성은 인간의 윤리적 완성과는 차원이 다르다^{사 55:8-9}. 특히 영성은 예수 그리스도를 믿는 데서보다 사랑하는 데서 더욱 풍성해진다.

영성을 살리는 데 있어서 가장 문제가 되는 것은 육성(본능적 욕정)과 세속(바벨론의 음란의 포도주)이 영성을 말살시킨다는 점이다. 단테가 영혼이 황량한 사막길을 가는데, 거기에는 "육욕의 표범"과 "교만의 사자"와 "물욕의 늑대"가 도사리고 있다고 했다. 이와 같이 애욕愛慾과 탐욕貪慾과 속정俗情은 영성을 삼킨다. 그런고로 영성의 길에는 이탈 수업이 절대로 필요하다. 육으로부터 이탈하여 하나님과 일치하는 일이다. 영성이란 육신적 욕정과 세속적인 것이 정화된 상태를 말한다. 탐욕, 애욕, 속정을 끊은 것을 의미한다.

영성을 살리는 데는 도덕적 경건생활과 신비적이고 신령한 생활이 긴요하다. 특히 기독교인의 영성은 예수의 "얼"이 사는 운동이다. 성경책만 들고 다니는 것보다 예수의 "얼"을 품어야 한다. 성경을 많이 아는 것이 장하지 않다. 예수의 "얼"이 기둥에 큰 못을 박듯이 우리 가슴에 꽉 박혀야 한다. "얼"은 인간의 핵核이다. 핵심核心이다. 핵核을 폭발시켜라. 놀라운 에네르기를 발산시켜라. "예수의 얼"을 폭발시켜, 예수 얼의 놀라운 에네르기를 발산시켜라.

산상수훈의 정신은 우리와 관계없는 글인가? 무저항, 인욕, 절대 순결, 하좌, 애적, 세족의 얼! 이 그리스도의 얼은 2천 년 전의 일만이 아니다. 오늘날도 그대로 살려 나가야 한다.

영성훈련을 위한 제안

(1) 성화 구원을 이루라

믿음으로 의롭다 함을 얻는 이신득의만으로 구원이 완성된 줄로 생각하지 말고 성화 구원을 이루어야 한다. 구원론에 있어서 중생, 회개, 신앙, 칭의, 그리고 그 다음에는 성화가 따른다.

대부분의 한국 개신교인은 칭의만 알고 있다. 이신득의와 칭의는 기본 구원이다. 아직 정욕과 탐심이 있으나 믿음으로 그리스도의 의義를 전가하여 하나님 자녀의 신분을 얻는 일이다. 하나님은 인간 구원을 칭의로 마무리지으려고 하지 않으신다. 칭의는 되었어도 실제는 아직 본능적인 욕정이 있는 고로 보혜사 성령을 보내사 우리 안에 성화의 역사役事, 그리스도를 닮아가는 역사를 계속하신다. 성화의 징조가 없는 칭의는 거짓말이다. 참그리스도인은 그리스도를 믿고 그리스도를 닮기 마련이다.

바울은 "믿음으로 의롭다 함을 얻는다"고 하면서도, 한편으로는 "내가 그리스도를 본받는 자가 된 것 같이 너희는 나를 본받는 자가 되라"고 했다.고전 11:1. 또한 "항상 복종하여 두렵고 떨림으로 너희 구원을 이루라"빌 2:12 고 했다.

"평강의 하나님이 친히 너희를 온전히 거룩하게 하시고 또 너희의 온 영과 혼과 몸이 우리 주 예수 그리스도께서 강림하실 때에 흠 없게 보전되기를 원하노라"살전 5:23 라고 했다.

(2) 철저한 회개 생활을 하라

"하나님의 뜻대로 하는 근심은 후회할 것이 없는 구원에 이르게 하는 회개를 이루는 것이요 세상 근심은 사망을 이루는 것이니라" 고후 7:10.

적나라한 자기의 진상眞相을 발견해야 한다. 심령의 눈이 열려야 한다. "아! 나는 얼마나 두려운 자신이었던가!" 하는 철저한 회개를 구체적으로, 행동적으로 해야 한다. 말로만 회개하지 말고, 죄사함을 받았다는 분명한 믿음이 생길 때까지 죄를 찾아내고 철저히 회개해야 한다. 그리고 죄사함을 받았더라도 계속 눈물로 참회생활을 해야 한다. 회개하면 자기를 보는 눈이 점점 예민해지고 밝아진다.

가톨릭에서는 성당에 죄를 회개하는 고백소가 여러 개 있어서 매달 의무적으로 죄를 고백하는 회개를 고해성사라고 한다. 이것을 성사聖事 중의 하나로 본다. 가톨릭에서는 행동적인 회개로 보속補贖 고난을 자진하여 견디는 것을 강조한다.

신자의 일생은 회개의 계속이어야 한다. 반복적 회개도 필요하다. 자기가 큰 죄인임을 깨닫고 참 회개할 때는 으레 죄갚음의 심정이 따른다. 죄갚음은 우리가 하는 것이 아니고 예수님이 하시는 것이지만, 범죄자인 우리는 믿음으로 의롭다 함을 얻었어도 계속 영성생활하며 겸손하고 경성하기 위해 눈물로, 죄갚음을 하는 듯한 아픈 마음으로 참회생활을 계속해야 한다. 죄갚음을 하듯이 아픈 심정으로 사는 자에게는 선행이 따른다.

(3) 깊은 기도생활에 주력하라

기도생활에 충분히 많은 시간을 배정하고, 보다 더 깊은 기도 속에 침몰해야 한다. 기도 속에 침몰하는 일이 곧, 하나님 안에 침잠沈潛하는 일이다.

개신교 교역자들은 영성을 위한 기도와 성경 탐구를 할 시간이 너무나도 없다. 교인들의 좀스러운 일과 심부름을 하노라고 성경을 깊이 연구하지 못하고, 기도를 깊이 못한다. 기도를 많이 하는 사람이 영성이 풍성한 사람이다. "쉬지 말고 기도하라"살전 5:17는 말씀은 늘 엎드려 있으라는 것이 아니라 늘 기도하는 마음으로 살라는 것이다.

기도에는 여러 종류가 있다. 구도口禱, 염도念禱, 잠심潛心기도, 화살기도, 예수기도, 묵상기도, 관상觀想기도 등이 있다. 교회에서 드리는 공公기도나 간단한 구도口禱로 기도를 다 드린 것으로 짐작하지 말자. 충분히 많은 시간을 내어 기도하자.

아무리 청산유수같이 드리는 기도라도 불완전한 기도다. 인간이 하는 모든 것은 불완전하다. 우리의 기도도 불완전하다. 기도의 깊이를 파고 들면 내가 기도하는 것이 아니고 성령이 기도하신다. 성령이 내게 기도를 주신다. 성령과 함께 연합 기도를 한다.

깊은 기도자가 엎드린 자리에서는 영적 파동이 인다. 기도자의 영성은 놀랍다. 동굴기도자에게 동굴은 마치 도자기를 굽는 가마와 같다. 도공이 만든 그릇을 가마에 넣었다가 꺼내면 예술품이 되듯이, 스바시오 산 동굴 속에서 기도하고 나온 프란시스는 그리스도의 사랑에 불타는 혼이 되었다. 스피아코 동굴에서 기도하고 나온 베네딕도, 만렛사 동굴에서 기도하고 나온 이냐시오 로욜라 등은 모두 역사적으로 놀라운 영향을 끼친 사람이 되었다.

(4) 영적 독서를 많이 하라

책을 바로 선택하지 못하면 영성을 망친다. 오늘날의 매스컴은 세속을 끌어들여 영성을 망친다. TV, 라디오, 비디오, 신문, 독서를 가리고 선택하지 못하여 교인들과 많은 신자들이 세속화하고 타락한다. 범죄한다.

여행 중에 본 각국의 공항과 길거리에 있는 책들은 눈 뜨고 볼 수 없을 정도로 더럽고 두려울 정도였다. 지금 전 세계는 소돔과 고모라와 같다. 타락한 매스컴이 인류를 지옥으로 몰고 가고 있다.

신학적으로 딱딱하고 이론적인 서적과 교리 문제의 서적을 읽는 것보다 영성생활에 도움 될 독서를 하자. 성경만 읽는 것도 좋지만 『준주성범』, 『독일신학』, 『진정한 기독교』, 『참회록』 등 성인전이나 영성 서적을 읽는 것이 영성훈련에 유익하다.

(5) 예수님을 사랑하라

천당 가기 위해서 예수의 공로를 이용하는 믿음이 되어서는 안 된다. 기독교인의 신앙은 타 종교의 신앙과 다르다. 하나님이 벌 주실까 무서워서 믿는 것이 아니요, 지옥 가기가 무서워서 믿는 것이 아니다.

어느 산에 사는 성인을 찾아온 사람들이 있었다. 첫째 사람은 와들와들 떨기만 했다. 왜 떨고 있느냐고 물어보았더니 "지옥에 갈까 무섭습니다"라고 했다. 두 번째 사람이 찾아왔다. 그 사람은 비쩍 말라 있었다. 그 이유를 물었더니 "구원을 못 얻을까 봐서 그렇습니다"라고 했다. 세 번째 사람은 기쁨이 충만하였다. 무엇이 그렇게도 기쁘냐고 물었더니 "하나님의 사랑을 믿으니 기쁠 뿐입니다"라고 대답하였다.

바울은 갈라디아서 5장 6절에 "그리스도 예수 안에서는 할례나 무할례나 효력이 없으되 사랑으로써 역사하는 믿음뿐이니라"라고 했다. 심지어 바울은 고린도전서 16장 22절에 "만일 누구든지 주를 사랑하지 아니하면 저주를 받을지어다"라고 했다.

예수께서 우리에게 요구하시는 것은 사랑이다. 예수께서 베드로에게 "네가 나를 사랑(아가파오)하느냐"고 물으셨다.

성 버나드는 "하나님을 사랑하면 사랑할수록 더욱 하나님을 인식한다. 이지적 승인이나 계시에 대한 신념에서 한 걸음 더 나아가 하나님과의 친밀한 생명적 교제를 가져야 하며, 직접 대화와 연합을 해야 한다. 인간이 드리는 예배와 찬송도 사랑의 꿈에 담겨져야 한다"고 했다.

소화 테레사의 서원은 "과거, 현재, 미래의 모든 믿는 자 그 누구보다 내가 예수를 제일 사랑하게 해주소서"였다. 그녀가 임종할 때 마지막 남긴 말은 "하나님, 나는 당신을 사랑합니다"였다.

(6) 세속을 이탈하라

그리스도인들에게 있어서 이 세상살이는 소돔과 고모라요, 애굽이요, 바벨론이다. 현대 문명생활과 도시생활 속에서 그 풍속과 유행을 그대로 따르면서 순수한 신앙을 지키고 자기의 영성을 살려 낸다는 것은 거의 불가능한 일이다. 도시의 공해와 오염이 자연을 훼손하듯이, 세속은 영성을 죽이는 것이다.

> "무너졌도다 무너졌도다 큰 성 바벨론이여 귀신의 처소와 각종 더러운 영이 모이는 곳과 각종 더럽고 가증한 새들이 모이는 곳이 되었도다 그 음행의 진노의 포도주로 말미암아 만국이 무너졌으며…내가 들으니 하늘로부터 다른 음성이 나서 이르되 내 백성아, 거기서 나와 그의 죄에 참여하지 말고 그가 받을 재앙들을 받지 말라." 계 18:2-4

오늘 기독교인들은 세상 속에 살면서 세상 사람들과 똑같이 풍속, 유행, 쾌락을 일삼고 사는데, 그렇게 살면서 영성생활이 유지된다는 것은 어림도 없는 일이다. 개신교회는 세속 교회요, 개신교회 목사는 세속 목사요, 개신교인들은 세속 교인들이다. 세속 교인이란 말은 영성이 죽은 교인들이란 말이다.

> "무법한 자들의 음란한 행실로 말미암아 고통 당하는 의로운 롯을 건지셨으니 이는 이 의인이 그들 중에 거하여 날마다 저 불법한 행실을 보고 들음으로 그 의로운 심령이 상함이라." 벧후 2:7-8

현대 문명은 인간의 영성을 말살시키는 문명이다. 모든 사람은 하나의 기계 부속품이고 본능적 욕정, 즉 먹는 것과 음란의 쾌락에 깊이 잠겨 사는 동물적 인간 생활이다. 지금 한국은 음란이 보편화되었다. 시골에 사는 농사꾼의 부인들도 남자 친구를 두고 있다고 한다. 도시는 공해로 오염되었기 때문에 인간의 육체적 생존에 치명적 피해를 입을 뿐만 아니라 동물원 짐승들은 폐암에 걸리기도 하고, 한강의 물고기는 기형이 되었고, 서울 거리는 스모그로 가득 찼고 가로수는 병들어 있다. 서울은 세계 최악의 대기 오염 도시가 되었다.

서울은 바벨론이다. 귀신들의 처소요, 각종 더러운 영들이 모인 곳이다. 종로 2가는 지옥 2가요, 강남은 강간의 거리가 되어 버렸다. 이런 속에서 영성생활이란 것은 절멸 상태라 할 수 있다. 이발소도 갈 데가 없다. 목욕탕도 못 가겠다. 여관에도 못 들겠다.

세속 생활은 인간 영성의 공동묘지다. 예수께서는 제자들을 위해 기도하시기를 "내가 세상에 속하지 아니함 같이 그들도 세상에 속하지 아니하였사옵나이다 그들을 진리로 거룩하게 하옵소서 아버지의 말씀은 진리니이다"라고 했다.요 17:16-17. 70문도를 파송하면서 "내가 너희를 보냄이 어린 양을 이리 가운데로 보냄과 같도다"고 하셨다.눅 10:3.

> "이 세상이나 세상에 있는 것들을 사랑하지 말라 누구든지 세상을 사랑하면 아버지의 사랑이 그 안에 있지 아니하니."요일 2:15

거룩하지 못한 자는 주를 보지 못한다고 했다. 거룩이라는 말은 "구별한다" "격리한다"는 뜻이다. 그리스도인의 영성을 살리려면 이탈 수행을 해야 한다. 세속을 끊고 격리하고 구별된 생활을 해야 한다. 세상과 육을 죽여야 영성이 산다. 세상 사람과 명예를 함께하지 말고, 세상적인 취미와 오락을 끊고, 세상의 노래나 나쁜 책을 버리고, 육[肉]의 본능적인 욕정을 절제하고 억제해야 한다. 본능대로 사는 것은 짐승이다.

이 무서운 세상을 향하여 교회문을 개방하지 말라. 세속과 육신적인 본능과 형식적인 종교는 영성을 말살시킨다. 지옥 가는 대기소가 된 교회가 많다. 교인들이 습관적이고 형식적인 교회생활과 예배 교인으로 스스로 자기를 기만하고 안위하는 일은 두려운 일이다. 스스로 자기 영성을 반성해야 한다.

(7) 수도적 생활을 하라

교인들의 영성을 살리기 위해 모든 교회는 하나의 수도원이 되어야 하고, 모든 교역자는 하나의 수도사가 되어야 하고, 모든 교인은 수도적인 생활을 실행해야 한다.

수도 정신이 없이 영성생활은 불가능하다. 가톨릭교회나 그리스 정교회는 교회보다 그 배후에 있는 수도원과 성인 성녀들의 비중과 영향이 더 크다. 거리 속의 교회에 영성을 공급하는 곳은 수도원이었다. 수도원은 영적 수원지였다.

개신교는 수도원을 연구해야 한다. 수도원 운동은 종교개혁보다 큰 운동이다. 영성을 살리려면 신학교부터 수도원화해야 한다. 남들이 잠자는 시간에도 깨어 공부하고, 남들이 노는 시간도 노력하는 이는 성공한다. 그것이 정진생활이다. 수도 정진, 성무일과의 실행, 이탈 수행, 자기 박탈, 복음삼덕의 서원, 그리스도를 본받아 성화 완덕에 이르고자 하는 수도생활, 끊임없는 회개의 생활, 금욕 고행 모두가 필요한 것이다. 그 속에서 영성이 사는 것이다.

가브리엘 말셀이 말하기를 "오늘날의 세상은 이제 성인들에게 의견을 들을 차례다"고 했다.

하나님 나라 운동

예루살렘의 멸망을 예언하던 눈물의 예언자 예레미야는 정치의 부패보다 종교의 부패, 특히 종교가의 부패를 탄식하며 공격했다.

> "그들은 가장 작은 자로부터 큰 자까지 다 욕심내며 선지자로부터 제사장까지 다 거짓을 행함이라 그들이 딸 내 백성의 상처를 가볍게 여기면서 말하기를 평강하다, 평강하다 하나 평강이 없도다 그들이 가증한 일을 행할 때에 부끄러워하였느냐 아니라 조금도 부끄러워하지 않을 뿐 아니라 얼굴도 붉어지지 아니하였느니라 그러므로 그들이 엎드러질 자와 함께 엎드러질 것이라 내가 그들을 벌할 때에 그들이 거꾸러지리라 여호와의 말씀이니라." 렘 8:10-12

예수님의 하나님 나라 운동에는 정치와 집권자에 대한 비판이나 공격은 단 한 번도 없었다. 다만 유대의 대표적인 종교인 바리새파에 대한 신랄한 비판과 공격으로 시종일관하셨다. 예수님은 표면적 종교와 형식주의를 "누룩"이라 하셨다.

> "화 있을진저 외식하는 서기관들과 바리새인들이여 회칠한 무덤 같으니 겉으로는 아름답게 보이나 그 안에는 죽은 사람의 뼈와 모든 더러운 것이 가득하도다…너희가 너희 조상의 분량을 채우라 뱀들아 독사의 새끼들아 너희가 어떻게 지옥의 판결을 피하겠느냐." 마 23:27, 32, 33

우리나라의 독특한 저항 시인 김지하는 박정희 대통령 때 풍자시 「오적」五賊을 사상계에 발표하였다. 서울 장안 한복판에 "재벌", "국회의원", "장성", "고급 공무원", "장차관"을 다섯의 도둑이라고 하는 풍자시諷刺詩였다.

    재벌놈 재주 보라
    장관은 노랗게 굽고 차관은 벌겋게 삶아
    세금 받은 은행돈, 외국서 빚낸 돈,
    온갖 특혜 좋은 이권 모조리 꿀꺽
    이쁜 년 꾀어 첩 삼아 밤낮으로 직신직신 새끼꽈기 여념없다?
    조조같이 가는 실눈, 가래 끓는 목소리로
    혁명공약 모자쓰고 혁명공약 뱃찌 차고
    가래를 퉤퉤 골프채 번쩍…
    우매한 국민 저리 멀찍 비켜서라
    골프 좀 쳐야겠다…
    어허 저놈봐라 낯짝하나 더 붙었나
    유들유들 숫기도 좋거니와
    산같이 높은 책상, 바다같이 깊은 의자, 우뚝나직 걸터앉아
    쥐뿔도 공없는 놈이 하늘같이 높이 앉아,
    한 손은 노땡큐 다른 손은 땡큐 땡큐,
    되는 것도 절대 안돼, 안 될 것도 문제 없어,
    책상 위엔 서류뭉치, 책상 밑엔 돈뭉치,
    높은 놈껜 삽살개 낮은 놈에겐 사냥개라

공금은 잘라먹고 뇌물은 청해먹고…

김지하는 오적五賊 안에 종교적賊을 넣지 않았다. 이는 그에게 예언자적 눈이 없었기 때문이다. 하긴 불교에 대해서는 "중놈 중년들이 경을 외운다 다라니를 외운다"는 시를 쓰고 나서 불교계의 반발을 받았다.

예수는 일적一賊만 말씀하셨다. 예수께서 바리새파를 향해 "맹인 된 인도자여 하루살이는 걸러 내고 낙타는 삼키는도다"마 3:24라고 하셨다. 오늘날 바리새인이 누구인가? 오늘 기독교인들이지 누구인가. 오늘날의 여섯번 째 적은 종교이다.

지금 민족적으로나 기독교적으로나 막다른 골목에 이른 한국 기독교계이다. 새 기독교의 상像, 새 종교의 상을 세우자. 마지막 때 "굵은 베옷을 입고 일천 이백 육십 일을 예언"하다가 순교하는 마의麻衣 예언자가 되라. 정치 운동하지 말고, 민주화 운동하지 말고, 한국 기독교는 민족 속에 마의麻衣 예언자의 역할을 해야 한다.

영성이 죽은 교회는 맛 잃은 소금이다.

"너희는 세상의 소금이니 소금이 만일 그 맛을 잃으면 무엇으로 짜게 하리요 후에는 아무 쓸 데 없어 다만 밖에 버려져 사람에게 밟힐 뿐이니라."마 5:14

영성을 잃은 기독교인 종교가에 대해서 유다서에서는 이렇게 말한다.

"그들은 기탄 없이 너희와 함께 먹으니 너희의 애찬에 암초요 자기 몸만 기르는 목자요 바람에 불려가는 물 없는 구름이요 죽고 또 죽어 뿌리까지 뽑힌 열매 없는 가을 나무요 자기 수치의 거품을 뿜는 바다

의 거친 물결이요 영원히 예비된 캄캄한 흑암으로 돌아갈 유리하는 별들이라."유 12-13

한국 개신교는 예수 그리스도의 길을 잃어버린 것이 아닌가? 교회들이 세속을 향하여 문을 활짝 열어 놓고, 나사렛 예수의 순수 종교는 변질되고, 원예수·순수 복음은 퇴색되고 진리는 왜곡되어 버리고 말았다. 예수님이 가신 한 가닥 오솔길을 따라가는 사람은 없어져 버리고, 예수의 길은 잡초와 찔레와 억새풀에 덮여 그 길을 잊어버리고 만 것 같다.

오늘 우리는 어떻게든지 잃어버린 예수님의 그 오솔길을 다시 찾아야 한다. 새로이 "이 길이다!", "이것이다"라는 영혼의 함성을 지르게 되어야 한다. 예수님이 탄식하시던 언덕에서 우리도 탄식하고, 예수님이 우신 골짜기에서 우리도 울어야 한다.

제5부

지도자의 영성

14. 설교자의 영성

"주와 합하는 자는 한 영이니라." 고전 6:17

영성 문제를 거론할 때 분명히 깨달아야 하는 점은 영성에 대립이 되는 것은 물질이 아니요, 육(肉)이라는 사실이다.

갈라디아서 5장 17절에 "육체의 소욕은 성령을 거스르고 성령은 육체를 거스르나니"라고 했다. 영성이란 그리스도인에게 있어서 그 존재의 본질을 이루는 생명의 원동력이다. 영적이냐, 육적(본능적 욕정)이냐 하는 문제는 그리스도인의 존재를 본질적으로 규정짓는 표준이다.

인간은 "하나님의 형상"이요, 우리 몸은 "하나님의 성전"이며 "하나님의 지성소"이다. 우리의 구원은 신앙과 성화를 통해 하나님의 영광을 목적으로 살면서 동시에 자기의 인격 완성을 위해 살려는 데 있다.

본래 지음받은 하나님 형상, 원상으로 돌아가는 것이 예수 믿고 칭의되고 성화되어 가는 일인데, 그것은 곧 인간의 본래의 "참자아"(眞我)를 회복하는 일이요, 그것은 또한 "내적 자아"(內我), "깊은 나"(深我)가 되는 일이다.

로마서 8장 9절에 "누구든지 그리스도의 영이 없으면 그리스도의 사람이 아니라"고 했다. 영성이 죽는다는 것은 곧 우리 신앙이 죽어 버리는 일이요, 육의 욕정의 횡포로 우리 속에서 나의 영과 동시에 신의 영이 죽어 버리는 참혹한 일이다. 내 속에 신의 영이 없으면 내 영성은 죽는다. 순수한 영성을 살리려면 그 대립되는 본능적 육의 욕정과 세속의 침해를 배제해야 한다.

설교자에게 필요한 것은 신의 영감이다

성직자 특히 개신교 목사는 설교하는 일이 주요한 사명인데, 설교의 목적은 학술적 강연을 하려는 것이 아니요 자타의 영성을 살리자는 데 있다. 그러므로 단지 성경을 펴들고 해석하며 강론한다는 형식적인 임무로만 목적을 다해 내는 것이 아니다.

개신교 목사에게 있어서 하나님의 말씀을 대변한다는 설교의 임무는 대단한 것인데, 구약 시대 이스라엘 예언자의 사명과 같은 것이다. 구약 시대의 종교에 있어서 대표적인 종교가가 두 가지 있었는데 하나는 제사장이요 또 하나는 예언자들이다. 제사장은 세습적이고 직업적인 종교가였는데, 그들에게는 이상할 정도로 하나님의 영감이 내리지 않았다. 거기 비해 볼 때 예언자는 세습적인 것도 아니요, 예언이 직업도 아니다. 다만 그들에게는 끊임없이 하나님의 영감이 임했다. 그들은 오늘의 설교자들처럼 자기의 의견을 말하는 것이 아니다. 하나님의 영감이 임하는 대로만 말하는 것이다.

예언자 아모스는 "나는 선지자가 아니며 선지자의 아들도 아니라 나는 목자요 뽕나무를 재배하는 자로서 양 떼를 따를 때에 여호와께서 나를 데려다가 여호와께서 내게 이르시기를 가서 내 백성 이스라엘에게 예언하라 하셨나니"암 7:15라고 고백했다.

그러므로 개신교 목회자는 미사를 집전하는 사제나 신부와는 달리 설교가 주요 임무란 점에서 예언자의 사명과 비슷한 점이 있다. 예언자에게 필요한 것은 신의 영감이다. 그의 영성이 생생하게 살아 약동하는 일이다. 예언자의 메시지는 지식이 아니다. 자기의 의견이 아니다. 영감이다. 이상적인 설교자는 학문과 지식의 전달자가 아니다. 영성이 살아서 하나님의 영감 속에 예언적 메시지를 선포해야 한다. 설교자가 강단 위에 서서 부르짖을 때에 그 뒤에서 설교자의 목소리가 아닌 또 하나의 목소리가 들려 와야 한다. 그의 영성이 살아서 "이심전심"이란 말과 같이 영감속에 "이영전영"以靈傳靈해 내야 한다.

영성이 죽은 자의 설교는 평범한 종교 강연에 그친다. 하나님 말씀이라 할 수 없다. 무엇보다도 설교자는 신의 말씀의 대변자이기 때문에 신과 동질이 되지 않으면 안 된다. 설교자가 되기 위해서는 직업 의식을 버려야 한다. 영의 진동력을 나타내야 한다. 설교 준비보다 먼저 영성 함양에 노력해야 한다.

들리는 소문에 의하면 요즈음 목사들은 영성보다 기술과 방법으로 목회하려 경영학과 교회 성장학을 공부하고, 많은 데이터를 수집하여 통계표를 작성한다고 한다. 어떤 목사들은 배우처럼 화장하고, 설교는 다방에서 준비하든가 부목사에게 설교 준비를 시키고 원목사는 고급 호텔에 가서 휴식하고, 많은 설교집을 사다가 남의 것으로 설교를 해치운다는 소문들인데, 듣기만 해도 한심하기 짝이 없다. 중들이 녹음 염불을 하듯, 녹음 설교를 하는 데도 있다.

진정한 설교는 머리로 꾸미는 것이 아니요, 입과 목청으로 하는 것이 아니다.

"그러면 어떻게 할까 내가 영으로 기도하고 또 마음으로 기도하며 내가 영으로 찬송하고 또 마음으로 찬송하리라."고전 14:15

모세는 말더듬이였다. 입이 뻣뻣하고 혀가 둔한 자였다출 4:10. 바울은 말할 줄 모르는 졸변이었다고후 10:10. 그러나 그들은 놀라운 영성인으로서 군중을 압도하였다.

조지 폭스는 설교 원고를 준비하는 일이 없었다. 큰 성경책을 끼고 강단에 나서서 하나님의 영감이 직접 임하기를 기다렸다. 영감이 쉽게 임하지 않으면 10분이고 20분이고 강단 위를 왔다갔다하며 기다리다가 영감이 오면 청산유수 같은 설교를 퍼부으며 군중을 압도하였다.

눈물의 예언자 예레미야는 예루살렘 서북문 밖 예레미야의 동굴 후에 골고다 굴에 엎드려 계속 기도한 영성이 불 타는 예언자였다. 그는 자기에게 오는 영감이 충천하여 폭발할 지경이 되면 뛰어 일어나 미친 사람처럼 예루살렘 성에 들어가 성전 기둥에 기대어 서서 가슴에 홍수같이 넘쳐 오는 신령한 감정으로 울고 또 울면서 부르짖었다.

오늘 설교자가 사모할 것은 이런 영감이다. 성경의 문자적 해석이나 강론은 유대교의 바리새인과 서기관들이 잘하는 방법이다. 예언자의 설교는 그런 것이 아니다. 말씀이 생생하게 살아서 진동하는 것이다. 설교자의 영성은 출렁거리는 강같이 넘쳐야 하고 살아나야 한다.

스가랴서 4장 6절에 "이는 힘으로 되지 아니하며 능력으로 되지 아니하고 오직 나의 영으로 되느니라"고 하였다. 기도도 하지 않고 영적 명상도 하지 않은 채 서재에 앉아 책을 뒤적거리며 원어를 찾고 예화집을 인용하며 설교 준비하노라 하지 말고 밀실에 엎드리라. 산을 찾아 동굴에 엎드리라. 신령한 기도자가 엎드려 있는 자리에서는 영의 물결이 일어난다. 영의 진동이 일어난다.

일제 시대로부터 해방 후까지 전국을 누비던 대설교가요, 부흥사요, 잡지 「신앙생활」의 주간이었던 김린서 목사의 영성은 묘향산 기도와 그가 살던 집 평양 모란봉 곤우동 생활에서 길러낸 것이었다.

평양의 대설교가 김화식 목사는 삭발에 언제나 두루마기와 고무신을 신고 다니던 분이다. 그는 설교 준비할 때는 전깃불 대신 촛불을 켜 놓고 기도하며 영감에 잠겼다.

정열의 부흥사 이용도 목사는 집회 인도를 마치고 집에 돌아와서는 밖에서 방문을 열고 책가방만 방 안에 던져 놓고 그 길로 발길을 돌려 인왕산에 올라가 헌 가마니를 뒤집어쓰고 깊은 밤중까지 기도에 열중하였다. 겨울 밤 눈 속에 파묻혀서도 그대로 기도하고 또 기도하다가 자정에나 일어나 눈을 털고 산에서 내려왔다고 한다. 계속되는 부흥집회 때문에 목이 쉬어 소리가 나오지 않으면 강단 위에서 손수건만 들고 서 있어도 청중이 통곡하며 죄를 회개하고 은혜를 받았다.

보나벤투라는 중세 시대의 가장 뛰어난 철학자요 신학자로 프란시스의 전기를 썼고 프란시스 수도회 총장이었던 인물이다. 그는 약 5백 편의 설교를 쓰고 많은 영성 서적을 썼는데, 그가 영성을 기른 명상실은 책이란 한 권도 없는 완전히 빈 방이었다고 한다.

한국의 독특한 목회자 김현봉 목사는 초저녁 5시에 자고 밤 12시에 기상하며 새벽 4시 반까지 고요히 영성적인 명상을 하다가 통행금지 해제 사이렌이 울리면 즉시 집을 나와 연세대학교 뒷산에 올라가 큰 나무를 기둥 삼아 기대 앉아 거의 낮 12시경까지 깊은 명상에 잠겼다. 도인 또는 기인이라던 김목사의 영성은 이런 일과 속에서 길러졌다.

이탈리아 가톨릭 액숀협회 회장이었던 까를로 까레또 교수는 북아프리카 사하라 사막에 혼자 들어가 10년 동안 영성 회복을 위해 수도생활을 하다가 나왔다. 그는 "저는 도시 한복판 빌딩 숲 속에서 살면서 떠날 수 없는 사람입니다. 이 속에 살면서도 하나님과의 일치, 절대자와의 친숙, 마음의 평화와 기쁨, 신의 현존, 영원 등을 추구할 수 있는 방법을 가르쳐 도와 주시오"라는 젊은이의 요청을 받았다. 그는 "그것은 쉬운 일이 아니다. 그러나 절망도 아니다. 그것은 광야, 도시의 광야를 만드는 것이다"라고 대답해 주었다.

도시 속의 광야

도시 안에 그대의 광야를 창조하라. 영성을 가장 열렬히 추구하는 수도자들은 하나님의 현존現存을 쉽게 접할 수 있는 장소로 은거의 암자를 선택했고, 수도원 전체 둘레에는 감옥같이 담을 쌓았다. 그 속에서 영성을 길렀다. 기도는 머리로 하는 것이 아니라 마음으로 하는 것이다. 도시 한복판에서 영성 살리는데 도움이 되도록 주위를 광야로 만들고, 충분한 시간 관상과 기도를 실천하라.

성 안토니, 성 마카리우스 등과 같은 사막의 수도 교부들도 깊은 사막에 들어가 일생을 보내면서 모래와 하늘의 별밖에 보이지 않는 그 속에서 영성을 길렀다. 그곳은 영성이 무르익는 지대였다. 그들은 서로 만나면 "웁시다. 웁시다" 하면서 무릎에 수건을 펴놓고 눈물을 흘렸다.

"보라 날이 이를지라 내가 기근을 땅에 보내리니 양식이 없어 주림이 아니며 물이 없어 갈함이 아니요 여호와의 말씀을 듣지 못한 기갈이라 사람이 이 바다에서 저 바다까지, 북쪽에서 동쪽까지 비틀거리며 여호와의 말씀을 구하려고 돌아다녀도 얻지 못하리니 그 날에 아름다운 처녀와 젊은 남자가 다 갈하여 쓰러지리라."암 8:11-13

종교가의 영성이 죽었을 때 교회와 그 종교인들의 심령은 이같이 영적 기근을 당하여 고갈하여 죽어 간다. 이방 종교 같은 교회는 있으나, 유명한 설교가들은 있으나 사람들의 영성은 죽어가며 비척거린다. 미가서 3장 6절에 "그러므로 너희가(타락한 선지자) 밤을 만나리니 이상을 보지 못할 것이요 어둠을 만나리니 점 치지 못하리라"고 했다. 선지자가 밤을 만난다는 것은 영성의 어두운 밤이다.

서울 어느 큰 교회 청년회 회장이 "저는 주일이면 교회 가기가 얼마나 싫은지 교회에서 그 목사님의 은혜와 감동이 없는 지리한 설교를 듣기보다 차라리 그 목사께 매나 실컷 맞았으면 좋겠습니다"라고 안타까운 고백을 했다. 그 목사의 영성이 죽었다는 말이다.

영성의 어두운 밤

1517년 독일에서 마틴 루터가 종교개혁을 할 무렵의 로마교회의 상태는 영성의 밤이었다. 성직자들의 타락이 극심하여 교회의 주교직은 귀족들의 독점물이 되었고, 고위 성직자들은 영적 사명감을 망각하고 물질적으로 부유한 생활을 즐겼다. 반면에 하급 성직자들은 제대로 신학 교육이나 영적 지도를 받지 못하여 어떤 신부들은 목자로서의 직무를 성실하게 수행하지 못했다. 평신도들의 신심은 외적인 세속 일에만 몰두하였고, 신앙은 미신적이고 이기적이어서 물질적 효과에만 밀착해 있었다. 말하자면 기복적 신앙이었다. 그들의 신앙은 우상숭배적이요 이익 종교였다.

교회 전반이 이렇게 된 이유는 성직자들의 영성이 온통 마비되어 있었기 때문이다. 이런 상태로는 종교개혁이 일어나지 않을 수 없었다.

참자아를 발견하는 일

하나님은 순수 영이시니 하나님을 바로 섬기려는 종교인들은 하나님과 동질이 되지 않으면 안 된다. 참종교인은 영靈이 되어야 한다. 창세기 2장 7절에 "여호와 하나님이 땅의 흙으로 사람을 지으시고 생기를 그 코에 불어넣으시니 사람이 생령이 되니라"고 했다.

우리의 궁극적인 목표는 영이 되지 않으면 안 된다. 하나님은 본질적으로 영 자체이시다. 영이 육을 지으시면서 그릇이요 껍데기인 육 속에 영을 씨로 심으셨다.

하나님은 물질계도 지배하시지만, 그보다 영의 세계를 지배하신다. 만물과 생명의 기본은 영일 뿐이다. 인간의 육체는 실존이 아니라 고깃덩이요, 껍데기요, 영의 포장지요, 무상한 것일 뿐이다. 그것은 진정한 자아가 아니다. 껍데기를 벗기고 핵심을 찾아 들어가야 한다. 영성만이 진아眞我이다. 내아內我, 깊은 진아眞我의 실천 실행인 영성생활은 곧 우리가 성화되어 성인이 되는 일이다. 그것이 참자아를 발견하는 일이다.

영의 파동

모든 물질을 구성하는 원소의 요소인 입자는 지극히 미세하므로 도저히 관측하기 어렵다. 중성자나 전자나 그 밖의 많은 입자가 모여 원자가 형성된다. 원자가 결합하여 다시 분자가 되고, 분자가 결합되어 이 세상의 모든 무생물과 생물을 형성한다. 원자의 구조를 보면 원자핵의 주위를 전자가 일정한 궤도로 태양계의 혹성처럼 회전을 계속한다. 전자는 양자와 함께 모든 원자를 형성하고 부전기負電氣를 지닌 미립자로 진동을 계속한다.

만물은 진동한다. 전자는 파동으로 전파를 방출한다. 전자를 더 깊이 파고들어 가면, 거기서 하나님의 원창조原創造의 기본이 나올 것이다. 그것을 어떤 학자들은 영자라고 하기도 하고, 영국의 심리학자 칼린턴은 "정신자"精神子, "프시콘"이라고도 한다. 이것은 사후 생명의 정체로서 "심령자"心靈子라고 부르기도 한다. 그것은 눈에 보이지 않는 것이다. 그것은 이미 물질이 아니요, "영"靈이다. 영은 비물질이다. 그것은 끊임없이 진동하는 것이다. 물결이다. 파동일 뿐이다.

또 한 가지 사실은 신도들이 기도할 때 합장을 하는데 손은 제2의 두뇌라 한다. 손의 생긴 모양은 곧 그 사람의 마음의 상이라 한다. 독일의 해부학자 마이스넬은 현미경으로 사람의 손바닥에서 방사선을 발견했다. 그것은 일종의 효소의 종류인데, 한 개의 손가락에 5만 개가량의 포탄 같은 소체가 있어 음향을 내면서 효소의 폭탄이 발사된다고 한다. 사람에 따라 또는 그 사람의 감정에 따라 발사도發射度가 변하고 특히 영적 생각, 사랑의 마음을 품었을 때 가장 잘 발사된다고 한다.

영의 물결을 발사하라

종교가는, 더구나 설교자는 영성을 먼저 살려야 한다. 경건하고 신령한 생활과 지극한 자비심을 길러 자기 영성을 진동시키고 사랑의 마음을 진동시켜 영의 물결을 발사하라. 그렇게 하면 그때 우리도 성 프란시스같이 될 수 있다. 프란시스의 영성은 태양을 향하여 형님이라 불렀고, 달을 보고 누님이라 불렀다. 늑대보고도 "형제여"라고 하니 늑대가 굴복했다.

예수께서는 "하나님은 영이시니 예배하는 자가 영과 진리로 예배할지니라"요 4:24고 하셨다. 설교자는 영이신 하나님과 동질이 되려고 갈망하고 노력해야 한다. "참"이신 하나님과 동질이 되려고 갈망해야 한다. 설교자는 영성을 살려 정기를 최대한 진동시켜야 한다.

수피의 성자 루미에게 어떤 부인이 자기 아들을 데리고 와서 "내 아들이 설탕을 너무 먹어 몸에 해로우니 우리 아들에게 설탕을 먹지 말라고 이야기해 달라"고 부탁했다. 그러나 루미는 그 간단한 한마디를 해주지 않고는 부인에게 일주일 후에 다시 오라고 했다. 부인이 일주일 후에 왔으나 루미는 다시 또 일주일 있다가 오라고 했다. 부인이 다시 가서 일주일 있다가 오니 루미는 그제야 부인에게 "미안합니다. 사실은 제가 설탕을 좋아해서 먹기 때문에 그 한마디 말을 못했습니다. 처음 한 주일 동안 끊으려 했으나 못 끊었습니다. 지금은 내가 끊었습니다. 지금은 내가 그 말을 할 수 있습니다" 하고, 아이보고 "설탕은 몸에 해로우니 먹지 말라"고 말해 주었다.

종교가, 설교자의 말에는 한마디의 거짓도 있어서는 안 된다. 이것이 영성이다. 신령과 진정이 살아야 한다. 모든 종교적 용어나 기도문은 머리로나 지식으로 하지 말고 영성, 심령, 정기를 진동시켜 내야 한다. 영동靈動을 최대한 일으켜야 한다. 그렇지 못할 때 그들의 예배는 죽은 예배요, 그들의 종교적 용어는 사어死語에 지나지 않는다.

목회자는 인위적인 기술이나 방법을 쓰지 말라. 그보다 자기의 순수한 영성을 살리도록 애써야 한다. 그의 기도, 예배, 설교 전체에 성령 안에서 영성적 진동을 일으키라. 영동靈動하라. 설교자가 사용하는 모든 용어에서 영성을 살려 영과 참으로 최대한의 진동을 일으켜 부르짖으라. 그것을 못하면 죽은 말이다. 죽은 교리는 남의 영혼을 살리지 못한다.

영적 전쟁의 전략을 세우라

영적 생활을 하기 위해 영적 싸움의 전략을 세우라. 그것은 자신의 깊은 영혼의 내면에서부터의 싸움이어야 한다. 영성을 말살시키는 세속적인 것에서 이탈하고 육신을 쳐서 이기라. 영이신 신과 동질이 되라. 영성이 산 사람의 인격에는 신비스러운 파동의 에너지가 있다. 이것은 모든 신비가들이 증명하는 일이다. 영성을 진동시키라. 영동하라. 성동聖動하라. 신동神動하라.

15. 목회자의 성윤리

목회자들의 중대한 문제

오늘 한국교회 목회자들의 중대한 문제는 신학과 성경 지식의 빈곤이 아니라 목회자로서의 윤리와 기강이 투철하지 못한 것이다. 성직을 맡은 목회자의 자격은 첫째로 성경을 중심한 올바른 신학과 교리를 가지고 있어야 하고, 둘째로 윤리 도덕적으로 순결해야 하고, 셋째로 영성이 살고 신령한 면이 구비되어야 한다. 아무리 학식이 많고 신학 교리가 정통이라 할지라도 도덕적으로 존경받을 만하지 못한 사람은 목회자로서의 자격이 없다.

예수께서 "서기관들과 바리새인들이 모세의 자리에 앉았으니 그러므로 무엇이든지 그들이 말하는 바는 행하고 지키되 그들이 하는 행위는 본받지 말라"마 23:2-3고 하셨다. 성직자에게서 윤리적으로나 도덕적으로 본받을 것을 기대할 수 없다면 그는 종교가가 아니다. 그는 맛 잃은 소금이어서 밖에 버리워 사람들의 짓밟힘이 되고 말 것이다.

옛날 평양에서 신학교에 다닐 때 학생들이 모란봉에 목사 관상쟁이가 있으니 구경하러 가보자고 해서 따라갔던 일이 있다. 그는 옛날에 노회장까지 지냈고 기독교 변증론까지 저술한 목사였는데, 여자 문제로 제7

계명을 범하고는 목사 노릇은 못하고 불쌍한 관상쟁이로 영락零落하여 모란봉 을밀대 옆에 가련하게 앉아 손님을 기다리고 있었던 것이다.

성경을 좀 몰라도 어지간히 목사 노릇은 할 수 있으나, 성직자다운 성윤리를 지키지 못하고서는 목사랄 수 없다.

바울은 "내가 여러 번 너희에게 말하였거니와 이제도 눈물을 흘리며 말하노니 여러 사람들이 그리스도의 십자가의 원수로 행하느니라 그들의 마침은 멸망이요 그들의 신은 배요 그 영광은 그들의 부끄러움에 있고 땅의 일을 생각하는 자라"빌 3:18-9고 했다

절대적 완전성

예수께서는 "그러므로 하늘에 계신 너희 아버지의 온전하심과 같이 너희도 온전하라"마 5:48고 하셨다. 절대적 완전성은 무한의 온전성의 근원이신 하나님뿐이다. 그 밖의 완전성은 모두 상대적, 혹은 단계적 진보 과정에 있는 완전성이다.

이성을 가진 인간은 자연적 완전, 윤리·도덕적 완전을 바라고 실행할 사명을 지니고 있다. 우리는 장차 하나님과의 일치를 이루기 위해 모태에서 난 그대로의 자연인의 성품과 도덕성과 재능을 완성하려고 노력해야 한다. 인간은 이 세상에선 결코 완전해질 수 없으므로 완전해지려고 노력하는 것은 전혀 쓸데 없는 것이라고 생각하는 것은 악마의 교묘한 함정에 빠지는 일이다.

기독교인의 인격 완성, 완덕을 위하여 전혀 노력하지 않는 자의 생애의 마지막은 멸망일 뿐이다. 이미 완전해졌다는 것보다 완전을 향해 현재 노력하고 있다는 것이 더욱 중요하다. 많은 성인들은 결코 감정의

지배를 받는 노예가 아니라 굳은 의지로써 윤리 도덕을 지키고 완덕의 길을 힘쓰고, 그 정상에 도달한 영적 세계의 영웅들이었다. 원죄의 지배 상태에 있던 우리는 예수를 믿고 그리스도적 생명의 완전성을 발견하고, 믿음과 소망과 사랑으로 그리고 윤리적으로 실행에 힘쓰며 예수 그리스도와의 일치에 힘쓰지 않으면 안 된다.

음란, 부정, 사욕

바울은 갈라디아서 5장 17-24절에서 "육체의 소욕은 성령을 거스르고 성령은 육체를 거스르나니 이 둘이 서로 대적함으로 너희가 원하는 것을 하지 못하게 하려 함이니라… 육체의 일은 분명하니 곧 음행과 더러운 것과 호색과 우상 숭배와 주술과… 이런 일을 하는 자들은 하나님의 나라를 유업으로 받지 못할 것이요… 그리스도 예수의 사람들은 육체와 함께 그 정욕과 탐심을 십자가에 못 박았느니라"고 했다.

성령을 거스르는 육체의 일, 음행, 더러움, 호색은 모두 성윤리의 범죄를 의미한다. 이런 자는 하나님 나라를 유업으로 받을 수 없다. 참그리스도인은 육체와 함께 "정"(능동적인 여러 가지 정욕), "욕심"(수동적인 격정)을 십자가에 못 박은 자이다. 골로새서 3장 5절에도 "그러므로 땅에 있는 지체를 죽이라 곧 음란과 부정과 사욕과 악한 정욕과 탐심이니 탐심은 우상 숭배니라"고 했다.

"땅에 있는 지체"는 인간의 모든 악의 근원이 되는 것을 말한다. 음란, 부정, 사욕 세 가지는 성욕에 관한 부도덕이다. 로마서 8장 13절에 "너희가 육신대로 살면 반드시 죽을 것이로되 영으로써 몸의 행실을 죽이면 살리니"라고 했다. 인간의 본능, 육의 욕정대로 사는 자는 자멸을 초래하는 것이다.

음행을 피하라

고린도전서 6장 18절에 "음행을 피하라 사람이 범하는 죄마다 몸 밖에 있거니와 음행하는 자는 자기 몸에 죄를 범하느니라 너희 몸은… 성령의 전인 줄을 알지 못하느냐"고 했다. 살인, 도둑질, 탐욕 등의 범죄는 모두 타인에게 손해를 끼치는 범죄지만, 음행죄는 자기 몸에 대해서 죄를 범하는 것, 특수 성질을 띤 죄이다.

예수를 믿지 않는 세상 사람들의 세계에 있어서 성적 부도덕, 음행은 중대한 죄가 아니다. 그들은 음행을 배고픈 사람이 음식을 먹는 것이나 다름없는 인간 본능적 행위로 보고, 성적으로 부도덕한 생활을 하나의 자랑거리로까지 삼는다.

그러나 기독교 윤리에 있어서 인간의 몸은 하나님의 성전이다. 하나님은 우리 안에 신의 지성소를 두고 임재하려 하시며, 우리를 그리스도의 몸으로 그와 일체 되기를 열망하신다. 그리스도인의 몸은 성령이 임재하시는 거룩한 전殿이므로 부도덕한 음행은 가장 중대한 죄이다. 더구나 성직자가 음행하여 제7계명을 범한다는 것은 그에게서 성령이 떠나는 일이요, 영성이 죽고 성직자로서 자격을 상실하는 일이다. 모든 부자연스러운 성행위, 동성연애나 자위행위도 마찬가지이다.

개신교 교역자는 결혼하여 부부생활을 하고 있는데, 정당한 부부는 하나님이 짝 지어 주신 것인 고로 부부간의 성은 죄 될 것이 없다. 도리어 부부는 결혼하여 일체를 이루어 부부로서 다시 함께 그리스도와 연합하여 일체가 되는 것이다. 그러나 아무리 정당한 부부 사이라 할지라도 피차 상대를 인격적으로 대하지 않고 짐승 같은 욕정의 대상으로만 취급하고, 절제 있는 부부생활이 못되는 성적 쾌락을 즐기는 데만 몰두하는 것도 음란이라 볼 수밖에 없다.

부부 사이에도 절제가 필요하다. 결혼은 신성한 것이다. 결혼의 첫째 목적은 깨끗한 자녀를 낳아 교육하는 데 있다. 기독교 가정은 순수한 사랑으로 깨끗한 부부의 교제를 가져야 한다.

소小 토비아가 약혼녀 사라와의 결혼을 바라며 드린 기도가 있다: "나는 지금 이 자매와 정욕 때문에 결혼하는 것이 아니고 진리에 의해 결혼하렵니다."

결혼의 두 번째 목적은 정조를 지키며 상조하여 방종한 사욕을 예방하는 일에 있다.

> "음행을 피하기 위하여 남자마다 자기 아내를 두고 여자마다 자기 남편을 두라 남편은 그 아내에 대한 의무를 다하고 아내도 그 남편에게 그렇게 할지라 아내는 자기 몸을 주장하지 못하고 오직 그 남편이 하며 남편도 그와 같이 자기 몸을 주장하지 못하고 오직 그 아내가 하나니 서로 분방하지 말라 다만 기도할 틈을 얻기 위하여 합의상 얼마 동안은 하되 다시 합하라 이는 너희가 절제 못함으로 말미암아 사탄이 너희를 시험하지 못하게 하려 함이라."고전 7:3-5

생명의 번식을 위해서 필요한 성행위는 허락될 뿐만 아니라 존귀한 행위다.

성의 결백에 두 가지가 있다. 하나는 미혼자의 순결이다. 고린도전서 7장 34절에 "시집 가지 않은 자와 처녀는 주의 일을 염려하여 몸과 영을 다 거룩하게 하려 하되 시집 간 자는 세상 일을 염려하여 어찌하여야 남편을 기쁘게 할까 하느니라"고 했다. 결백의 또 하나는 정당하게 결혼한 사람이 지키는 정조이다. 그들은 육욕의 문란, 방종을 억제하고 절제해야 한다.

인류 번식의 목적은 정당한 결혼에 의해서만 할 것이요, 결혼 이외의 무분별한 생활로 성의 욕망을 충족하는 일은 용서되지 않는다. 부부 사이의 정조에 대해서는 부부의 일치가 예수 그리스도와 교회의 일치의 상징임을 잊지 말아야 한다. 최후까지 서로 사랑하고 존경하며 서로 거룩한 의무를 의식해야 한다. 기독교 부부의 사랑은 서로 순결한 사랑으로 하되, 간음자들의 사랑 같은 것이어서는 안 된다. 그리스도께서 교회를 사랑하 듯 하라고 했다 엡 5:25; 골 3:19. 그러면서도 때로 서로 분방分房하여 기도에서 필요한 힘을 얻어야 한다.

정신적 사랑이 아닌 것은 추한 것이다

육체의 젊음과 아름다움과 건강은 실로 잠시뿐이다. 그런 것은 행복이 아니다. 사라져 버릴 육체에 쾌락과 사랑의 근거를 두지 말자. 정신적 사랑이 아닌 것은 추한 것이다. 모든 동물은 성교 후에 비애를 느낀다고 한다. 수치스러운 쾌락은 병적이고 변태적인 취미를 가진 사람 이외에는 참된 쾌락이 될 수 없는 것이다. 성은 정욕으로 저지르면 더러운 것이나 성을 순화, 승화시키면 그 연모의 감정은 참으로 아름다운 것이 된다.

기독교인의 윤리를 무시하고 경건생활을 연습하지 않고 무절제하고 무근신하게 사는 것은 결과적으로 오늘날 같은 부패와 타락을 가져온다. 더구나 오늘날같이 성윤리가 땅에 떨어져 인간이 짐승같이, 아니 짐승 보기에도 부끄럽게 사는 시대에 교회마저 세속을 받아들이고 교인의 성생활의 문란을 묵인하는 현실은 놀라움을 금치 못할 사실이다.

오늘 개신교 목회자의 생활에는 이성과의 자유스러운 접촉이 많다. 우리나라 교인의 4분의 3이 여성들인 관계도 있지만, 매일 여성들과 교회 문제를 의논해야 하고 함께 다녀야 하는 일은 그 속에 많은 복잡한 문제들이 내재해 있다.

하나님의 아들들이 사람의 딸들의 아름다움을 보고 타락했다고 했다 창 6:2.

요즘 한국교회 목회자들이 타락하는 수가 많은 것은 남녀간의 제한 없는 접촉에서 온다. 물론 경건한 성직자들은 별 사고 없이 엄격하게 지낸다. 예수께서는 "여자를 보는 자마다 마음에 이미 간음하였느니라 만일 네 오른 눈이 너로 실족하게 하거든 빼어 내버리라"고 하셨다 마 5:28-29.

예수님의 성윤리는 엄격하다. 마음에 음욕을 품어도 간음이라 하셨다. 성윤리가 흐지부지하면 영성은 죽어 버리고 만다.

그리스의 아토스 반도는 수도원 지대인데, 한때는 수천 명의 남자 수도사들이 살고 있으면서 여자들은 절대로 그 지역에 들어오지 못하게 했다. 사람뿐만 아니라 짐승도 암컷은 들어오지 못하게 했다.

소백산에서 수도하는 이들이나 백일기도하는 이들의 말을 들으면 산에 살면서 짐승이나 독사 같은 것은 조금도 무섭지 않은데, 나물 캐러 산에 들어온 여자들을 보는 날은 종일 마음이 동요된다고 한다.

이집트 사막의 수도자들은 사탄이 다른 무엇보다도 여자들을 미끼로 수도자의 마음을 흔들어 놓는다는 것을 알고 있었다. 성 안토니는 "사람의 몸에는 누구나 날 때부터 타고난 관능적인 욕망이 있다. 그 욕망은 나 자신의 동의가 없이는 아무 결과도 내지 못한다"고 말했다.

사막의 아브라함 교부는 "만약 당신이 방에 들어가다가 돗자리에 여자가 누워 있는 것을 본다면 그게 여자라는 생각을 하지 않을 수야 있겠소? 그럴 순 없지요. 그러나 그 순간 내 생각과 싸워 그 여자에게 손을 대지 말아야 합니다. 내 속에 욕정이 아직 살아 있는 한, 나는 아직 부정을 말살한 것은 아닙니다. 단지 욕정을 묶어 놓고 있을 뿐이지요" 했다.

아르센 교부가 가토페에 묵고 있을 때 부유한 원로원 가정의 처녀가 교부를 존경하여 멀리 로마에서부터 찾아왔다. 그 처녀가 교부의 은거지에 도착했을 때 마침 교부는 밖에 나와 있었다. 그녀는 달려가 교부의 발치에 몸을 던졌다. 자기를 그처럼 사모해 먼 길을 찾아온 그녀를 보자마자 아르센 교부는 노기 띤 음성으로 여인을 일으켜 세우고 뚫어지게 노려보면서

"내 얼굴이 보고 싶다면 자 보라구, 원!"

이라고 말했다. 너무 당황해서 쳐다보지도 못하고 있는 여인에게 교부는 이렇게 가르쳤다.

"나의 행업에 관해 사람들이 말하는 바를 듣지 못했소? 어떻게 감히 여자가 되어서 이따위 여행을 한단 말이오? 그대는 여자인데 여자는 함부로 출타해선 안 된다는 말을 듣지 못했소?"

여자는 "사부님, 저를 위해 기도해 주십시오. 항상 저를 기억해 주십시오"라고 했다.

그랬더니 교부는 즉각 대답하기를

"하나님에게 청해서 내 마음에서 그대에 대한 기억을 싹 지워주시도록 기도하겠소"라고 했다.

그녀는 괴로워 병이 들었다.

교부는 "당신이 여자임을 모르십니까? 그리고 원수 마귀는 여자들로 성인들을 무찌르려 함을 모르십니까?" 할 뿐이었다.

이런 이야기들은 한국의 목회자들, 매일 여자들 속에서 사는 이들에게는 코웃음 칠 이야기일는지 모른다. 한국 개신교 목회자들은 거리낌 없이 이성 교제를 하고 너무도 많은 유혹을 받고 있고, 그리고 유혹에 약하다.

내가 신학생 시절에 봉사하던 지방 교회의 청년들 중에서 후에 목사 된 이가 세 사람이나 있었다. 그들은 열심으로 교회 일을 보다가 결국 여자 문제로 실수하고 모두 목회 일을 못하고 있다.

성윤리의 방어선

우리 성직자는 성윤리의 방어선이 너무 약하다. 내가 존경하는 어느 선배 목사는 지방 교회들의 시찰장이요, 큰 교회를 담임하고 대단한 활동을 하던 분이었다. 한번은 사모님이 여러 날 동안 집을 비운 사이에 모자원 보모와 사귀고는 그 후 본처와 이혼하고 교회에서는 쫓겨나고, 결국 목사 노릇을 못하고 후에 책장사로 영락하며 처참하게 지내다가 세상을 떠났다.

흔히 교역자에게 임하는 세 가지 유혹은 돈과 명예와 여자 문제라고 한다. 그러나 다른 일의 실수는 웬만하면 재기할 가능성이 있지만, 제7

계명을 범한 성직자는 명예회복을 할 수 없다.

　인간도 하나의 동물이다. 동물적 본능인 식욕이나 성적 정욕이 일어나는 것은 다른 동물과 마찬가지다. 인간의 본능적 욕정이 치솟을 때는 미친 말과 같다. 이성의 눈을 멀게 한다.

　사막의 수도자들 중에 어떤 이는 수도에 정진하다가도 성적 욕정이 미친 듯 일어나면 억제하지 못하여 일어나 알렉산드리아 거리에 있는 창녀집으로 달려갔다고 한다. 범죄하고 나서야 크게 뉘우쳐 눈물을 흘리면서 사막으로 되돌아와서 한 번 실수에 3년의 벌을 받는다고 한다.

　중세 시대 성직자들의 숨은 면을 묘사한 그림 가운데 혼자 수도하는 젊은 수녀의 방에 침입한 신부와 놀란 표정의 수녀 그림이 있다.

　인간의 본능적 욕정을 억제할 능력을 길러 절제하고 사는 것이 인간의 생활이다. 본능적 욕정의 충동대로 살면 그것은 인간이 아니라 짐승이다.

성性에는 영웅이 없다

　성性에는 누구나 약하다. 영웅이 없다. 애써 스스로 경계하고 유혹을 피할 뿐이다. 다른 사람은 몰라도 기독교 성직자는 이성을 가까이하지 말아야 한다. 언제나 예의를 지키고 엄격히 거리를 두고 사귀어야 한다. 나보다 나이 많은 노인이라도 이성간에는 안심하면 안 된다. 노인의 욕정은 임시 재를 덮어 놓고 있을 뿐, 재 밑에는 불이 있다. 나보다 나이 어린 사람이라고 해서 너무 허물없이 사귀어도 안 된다. 어느 여전도사는 혼자 살면서 양자로 기르던 아들이 커가면서 어쩌다 실수하여 그의 어린애를 낳고 망신했다. 가까운 친척이라 해도 안심하고 가까이 출입하면 안 된다.

자기 죄에 고민하던 어느 젊은이가 긴 고백서를 써서 내게 보내 왔다. 그 내용은 자기보다 나이가 많은 친척 이모와 오랫동안 성관계를 가지고 살아왔다는 부끄러운 회개의 고백서였다.

건실하고 거룩하게 발전되는 기독교 운동이 있고, 반면에 나쁜 지도자 때문에 부패하고 타락한 기독교가 있다. 우리는 타락한 지도자의 치부를 폭로해야 한다.

불교 수도자들의 말에 "수도자는 여자 보기를 호랑이같이 두렵게 보고, 독사 보듯 몸서리치게 보라"고 했다. 그러나 어느 젊은 불교 수도자의 글에는 "차라리 그 호랑이에게 먹히고 싶고, 그 독사에게 물리고 싶다"고 썼다.

수도자에게도 이성이 끄는 힘은 그렇게 집요하다. 불교 경전의 "사랑하는 사람을 갖지 말라. 미워하는 사람도 갖지 말라. 사랑하는 사람은 못 만나 괴롭고, 미워하는 사람은 만나서 괴롭나니…"라는 말이 생각난다. 그렇게 하는 것이 수도자다. 목회자도 그래야 할 것이다.

수도자들은 수도할 때 세 가지 서원을 한다. "청빈" "순결" "순명"이 그것이다. 그중에도 순결은 몸도 마음도 티없이 깨끗이 가지는 일이다. 성이 순결해야 목회자의 권위요 자격이다. 성이 순결해야 성직자의 명성이 산다.

그리스도인의 3대 원수인 마귀와 세상과 육신 중 육신은 죽여도 죽여도 되살아나는 원수다. 돈이나 명예에 대해서는 비교적 무관심해도 인간 본능인 성에 대해서는 너무도 약한 사람이 대부분이다.

생불生佛이라던 지족선사도 기생 황진이의 색에 여지없이 넘어가고,

도승 원효대사도 신라 요석 공주에게 파계하고 말았다.

어느 높은 수도인에게 누가 가서 그 시대 종교인들의 부패 타락상에 대해서 이야기했더니, 그는 대답하기를 "우리는 누구나 미끄러지기 쉬운 얼음판 위에 서 있습니다. 누구나 장담을 못합니다. 이제는 그가 미끄러져 넘어졌으나 내일은 내가 넘어질지 누가 압니까?"라고 했다고 한다. 성 프란시스 같은 대성인도 자기를 따르는 수녀들에게 여간 조심하지 않았다.

쾌락의 본질

프로이드는 인간의 모든 쾌락의 본질은 "고통의 긴장으로부터의 해방"에 수반되는 느낌이라고 했다. 배고픔, 갈증, 성적 만족에의 욕구, 수면 또는 신체의 운동 등은 인간의 동물적 유기체의 화학 작용에서 유래되는 것이라 보고, 이러한 여러 가지 욕구를 만족시키려는 객관적, 생리적인 필연성이 주관적으로는 욕망이라 느껴진다는 것이다. 잠시 동안이라도 그것들이 충족되지 않은 채 방치되면 고통스러운 긴장이 느껴진다.

강력한 성적 욕구는 생리적인 것이라기보다 정신적 욕구에 의한 경우가 있다. 불안을 느끼고 있는 사람은 자신의 성적 매력을 남에게 과시해 보려 하거나, 또는 다른 사람을 성적으로 제압함으로써 지배하고자 하는 강렬한 욕구를 갖게 된다. 그런 사람은 쉽게 강한 성적 욕망을 느끼게 될 것이며, 욕망이 충족되지 못할 때에는 고통의 긴장감을 느끼게 될 것이다. 이런 경우 그는 자기 욕망의 강렬함이 신체의 요구에 의한 것이라고 생각하려 하겠지만, 실제로는 정신적인 욕구에 의해서 생긴다고 한다. 성욕에 대해서도 굶주림과 식욕의 차이와 똑같은 구별을 할 수 있다.

프로이드는 성욕이 전적으로 생리적인 조건에 의한 긴장에서 생기는 충동이며, 굶주림과 마찬가지로 욕구를 만족시킴으로만 해소된다고 했다. 배고프면 굶주림을 못 참는 사람들이 대부분인 것같이 남보다 성적 욕구가 더 강렬한 사람이 있다.

내가 아는 목사 중에 별명이 "1년 목사"가 있다. 어느 교회에 부임해 가서는 1년도 채 되기 전에 사고를 일으키고 옮겨 다닌다. 그의 부인은 항상 남편을 따라다니며 감시를 한다. 여자 성가대원의 얼굴을 쳐다만 봐도 남편에게 싸움을 건다. 결국 그는 여러 가지 스캔들을 남겨 놓고 교계에서 자취를 감춰 버리고 말았다.

목회자는 날마다 이성들과 접촉하는 성직자이므로 특히 인간 본능을 잘 억제하는 수련을 쌓아야 한다. 사도 바울도 "이기기를 다투는 자마다 모든 일에 절제하나니… 싸우기를 허공을 치는 것 같이 아니하며 내가 내 몸을 쳐 복종하게 함은 내가 남에게 전파한 후에 자신이 도리어 버림을 당할까 두려워내가 내 몸을 쳐 복종하게 함은 내가 남에게 전파한 후에 자신이 도리어 버림을 당할까 두려워함이로다"고 했다 고전 9:25-27.

인간의 본능적인 탐식, 음행, 태만 등은 감각의 죄이다. 특히 탐식과 음행은 서로 자매관계와 같은 죄라 한다. 음행은 인류 번식을 위해 주어진 성욕을 짐승 같은 쾌락만을 위해 남용하는 일이다. 모든 동물 중에 사람들만큼 성을 무분별하게 남용하는 동물은 없다. 인간은 고의로 성욕을 유발하기 위하여 여러 가지 기술을 고안해 내고, 악한 생각과 음란한 독서, 음란 비디오, 성행위 영화를 보면서 성적 욕망을 일으키고, 밤낮 그 쾌락 속에서 살려는 동물이다.

기독교인의 몸과 마음은 성령의 전

기독교인의 몸과 마음은 하나님 성령의 전殿인 고로 음란한 담화나 악한 독서, 음란 비디오를 구경하는 일은 우리 영성 안에서 성령의 임재를 축출하는 대죄이다. 이런 음행죄를 범하게 되면 인력으로는 제어할 수 없는 더러운 습관이 되어 버리고 동시에 하나님 성총의 역사가 사라지고 만다. 이기주의자가 되어 버리고 사상이 혼란해지고 신경을 지나치게 자극하여 쇠약해지고 것잡을 수 없는 타락을 하게 된다.

쾌락주의에서는 쾌락이 사실적으로나 규범적으로나 인간 행동의 지도 원리가 된다고 주장한다. 쾌락주의를 부르짖은 최초의 대표자 아리스티퍼스는 쾌락의 달성과 고통의 회피가 인생의 목적이요 덕의 기준이라고 주장했다. 그가 말하는 쾌락이란 순간적인 쾌락이다. 그러나 스피노자는 "행복은 덕의 보상이 아니라 덕 그 자체이다. 또한 우리들은 정욕을 억제하기 때문에 행복을 기뻐하는 것이 아니라, 반대로 우리가 행복을 기뻐하기 때문에 정욕을 억제할 수 있는 것이다"고 했다.

스스로 자기 몸을 친다

개신교에서는 금욕 고행주의를 권장하지는 않는다. 그러나 인간의 억제하기 어려운 동물적 본능의 욕정이 통할 때, 그것은 지식으로도 교양으로도 억제할 수 없고 기도만으로도 진정되지 않는다. 바울이 스스로 자기 몸을 친다고 한 것처럼 육의 본능을 억제하는 방법으로 옛날부터 성인 성녀들이 여러 가지 금욕 고행 방법을 채택해 사용하는데, 그것은 동물적 본능을 억제하는 데 어느 정도 효과가 있었기 때문이다. 그 금욕 고행은 고통뿐만이 아니요 그 자체 속에 기쁨이 있다. 예수께서는 "만일 네 오른 눈이 너로 실족하게 하거든 빼어 내버리라 네 백체 중 하나가 없어지고 온 몸이 지옥에 던져지지 않는 것이 유익하며"라고 하셨다 마 5:29.

종교가는 여러 가지 죄의 큰 위협을 피하기 위해 때로는 비상한 희생을 바칠 각오를 감행해 내야 한다. 실제로 평소에 몸과 자기가 사는 환경을 너무 편안하게 해온 사람, 몸의 금욕과 고행의 연단을 힘쓰지 않은 사람들은 큰 유혹이나 시련과 조우할 때면 즉시 패배하고 만다. 금욕고행 자체가 덕은 아닐지라도 운동선수가 선수촌에서 금욕 고행 훈련으로 연단을 거듭하듯이 닥쳐오는 유혹을 쳐서 이기기 위해, 더구나 목회자들의 생활에서 유혹을 쳐 이길 힘을 양성하기 위해 평소에 금욕 고행하는 노력에 힘써야 한다.

로마서 8장 13절에 "너희가 육신대로 살면 반드시 죽을 것이로되 영으로써 몸의 행실을 죽이면 살리니"라고 했다. 오늘날 목회자도, 교인들도 평안하고 안일한 생활을 축복이라고 찾지 말고, 편리주의로 예수 믿으려 하지 말아야 한다.

예수께서는 "아무든지 나를 따라오려거든 자기를 부인하고 날마다 제 십자가를 지고 나를 따를 것이니라"눅 9:23 하셨다. 실로 십자가의 길, 고난의 길, 금욕 고행이야말로 주님을 바로 따르는 길이요, 유혹을 극복하는 길이요, 하나님과 일치하기 위한 방법이다.

"육체의 연단은 약간의 유익이 있으나 경건은 범사에 유익하니"딤전 4:8라고 했다. 금식, 철야, 채식주의, 청빈, 순결, 육신적 정신적 금욕 고행을 실천하여야 한다. 금욕 고행은 인간의 본능적인 모든 욕정을 적절하게 억제하는 일이다. 욕망 자체는 악이 아니지만 우리가 그것에 빠져 노예가 되어 버리면 악이 된다. 우리는 세상 사람들과는 구별된 신분으로 구별되게 살아야 할 사람들이요, 그리스도의 제자들이요 예수님의 신부들이다. 경건하게 살아야 하고, 믿음으로 의롭다 함을 얻을 뿐만 아니라 예수님을 닮아 성성聖性을 이루기 위해 성화생활을 해야 할 우리들이다.

너희 의가 서기관과 바리새인보다

"너희 의가 서기관과 바리새인보다 더 낫지 못하면 결코 천국에 들어가지 못하리라"고 하셨다마 5:20. 예수를 믿는다고 어느 사이에 저절로 성화되는 것이 아니다.

히브리서 5장 7-9절에 예수님께 대해서 "그는 육체에 계실 때에 자기를 죽음에서 능히 구원하실 이에게 심한 통곡과 눈물로 간구와 소원을 올렸고 그의 경건하심으로 말미암아 들으심을 얻었느니라 그가 아들이시면서도 받으신 고난으로 순종함을 배워서 온전하게 되셨은즉 자기에게 순종하는 모든 자에게 영원한 구원의 근원이 되시고"라고 했다.

그리스도의 종이요 제자인 우리에게도 모든 유혹, 특히 이성을 통해 오는 성적 유혹을 극복하기 위해 금욕 고행의 절제 훈련이 필요하다. 악의 영들을 대항하기 위하여 하나님의 전신갑주를 입으라고 했다엡 6:13. 성직자 하나가 범죄하여 낙오되는 일은 하늘의 별 하나가 떨어지는 일보다 더 애통한 일이 아니겠는가?

목회자는 평소의 삶도 수도자처럼 근신해야 한다. 시각을 근신하여 색정과 음란한 자극물을 보지 말아야 한다. 호기심을 억제하고 영적으로 유익한 것만 보도록 해야 한다. 청각과 미각을 근신해야 한다. 더러운 말은 입 밖에도 내지 말고, 악한 것은 모양이라도 버리라고 하셨다. "음행과 온갖 더러운 것과 탐욕은 너희 중에서 그 이름이라도 부르지 말라"엡 5:3고 했다.

내적 고행으로 좋지 못한 사상과 기억을 근신해야 한다. 좋지 못한 욕망도 근신해야 한다. 애욕을 끊고, 탐욕을 끊고, 속정을 끊어야 한다. 불순한 욕망을 억제하지 않으면 영혼의 능력을 흐리게 하고, 영혼을 괴롭게 하며, 심령의 만족을 못 얻고 영혼을 더럽게 한다. 그리고 성경과 함께 성인전, 수도 서적 등 영적 독서를 열심으로 해야 한다. 영적 독서 속에서 우리 생각이 고상해지고 우리의 상상과 기억에 좋은 영향을 받는다.

그리스도를 본받는 자 된 것같이

사도 바울은 위대한 수도자였다. "내가 그리스도를 본받는 자가 된 것 같이 너희는 나를 본받는 자가 되라"고전 11:1고 했다. 우리는 바울에게서 믿음으로 의롭다 함을 얻는다는 기본 교리뿐만 아니라 성화 생활에 대한 권면과 수도 정진도 배워야 한다. 로마 시민권도 버리고, 가말리엘 문하에서 배운 학문도 버리고, 바리새파에서도 나오고, 평생 독신으로 지내며 삭발하고 고기도 먹지 않으면서 "모든 것을 배설물로 여긴다" 하던 그는 소유욕을 초월하고, 인간의 본능인 성을 초월한 초인이면서도 "내가 내 몸을 친다", "잡은 줄 여기지 않고 좇아가노라"고 했다. 이것은 위대한 수도자의 생활이다.

개신교의 성직자들도 바울같이 하나의 수도자가 되어야 한다. 수도자로서 살아가는 자기 생활의 신조가 철저해야 하고, 수도자다운 매일의 일과가 있어야 한다. 수도자들이 하는 성무일과를 짜서 매일 정진생활을 해야 한다. 수도자적 금욕 고행도 필요하다.

성직자의 자격은 학식이나 학벌이 아니다. 신학을 배우고 성경을 많이 아는 것만 가지고 교역자의 실력이라 인정할 수 없다. 성직자는 무엇보다 높은 인격을 가져야 하고, 경건한 윤리 도덕의 기상을 가져야 한다. 많은 남녀 양떼 속에서 일생을 살면서도 그 진실성과 순결성에 대하여 손톱만큼이라도 의심을 받지 말아야 한다.

옛날 유하혜柳下惠는 비 맞고 떨고 있는 거지 여자를 밤새 안고 지내도 사람들이 의심하지 않았다고 한다. 명경지수같은 마음가짐을 가져야 한다. 맑게 닦은 거울 면에 내 얼굴이 선명하게 그대로 비치고, 바람 한 점 없는 고요한 호수 속에 주위의 경치와 물속에 노는 고기 떼가 그대로 보이듯 언제나 깨끗한 마음, 고상한 생각을 품어야 한다.

이성을 볼 때는 정욕의 대상으로만 보지 말고 주안에서 함께 구속함을 받은 믿음의 자매로 보아야 한다. 나보다 나이가 많은 이를 대할 때는 어머니로 혹은 존경할 누나로 대하고, 나보다 나이 어린 사람은 사랑스럽고 순결한 동생으로 대해야 한다.

청정 대선사로 존경받던 문학박사요 대학원 원장이요 유명한 문학 평론가였던 운학 스님은 자기에게 와서 시詩 공부하러 다니던 아릿다운 소녀에게 정을 느껴 아무도 몰래 숨겨 두고 데리고 살며 어린애까지 낳았다. 그러다가 위암에 걸려 세상 떠날 형편이 되어 그 격심한 고통 속에서 유서를 쓰면서 자기의 죄스러운 생활을 고백하고, 두고 가는 그 여인과 아이들을 돌봐 달라고 부탁했다.

두렵고 떨림으로 너희 구원을 이루라

요즘 종교계가 말이 아니다. 여자 문제로 환속하는 신부도 있고, 그중에 개신교 교역자들의 성윤리가 해이해지는 일이 큰 염려다.

오방五放 최흥종 목사는 도지사 고문까지 역임한 존경할 만한 분이다. 그는 한때 자기의 남근을 거세해 버리고 친구들에게 자기의 부고장을 돌려 놀라게 했다. 그는 해혼 선언을 했다. 해혼이라는 말은 부부가 이혼은 하지 않지만, 부부 동방同房을 거절한다는 선언이다. 인도의 마하트마 간디가 그렇게 한 것을 본받은 것이다.

김현봉 목사는 나이 40이 되어서야 결혼하면서 아내를 구하는 조건이 걸작이었다. "못생겨서 시집갈 데 없는 여자"를 찾았다. 마침 노처녀 간호원으로 시집갈 데 없는 이가 있어 그녀와 결혼했다. 이런 분들은 성을 초월한 사람들이다. 인생을 사는 목적이 성의 쾌락이나 가정에 있지 않은 분들이다.

종교인의 성윤리는 엄숙해야 한다

"너희 몸은 너희가 하나님께로부터 받은 바 너희 가운데 계신 성령의 전인 줄을 알지 못하느냐 너희는 너희 자신의 것이 아니라 값으로 산 것이 되었으니 그런즉 너희 몸으로 하나님께 영광을 돌리라"
고전 6:19-20

성직자는 무엇보다도 정절을 지켜 깨끗해야 한다. 정절을 지키기 위해 다음과 같은 점에 조심하자.

(1) 자기의 연약함을 겸손하게 시인하고 장담하지 말아야 한다. 임종하는 날까지 잠시도 방심하지 말라. 늙어도 정욕의 유혹은 계속된다. 정녀貞女인 수잔나의 정조를 빼앗으려 유혹한 사람은 늙은 두 노인이었다. 늙은이도 조심하고 나이 어린 이도 경계해야 한다. 이성을 즐거워 말고, 여자에게 아첨하지 말고, 환심 사려 말고, 호감을 느끼지 말고, 이상한 눈짓을 말고, 칭찬하지도 말라.

(2) 오관의 근신이 필요하다. 사음의 해독은 작은 기회와 틈을 통해서도 번갯불같이 내 마음에 흘러 들어온다. 눈을 근신하여 악한 자극물 관람을 피해야 한다. "내가 내 눈과 언약을 세웠나니 어찌 처녀에게 주목하랴"욥 31:1. 텔레비전이나 서적, 음란 비디오, 음란 만화, 성 영화 등을 보는 것에서 머리 속에 상상이 생기고, 상상을 그대로 실현하려고 한다. 귀로 듣는 것도 근신하고, 불필요한 남녀간의 교제, 접촉, 애무를 근신해야 한다. 특히 이성 접촉을 조심하여 서로 예절을 엄격히 지킬 것이다. 음탕한 상상이나 기억을 끊고, 인간이라면 누구나 이성에 대해 느끼고 사모하는 자연적인 정을 억제하도록 노력해야 한다. 성 토마스 아퀴나스는 어느 때 어떤 격심한 유혹을 사정없이 쳐서 이긴 보상으로 그 후부터는 정절을 어지럽힐 욕망의 움직임을 조금도 느끼지 않게 되었다고 한다.

(3) 태만하게 지내지 말고 언제나 맡은 일에 근면할 것이다. 마귀는 게으른 기회에 침입한다. 목회자가 한가하면 시험에 빠진다.

(4) 하나님에 대한 사랑에 깊이 들어가야 한다. 오랜 기간 하나님 사

랑에 침몰해 지내려고 노력하고 수련한 결과 오관이나 생각을 완전 근신해 낸다.

(5) 어느 정도의 금욕 고행 생활이 필요하다. 이것은 옛날 성인 성녀들이 사용하던 방법이다.